RAMÓN BASAGANA

Né en Espagne et arrivé en France en 1960, Ramón Basagana a suivi des études en psychologie à l'université de Caen. Après avoir obtenu une thèse de doctorat sur « L'habitat traditionnel et les structures familiales en Kabylie », il a été professeur de psychologie sociale à l'École supérieure de commerce d'Alger pendant une dizaine d'années. Ramón Basagana est désormais médecin généraliste dans les Bouches-du-Rhône. Ses romans, *Le Christ de Marie-Shan* (2007), *L'Héritière de Shanghai* (2010), *Le Roman de l'an mil* (2012), *La Damnation du Templier* (2013) et *Les Amants de l'Exodus* (2014) ont paru aux éditions Les Nouveaux Auteurs.

Retrouvez toute l'actualité de l'auteur sur :
www.basagana-ramon.com

W0409782

LA DAMNATION DU TEMPLIER

DU MÊME AUTEUR
CHEZ POCKET

LE ROMAN DE L'AN MIL

LA DAMNATION DU TEMPLIER

RAMÓN BASAGANA

LA DAMNATION DU TEMPLIER

ROMAN

éditions Les Nouveaux Auteurs

FSC
www.fsc.org
MIXTE
Papier issu de sources responsables
FSC® C003309

Pocket, une marque d'Univers Poche, est un éditeur qui s'engage pour la préservation de son environnement et qui utilise du papier fabriqué à partir de bois provenant de forêts gérées de manière responsable.

Le Code de la propriété intellectuelle n'autorisant, aux termes de l'article L. 122-5, 2° et 3° a, d'une part, que les « copies ou reproductions strictement réservées à l'usage privé du copiste et non destinées à une utilisation collective » et, d'autre part, que les analyses et les courtes citations dans un but d'exemple et d'illustration, « toute représentation ou reproduction intégrale ou partielle faite sans le consentement de l'auteur ou de ses ayants droit ou ayants cause est illicite » (art. L. 122-4).
Cette représentation ou reproduction, par quelque procédé que ce soit, constituerait donc une contrefaçon, sanctionnée par les articles L. 335-2 et suivants du Code de la propriété intellectuelle.

© 2013 Éditions Les Nouveaux Auteurs
ISBN : 978-2-266-26425-9

Pour Maxence.

PROLOGUE

Syrie, juillet 1187

Posté dans son donjon, le vieil émir Al-Yanis a les yeux rivés sur la contrescarpe. Une petite troupe de templiers approche de sa forteresse, montures au trot. À sa tête, un jeune chevalier dont le manteau blanc recouvert de poussière est frappé d'une croix pattée, rouge sang. Son écuyer le suit de près, menant à la longe un superbe destrier de combat. Arrivés à la contrescarpe, les templiers mettent leur monture au pas, attendent que les servants aient tiré sur les chaînes de la herse et franchissent le pont-levis.

Le cœur du vieil émir cogne contre sa poitrine lorsque la petite troupe pénètre dans la cour. Il secoue la tête avec tristesse. Pourquoi tant de gâchis ? Une larme glisse sur sa joue.

— Je suis trop vieux ! soupire-t-il.

Un étage plus bas, en retrait de la fenêtre, son fils Nâsser Ibn Al-Yanis crache son mépris. Il ne comprend pas pourquoi le tout-puissant Saladin a exigé que ce bâtard de templier – ce maudit Tristan – fasse halte ici, dans son fief de Shadar ! La phrase jaillit comme un jet d'arbalète, dévastatrice, meurtrière :

— J'aurai ta peau !

Puis, le regard haineux :

— Shérazade ne sera jamais à toi !

Tout le fiel accumulé depuis l'enfance se met à sourdre de ses réduits. Un tourbillon de haine et de mépris au milieu duquel surgissent des visages cent fois remémorés : Mélisende, An-Nour, Aïcha… Shérazade !

Shérazade surtout, la Perle de Bagdad !

Que le diable emporte Saladin !

Sitôt franchi le pont-levis, frère Tristan met pied à terre et confie sa monture à un sergent. Derrière lui, la herse s'abat avec un bruit mat. Des archers présents dans la cour le fixent, le reconnaissent, d'autres le saluent depuis le chemin de ronde. Il leur fait un signe de la main puis, sans un regard pour le donjon, se dirige vers la tour portière. Il grimpe deux à deux les marches de l'escalier en colimaçon, dont il connaît le moindre défaut. Parvenu à l'étage, il pousse la porte d'un coup de pied.

La pièce est vide, jonchée de paille.

Il pend son bouclier à un crochet et y accote sa lance, puis repousse le fourrage dans un coin. Rien de tel qu'un bon tas de paille fraîche pour reposer ses os moulus, car il est las jusqu'à leur moelle, rompu, brisé de fatigue ! Il a chevauché depuis le lever du jour, sans répit, l'écu au cou et la lance au poing. Il a franchi l'Oronte[1], emprunté

1. Rivière du Proche-Orient qui prend sa source au Liban, dans la Bekaa, et débouche en Syrie, où elle s'extravase en un grand lac marécageux : le lac de Homs.

de mauvais chemins, menant deux chevaux jusqu'à la fourbure.

C'était le prix à payer.

Conformément aux instructions reçues, il a évité la route des caravanes et celle d'Alep, car nul ne doit être au fait de sa mission. Seul le grand maître du Temple sait.

Et Saladin.

Vers le milieu de la matinée, ils ont croisé des Bédouins, une tribu amie en route pour Antioche. Tristan, qui parle couramment leur langue, s'est enquis des événements en Syrie. Ils lui ont confirmé la présence de Saladin dans le secteur, à deux journées de marche.

Du côté de Hattin, a précisé l'un d'eux.

Il ôte son camail[1], la besace de chamelier qu'il porte en bandoulière, et les pose sur le rebord d'une archère. Il garde son haubert[2].

Regard tourné vers l'Oronte, il dégaine son épée et passe son pouce sur la lame. Graissée de frais, elle est aussi lisse que le ventre d'une fille vierge. Il la considère avec émotion. L'une des faces porte une inscription, une date :

6~januarius~1148

— La bataille du mont Cadmos ! soupire-t-il.

Il se tourne vers les archères du donjon et secoue

1. Cotte de mailles entourant la tête.

2. Le haubert était une longue cotte de mailles souple que l'on enfilait par la tête. Afin de permettre la monte à cheval, elle était fendue sur le devant ou sur les côtés.

la tête, comme pour écarter les ombres qui voilent son visage. Mère, pourquoi ne m'as-tu jamais parlé de cette bataille ?

Les souvenirs se bousculent dans sa tête : son récent voyage en Angleterre, la cérémonie de l'adoubement à la Tour de Londres, le regard de la reine Aliénor lorsqu'elle a évoqué le chevalier Adhémar de Gisors…

Il attarde son doigt sur les chiffres, remonte jusqu'à la garde. La voix de la souveraine tinte à ses oreilles :

— Cette épée lui appartenait. Honore-la !

— Excusez mon ignorance, Majesté, mais… qui est cet Adhémar de Gisors ?

— Un preux chevalier, le plus vaillant de tous. Il a sauvé mon premier mari le roi de France.

Il y a eu un silence, puis Aliénor d'Aquitaine, reine d'Angleterre, a fixé Tristan en plissant les yeux.

— Ta mère ne t'a rien dit ?

— Ma mère ? Non, Majesté, c'est la première fois que j'entends ce nom.

Aliénor a soupiré. Tristan en a déduit que le silence de sa mère était suspect et qu'il y avait dans sa famille des secrets dont il convenait de percer un jour le mystère !

— Excusez mon audace, Majesté, mais en quoi… je veux dire… quel rapport y a-t-il entre Adhémar de Gisors et ma famille ?

Aliénor a haussé les épaules.

— C'est à peine croyable : Mélisende ne t'a rien dit !? Il ne faudrait quand même pas que le soleil d'Orient lui blanchisse la cervelle !

Elle s'est tournée vers la Tamise et a regardé la campagne anglaise. Au bout d'un moment, elle a pivoté sur ses talons, l'a fixé et a eu ces simples mots :

— Adhémar de Gisors était ton grand-père.

Et, toujours en le dévisageant :

— C'était l'époux d'une amie très chère, dont je n'ai toujours pas fait le deuil : Isabelle de Hautecour, ta grand-mère.

Le jeune templier passe à nouveau ses doigts sur l'épée, songeur. C'était la première fois, également, qu'il entendait parler d'Isabelle de Hautecour ! Quel mystérieux secret se cache derrière ces deux personnages ? Il observe la lame : joliment gravée à égale distance des quillons serpente une inscription en arabe. Un nom de femme.

Il tire une pierre à aiguiser de l'étui accroché à sa ceinture et commence à polir le fil. La règle interdit aux templiers d'affûter sans autorisation, mais il est en mission, c'est donc à lui de décider s'il doit affûter ou non. Il le fait avec méthode, depuis la pointe jusqu'à la garde. C'est une opération qu'il se réserve. Il ne saurait laisser quiconque, même pas son écuyer, aiguiser son épée ! Il nourrit à l'égard de celle-ci une passion proche de la dévotion ; mais il ne fait en cela que se conformer à la règle des Templiers, laquelle encourage les frères à rester fidèles à leur arme toute leur vie.

L'affilage terminé, il s'approche d'une meurtrière. Les rives de l'Oronte sont désertes. Deux ombres glissent entre les rochers. Sans doute des hyènes venues s'abreuver, comme autrefois, à la tombée du soir. Le soleil se couche.

L'heure de la prière.

Il quitte son observatoire et s'agenouille au milieu de la pièce, regard tourné vers Jérusalem. C'est ainsi qu'il a pris coutume de prier quand il voyage, à l'imitation des membres de sa famille, qu'il chérit par-dessus tout, et qui prient en direction de La Mecque. Il vient à peine de commencer la troisième patenôtre, lorsqu'il entend un grincement. Il se redresse d'un bond, sa dextre sur la poignée de son arme. Le bruit provient d'un placard encastré dans le mur.

Qui se met à pivoter.

Un passage secret.

Un homme de grande taille, drapé de noir, le visage dissimulé sous une cagoule, apparaît dans l'encadrement. Il est coiffé d'un chapel de fer, lui-même entouré d'un turban rouge et noir. Ce sont les couleurs des Banu-Kilâb, une tribu redoutable, cauchemar des Francs[1].

Le visage de Tristan s'éclaire.

Le guerrier Kilâb s'assure que personne ne l'a suivi, referme du talon le passage et rejette sa cagoule en arrière. Il s'approche alors du templier et laisse choir sa grosse main, épaisse comme un battant de porte, sur l'épaule de celui-ci :

— Hormis tes cheveux, coupés bien trop court à mon goût, tu n'as pas changé !

— La règle des Templiers m'autorise la barbe, mais pas les cheveux longs.

— Les Templiers ! Encore les Templiers ! Je n'ai toujours pas compris ce qui t'a pris de te fourvoyer chez eux !

— *Nida Rabi*[2], mon frère.

Le guerrier Kilâb a un geste agacé de la main :

---

1. C'est par ce terme que les Arabes désignaient les croisés et, par extension, les Occidentaux qui se trouvaient en Palestine.

2. Littéralement : l'appel de mon Dieu.

— C'est ça, *Nida Rabi* !

Ils se regardent droit dans les yeux puis, sans échanger d'autre mot, partent d'un grand éclat de rire. Ils s'embrassent, barbe contre barbe, cotte de mailles contre cotte de mailles, et restent un long moment à se taper sur le dos.

Lorsqu'ils se séparent, An-Nour – tel est le nom du guerrier Kilâb – ôte son manteau et l'accroche à une vieille corne de mouflon fichée dans le mur. Svelte, il est encore plus grand que Tristan, et encore plus fortement musclé et charpenté. Son regard est doux ; celui du templier brasille comme braise de forgeron.

An-Nour lui tend un parchemin.

— Remets ceci au grand maître du Temple. J'ai ordre de te faire jurer que tu n'ouvriras ce courrier sous aucun prétexte, même si tu ne parviens pas à le remettre à son destinataire.

Tristan reconnaît le sceau de Saladin : un aigle aux ailes déployées.

— Il me faut vraiment jurer ?

— Oui, il le faut.

Il pose sa dextre sur la croix vermeille de son manteau.

— Eh bien, soit, je le jure !

Après un court silence, il plonge sa main dans sa besace de chamelier et en sort un objet plat, entouré de lin blanc. L'ensemble est retenu aux coins par une chaîne en or richement ciselée.

— Remets ceci à Saladin, sans intermédiaire. Ce sont les ordres.

An-Nour prend l'objet et le soupèse :

— On dirait une planche ! Qu'est-ce que c'est ?

— Je l'ignore. Il pourrait s'agir d'une relique, l'une des plus fabuleuses de notre sainte religion. Je ne comprends d'ailleurs pas pourquoi Gérard de Ridefort l'offrirait à Saladin !

— Encore avec tes reliques !? Ce besoin, chez toi, d'idolâtrer des crânes, des tibias et des bouts de bois m'agace. Le vrai croyant n'a pas besoin d'ossements humains pour prier.

— Toujours tes vieux raccourcis : je n'idolâtre pas, je vénère !

Il part d'un éclat de rire puis, sans transition, dégaine son épée.

— Bon, laissons ces considérations théologiques aux savants et passons aux choses sérieuses. En garde !

An-Nour dégaine à son tour. Ils se jaugent puis, dans un cri à ébranler les courtines de la forteresse, s'élancent l'un contre l'autre. Ils choquent leurs armes, esquissent des fentes, roulent dans la paille, bondissent d'un coin à l'autre de la pièce.

— Trop mou pour un Sarrasin ! s'esclaffe Tristan.

— Trop lent pour un templier ! Si Ridefort te voit, il t'exclut de l'Ordre !

Cent fois, étant enfants, ils ont répété ces feintes, imaginé ces assauts, mis au point ces parades.

La porte s'ouvre d'un coup, livrant passage aux deux frères sergents l'arme au poing :

— Est-ce que tout va bien, frère Tristan ?

Les combattants interrompent l'assaut. Le templier reprend son souffle.

— Rassurez-vous, mes frères, le danger n'est point céans.

Les deux sergents se regardent, hésitent. Ils ne sont pas inquiets pour frère Tristan, car il est leur maître à tous dans l'art de l'épée, mais ils ne comprennent pas comment a fait ce Sarrasin pour pénétrer dans la tour. Ils ne comprennent pas non plus pourquoi leur frère croise aussi complaisamment le fer avec l'un de ces redoutables guerriers Kilâb ! Le ton de Tristan est amical :

— Vous pouvez nous laisser.

Dès qu'ils ont refermé la porte, il se tourne vers An-Nour.

— Comment va notre sœur Aïcha ?

— Bien, je l'ai donnée en mariage à Selim Ibn Selim, cousin de Saladin. As-tu reçu mon invitation ?

— Oui, mais la règle m'interdit de participer aux fêtes mondaines.

— Encore l'une de vos absurdités !

Il pousse le verrou – il ne tient pas à ce que les autres templiers l'importunent –, rengaine son épée et fixe Tristan.

— Shérazade a encore refusé de se marier !

Tristan se raidit. Il fait deux pas vers une archère, se penche pour regarder l'Oronte, mais An-Nour a eu le temps de remarquer l'imperceptible tremblement de ses lèvres.

— Tu ne me demandes pas qui l'a demandée en mariage ?

— Non.

An-Nour connaît trop bien son frère pour ne pas remarquer les remous qui le tourmentent !

— Elle t'aime toujours, que tu le veuilles ou pas ! Elle ne veut point d'autre mari que toi, toute la Syrie en parle.

Tristan hausse les épaules, puis se retourne.

— J'ai fait vœu de chasteté. Tout sentiment autre que fraternel m'est interdit.

An-Nour lève ses deux bras dans un geste d'ostensible agacement.

— Je ne comprendrai jamais ce ridicule vœu de chasteté ! Nous sommes faits pour la souffrance autant que pour le plaisir. Le Prophète, que la paix et la bénédiction de Dieu soient sur lui, a eu plusieurs femmes ! Qu'est-ce que, les templiers, vous avez de plus que lui ? La perfection de l'âme passe aussi par celle du corps, l'aurais-tu oublié ? Mais bon, revenons à Shérazade…

— J'ai voué mon existence à Dieu, coupe Tristan. Je resterai fidèle à mes vœux !

— Soit, mais ce ne sont que des mots… auxquels, d'ailleurs, tu ne crois pas. Qu'y a-t-il de plus beau que l'amour ? J'espère qu'Allah, dans sa grande bonté, et le prophète Issa[1], que tu vénères comme s'il était Dieu, te montreront enfin le chemin à suivre !

Par les fentes des meurtrières arrive le cri d'un épervier. An-Nour et Tristan se tournent ensemble vers l'Oronte ; les souvenirs affluent dans leur tête : combien de rapaces, de milans, d'autours… n'ont-ils pas dressés lorsqu'ils étaient enfants ? Soudain, une mince ride creuse le front du guerrier Kilâb.

— Je me fais du souci pour toi.

— Pour moi ? Pourquoi ?

— Parce que Saladin est au faîte de sa puissance. Rien ne pourra plus arrêter sa marche vers Jérusalem, même pas votre chevalerie.

— Je ne vois pas où est le problème.

— Moi si : la chute de Jérusalem n'est plus qu'une question de semaines.

1. Nom sous lequel est connu Jésus de Nazareth dans l'Islam.

— Et alors ?

— Comment cela, « et alors » ? Saladin est sans pitié avec les templiers. Il les fait toujours exécuter. Tous, sans exception ! Si tu es pris, personne, même pas notre mère, qui est pourtant son amie, ne pourra te sauver !

— La mort ne me fait pas peur, mon frère. Sache qu'il n'est pas plus grande gloire, pour un templier, que de mourir en martyr !

An-Nour lève les yeux au ciel.

— Des mots, toujours des mots !

Il pose sa main puissante de guerrier, faite pour tenir l'épée, sur l'épaule de Tristan.

— Je n'ai aucune hâte d'entendre parler de toi comme d'un martyr. Retiens quand même ce que je te dis : avant que l'hiver n'arrive, Al-Qouds[1] passera sous contrôle musulman.

Les cris de l'épervier reprennent. An-Nour s'approche de la meurtrière, puis se tourne vers son frère.

— Et le royaume franc de Jérusalem sera à nous !

---

1. Nom arabe pour Jérusalem.

1

Par la faute d'un lièvre

Tout commence quarante ans plus tôt, en l'an de grâce 1143.

Le royaume de Jérusalem, en ces temps-là, s'étire sur une bande littorale de mille deux cents kilomètres de long pour cinquante à cent cinquante de large. Elle est limitée au nord par le comté d'Édesse – dont le maître est le comte Jocelyn – et par la principauté d'Antioche, gouvernée par Raymond de Poitiers, oncle de la légendaire Aliénor d'Aquitaine. Le roi de Jérusalem est Foulques d'Anjou, un preux chevalier déjà dans la force de l'âge, aimé de ses sujets, respecté de ses ennemis, éperdument amoureux de sa jeune et pétulante épouse la reine Mélisende.

Le pays est en paix.

Malheureusement, la paix ne dure jamais longtemps en Terre sainte, car le royaume est entouré d'ennemis : Fatimides du Caire, Seldjoukides de Syrie, émirat d'Alep… Tous ont le regard tourné vers Jérusalem.

C'est d'Alep que viendra le danger.

Ce territoire est gouverné par l'atabeg[1] Zenghi, chef de guerre puissant et sanguinaire sur lequel courent toutes sortes de légendes. On raconte qu'il est le fils de la margrave Ida d'Autriche, l'une des plus belles femmes de son temps, cavalière intrépide, qui est partie en croisade au début du siècle et qui a disparu le 5 septembre 1101 avec son escorte de chevaliers, sans laisser de trace. Un émir l'aurait emmenée prisonnière dans un harem…

Et d'elle serait né Zenghi.

Fils ou non de l'intrépide amazone, Zenghi terrorise la région, chrétiens et musulmans confondus. Un jour d'octobre 1138, il décide d'attaquer Damas. Mais il trouve les Damasquins en armes et se voit contraint de rebrousser chemin. Furieux, il marche sur Baalbek, qui dépend d'Unur, le vizir de Damas. Baalbek résiste farouchement. Zenghi promet alors la vie sauve aux assiégés s'ils capitulent.

Ils capitulent.

Mais, violant les lois de la guerre, il fait écorcher vif le gouverneur, crucifier les Turcs de la garnison, et vend sur le marché d'esclaves les femmes et les enfants qui se sont réfugiés dans la garnison.

Le massacre de Baalbek, perpétré par un musulman à l'encontre d'autres musulmans, révolte les Damasquins. Craignant pour sa ville, le vizir Unur fait appel au roi Foulques de Jérusalem, qui mobilise son armée et marche sur Damas. À sa vue, Zenghi lève le camp et s'enfuit prestement vers le nord. Des

1. Haut dignitaire de l'Empire seldjoukide jouant un rôle de tuteur des princes, et donc de régent. À l'origine de puissantes dynasties.

accords sont aussitôt conclus entre Jérusalem et Damas. Et une amitié sincère, basée sur la confiance et l'estime réciproques, scelle désormais les rapports entre le vieux roi Foulques et le vizir Unur.

C'est le 10 novembre que tout bascule.

Par la faute d'un lièvre.

Ce matin-là, il prend fantaisie à la reine Mélisende de se promener dans la campagne qui entoure Saint-Jean-d'Acre. Le roi Foulques, qui nourrit pour sa reine la passion d'un jeune chevalier, s'empresse de l'accompagner. Il monte un superbe alezan, cadeau de son ami le vizir Unur. Soudain, un lièvre jaillit d'un buisson. Roide sur ses étriers, le roi tire son épée et se lance joyeusement à sa poursuite. Comme le lièvre le distance, il pique de l'éperon.

Le malheur frappe à cet instant-là.

Pour une raison inconnue, le cheval met le col entre ses jambes et fait panache. Le roi est projeté au sol et l'un des étriers lui fracture le crâne. Les écuyers se précipitent à son secours. La reine aussi. À la vue de son époux qui gît dans une mare de sang, elle se laisse choir, pleure, hurle, se déchire le visage. Mais ses larmes n'y changent rien.

Le roi est mort.

On enterre le roi Foulques au Saint-Sépulcre, à côté de Godefroy de Bouillon. Son fils Baudouin, âgé de treize ans, est proclamé roi. Mais il est mineur. En attendant sa majorité, le Conseil du royaume confie la régence à la reine Mélisende. Malheureusement, la jeune veuve ne possède pas la sagesse du roi Foulques. Elle est intrigante, fourbe, coléreuse. Abandonnant toute vergogne, elle trempe dans des affaires tordues et sème la discorde.

Ce dont Zenghi saura tirer grand profit.

Le 28 novembre 1144, il met le siège devant la ville d'Édesse, qui est située à l'extrême nord du royaume de Jérusalem. La place est réputée inexpugnable, mais la garnison est mal payée et le comte Jocelyn, qui rogne sur les dépenses pour augmenter ses revenus, a négligé les approvisionnements en nourriture et en matériel de guerre.

Zenghi le sait.

Il sait aussi que le royaume de Jérusalem, tombé en quenouille[1], n'est pas en mesure de réunir rapidement une armée. Il a donc le champ libre. Il commence par bombarder la ville avec des perrières et des mangonneaux[2]. Les assiégés résistent, mais il n'en a cure : il a tout son temps. Il laisse les chrétiens s'agiter. Au bout d'une semaine, il fait creuser des galeries sous les remparts, les bourre de bois sec et y met le feu. Un pan de muraille s'écroule. Ses hommes s'engouffrent dans la brèche.

Édesse tombe le 25 décembre 1144.

Pendant trois jours, la ville est livrée au pillage. Le massacre est épouvantable : quinze mille Édessiens sont tués ! Fidèle à sa réputation de « sanguinaire », Zenghi fait aligner sous les remparts les soldats francs retenus prisonniers et convoque ses archers. Attachés les uns aux autres en une interminable file, les prisonniers vont servir de cible jusqu'au coucher du soleil.

---

1. Entre les mains d'une femme.
2. Machines de guerre utilisées au Moyen Âge pour lancer des pierres et autres projectiles, en particulier des charges incendiaires.

***

Lorsque la nouvelle de la chute d'Édesse arrive en Occident, c'est la consternation. Que s'est-il passé ? Dieu aurait-il abandonné les siens ?

Édesse devient un symbole.

Le roi de France, en cette année 1144, est le jeune Louis VII. C'est un monarque vaillant et courageux, qui gouverne son royaume avec justice et probité, écoute et suit les conseils des moines, se montre respectueux des choses de la religion, fait scrupuleusement son carême et ses Pâques…

Bref, il est très pieux.

Un peu trop, au gré de sa jeune et pétillante épouse Aliénor d'Aquitaine, qui aime la musique, la littérature, l'équitation, la chasse… occupations que son époux déteste.

En apprenant la chute d'Édesse, Aliénor est abasourdie. Elle déplore – tout comme le roi et les nobles du royaume – la perte de cette ville, mais ce qui l'inquiète par-dessus tout est la mitoyenneté qui existe désormais entre la ville d'Antioche, gouvernée par son oncle Raymond, et ce nouveau bastion musulman. Son inquiétude va en grandissant lorsque les émissaires rapportent les détails du siège, décrivent le sort infligé par Zenghi aux soldats francs. Elle est prise d'effroi. Qu'adviendra-t-il du prince Raymond si les Turcs encerclent sa ville, s'ils le font prisonnier ? Elle se tourne vers Isabelle de Hautecour, son amie d'enfance, avec qui elle devise depuis le matin des événements en terre d'Orient.

— Oncle Raymond est en danger ! répète-t-elle, la voix chargée d'angoisse.

Pour avoir tant de fois recueilli ses confidences, Isabelle sait qu'une profonde affection, faite de tendre complicité, lie son amie au prince d'Antioche, qui est le plus jeune frère de son père. Ils ont pratiquement le même âge et ont passé leur enfance ensemble au château de l'Ombrière, à Bordeaux.

— Ensemble, lui a-t-elle dit un jour, nous avons découvert la vie et… l'amour.

Isabelle n'a jamais su ce qu'elle signifiait par ces mots.

— C'est décidé, je pars à son secours ! lance brusquement Aliénor.

Isabelle fronce un sourcil mi-amusé, mi-inquiet.

— Quand cela, maintenant ?

— Le plus rapidement possible.

— Antioche n'est pas Bordeaux, c'est beaucoup plus loin ! Le sais-tu, au moins ?

— Les longues chevauchées n'ont jamais fait peur aux Aquitains !

Isabelle est mal à l'aise, elle se tortille les mains, croise ses doigts… Il lui arrive de ne pas trop savoir comment prendre Aliénor, et cela l'angoisse, car de ses propres réactions à l'impétuosité de son amie dépend parfois la tournure des décisions royales.

— Mettons que tu aies raison, finit-elle par dire. Soit. Il est urgent d'aller secourir ton oncle Raymond, donc tu décides de partir. Mais il faut tout de même que le roi soit d'accord, non ? Est-ce que tu y as pensé ? Tu ne peux pas prendre une aussi lourde décision sans demander son avis ! Et puis…

— Oui ?

— Et puis, n'oublie pas que ton époux pourrait fort bien considérer que ton projet est, disons… malvenu !

Aliénor écarquille les yeux :

— Tu veux dire que Louis pourrait oser s'opposer à mon projet… considérant qu'il est malvenu !?

— Euh… oui.

Il y a un silence. Aliénor continue de fixer son amie.

— D'accord, reprend Isabelle, conciliante, je retire mes objections, le projet est heureux et aucun esprit sensé ne saurait s'y opposer, je te l'accorde. Mais avoue qu'il y a un problème : tes vassaux, tout comme ceux du roi, ne songent qu'à brandir l'épée les uns contre les autres, à agrandir leur fief aux dépens des fiefs voisins. Si vous partez, toi et le roi, aucune autorité ne les retiendra et le royaume de France sera livré à un exécrable tohu-bohu. Ce sera le chaos. Tout cela, le roi le sait. À mon avis, il te dira que vous ne pouvez pas quitter Paris, que c'est impossible.

— Je répondrai que je peux convaincre mes vassaux de m'accompagner.

— Difficile… Certains vont dire oui, d'autres non. Et à la fin, ils vont tous objecter que de graves problèmes les obligent à rester chez eux. Réfléchis, Aliénor, lequel de tes vassaux acceptera l'idée de partir pour Antioche en abandonnant son fief, son château, ses gens, ses terres, à la cupidité de son voisin ?

Aliénor se tait. Soudain, Isabelle fronce les sourcils.

— Il y a peut-être un moyen de les convaincre tous à la fois !

— Lequel ?

— Mais… la croisade, tout simplement ! Comme au siècle dernier, à l'époque de Godefroy de Bouillon. Si le roi accepte de lancer une croisade, la France entière lèvera ses étendards. Chaque baron voudra être le premier à brandir l'épée contre les Sarrasins !

Aliénor frappe son front du plat de sa main :

— La croisade ! Mais bien sûr, comment n'y ai-je pas pensé plus tôt ?

Elle jette un manteau sur ses épaules et ordonne à une servante d'aller avertir le roi de son arrivée.

— Fais tout de même attention Aliénor, tempère Isabelle qui se méfie de l'enthousiasme de sa jeune amie. Évite les arguments par trop légers ou mondains, n'évoque ni gloire ni richesse : Louis est un homme pieux ! Il te faut le convaincre que l'intérêt de l'Église – et donc la volonté divine – est de prendre la croix pour délivrer le tombeau du Christ des menaces qui pèsent sur les Lieux saints après la prise d'Édesse. Ne parle pas de ton oncle Raymond.

Aliénor la serre dans ses bras :

— Merci, Isabelle, viens avec moi et prie pour que Louis cède à un aussi noble projet !

Elles se rendent ensemble chez le roi. Passant outre aux préambules de cour, Aliénor explique, avec sa fougue coutumière, que la prise d'Édesse met le royaume de Jérusalem en danger, que Zenghi aura tôt fait d'annexer la principauté d'Antioche et de marcher sur la Ville sainte.

— C'est la chrétienté tout entière qui est en danger, Louis, conclut-elle. Si les Turcs prennent Jérusalem, le tombeau du Christ sera détruit, la grotte de la Nativité mise à sac, les Lieux saints de notre sainte religion profanés…

Elle prend les mains de son époux dans les siennes.

— Je ne vois qu'un moyen capable d'empêcher ce désastre : la croisade !

Louis est stupéfait :

— Prendre la croix ? Mais… c'est impossible, ma mie ! Les barons du royaume n'accepteront jamais de quitter leurs fiefs pour s'aventurer en Terre sainte, nous ne sommes plus au siècle dernier ! Et si certains acceptent, d'autres refuseront. Au mieux, ceux qui resteront mèneront combat contre leurs seuls voisins ; au pire, ils mettront le royaume à feu et à sang !

Les voûtes des appartements royaux résonnent de ces mots qu'il répète par deux fois : « À feu et à sang ! »

Puis :

— La croisade ? reprend-il, rêveur, comme si le mot réveillait soudain des émois familiers.

— Oui, la croisade, la vraie, comme celle menée par notre saint chevalier Godefroy de Bouillon. C'est le seul moyen de préserver à la fois la paix du royaume de France et la sécurité des Lieux saints.

Le roi se tait, hésite.

— Offre-leur de prendre la croix, et nos vassaux se battront pour nous suivre, poursuit Aliénor avec fougue. Forts de l'aide de Notre-Seigneur et de sa mère, Dame sainte Marie, ils comprendront que derrière notre étendard, c'est la gloire qui les attend ici-bas et le salut de leur âme dans l'au-delà.

Louis VII reste sans voix, tant le saint enthousiasme de son épouse le prend de court. Il se gratte le menton. Il sent confusément qu'elle a raison. Sans être dupe des motifs profonds qui l'animent, il considère lui aussi que la prise d'Édesse constitue un réel danger pour le royaume de Jérusalem. Il fixe son épouse avec une pointe de tendresse. Il la trouve touchante dans ce rôle d'avocate des choses de Dieu. Aliénor continue de parler. Elle explique pourquoi cette croisade est un devoir pour chaque chrétien d'Occident, pourquoi le roi doit convaincre ses vassaux de… Mais Louis ne l'écoute plus : il n'a de regard que pour ses longs cheveux blonds, ses yeux couleur d'agate, ses seins opulents qui font tant rêver les chevaliers de la cour… L'amour qu'il porte à Aliénor est vrai, sincère. Il l'aime comme les chevaliers savent le faire par ces temps de cour d'amour. Que pourrait-il refuser à sa mie ?

Il donne son accord.

C'est le jour de Noël 1145, dans la cathédrale de Bourges, que Louis VII réunit ses vassaux et lance solennellement l'appel à la croisade. Les barons du royaume écoutent, approuvent avec force hochements du menton, multiplient les signes ostensibles d'intérêt… Mais, les cérémonies de Noël terminées, tous prétextent des affaires urgentes à régler, s'esquivent hors du palais, rasent les courtines de la ville et rejoignent hâtivement leurs terres.

C'est ce que craignait le roi.

— Ils sont bien trop occupés à guerroyer dans leurs fiefs pour songer à combattre les Sarrasins ! commente l'évêque de Bourges, tentant d'expliquer au roi les motifs de cette défection massive.

Aliénor est furieuse.

Elle contacte l'abbé Suger, principal conseiller du roi, et le somme d'intervenir. Mais l'abbé refuse : il est formellement opposé à l'absence prolongée du roi. « Il en va de l'unité du royaume ! » argue-t-il. Aliénor n'insiste pas, il n'est pas dans sa nature de quémander quoi que ce soit auprès de l'un de ses sujets.

Elle frappera plus haut : le pape !

Eugène III se montre réservé. La chrétienté n'est pas prête pour une opération de cette envergure. Aliénor fait valoir les dangers qui pèsent sur la principauté d'Antioche et donc sur l'ensemble du royaume de Jérusalem. Elle a cette phrase qu'elle juge décisive :

— Antioche est la porte de Jérusalem. Si la Ville sainte tombe entre des mains sarrasines, c'est le cœur de la chrétienté qui cessera de battre !

Le pape hoche la tête, il en faut beaucoup plus pour l'émouvoir.

Aliénor perd patience. Elle fait quérir le maître des Templiers.

— Lui, du moins, connaît la Palestine par le dedans, jette-t-elle au pape, excédée. Je vous conjure de l'écouter !

Évrard de Barres, le maître des Templiers de France, confirme les dires de la reine et appuie sa requête. À bout d'arguments, Eugène III accepte de promulguer une bulle appelant les chrétiens à la croisade. Aliénor laisse éclater sa joie, mais se garde de triompher : une bulle n'est jamais qu'un parchemin ! Il lui faut à présent convaincre les foules, trouver un orateur assez adroit et prestigieux pour émouvoir ses sujets, les enfiévrer et les pousser massivement à prendre la croix.

Elle contacte le moine Bernard.

L'abbé de Clairvaux – le futur saint Bernard – est le moine le plus célèbre de la chrétienté. C'est aussi un grand orateur. D'abord sceptique, il finit par se laisser convaincre. Or, Bernard est comme Aliénor : il ne fait jamais les choses à moitié. Une fois persuadé que cette croisade est voulue par Dieu, il s'engage corps et âme dans le projet.

C'est le 31 mars 1146, devant une foule immense, du haut d'une estrade dressée sur le parvis de la cathédrale de Vézelay – il n'y a pas assez de place à l'intérieur de l'église –, que saint Bernard exhorte les chrétiens à prendre la croix. Le roi et la reine sont là.

La voix du saint homme tonne, s'enflamme, se déchaîne. La foule est pendue à ses lèvres, vibre, frissonne avec lui… Saint Bernard termine par cette phrase qui résonnera longtemps en Vézelay : « Le roi du ciel a perdu sa terre, la terre où jadis ses pieds ont posé ! »

C'est le délire. La clameur se répand comme raz-de-marée : Jérusalem ! Jérusalem !

Les semaines passent. Le prestige du moine Bernard est tel qu'il entraîne dans son sillage villes et villages, palais et masures : le peuple de France se bat pour prendre la croix.

Et non content d'embraser la Gaule, il part mettre le feu outre-Rhin. Les Allemands de l'empereur Conrad III, mis en émoi, décident, eux aussi, de prendre la croix.

2

La croisade

Une multitude de chariots à quatre roues, tirés par des chevaux de trait, quitte Metz au printemps 1147.

Cent quarante mille combattants, moitié Français, moitié Allemands, prennent la route des Balkans. Les villages et les bourgs se vident : « On ne voit partout que des veuves dont les maris sont vivants ! » écrit saint Bernard.

Bien entendu, le roi emmène Aliénor.

Et les seigneurs leurs dames. C'est ainsi que l'on part en guerre au Moyen Âge, avec servantes et épouse. Il y a là Sybille d'Anjou, Faydide de Toulouse, Florine de Bourgogne… Et, bien sûr, Isabelle de Hautecour, l'amie d'enfance d'Aliénor. Elle vient d'épouser un chevalier plein de promesses : Adhémar de Gisors.

Les croisés entrent en territoire byzantin au début de l'automne. Mais les Allemands ont distancé les Français. Lorsque Louis VII et Aliénor arrivent à Constantinople, Conrad III et son armée, pressés d'en découdre avec les Turcs, sont déjà loin.

L'empereur Manuel Comnène et sa cour accueillent

les souverains français avec tant de magnificence qu'Aliénor en est éblouie.

Après des mois d'inconfort, de saleté, de vermine, les fastes de Byzance la fascinent, l'ébahissent. Le luxe qu'elle découvre dépasse tout ce qu'elle pouvait imaginer : palais pavés de marbre, colonnes recouvertes de feuilles d'or, tapis multicolores, encens aux mille senteurs… De jeunes mains expertes la massent dans des bains d'un luxe inconnu à Bordeaux, lui arrachent des sensations dont elle n'avait aucune idée.

Les jours passent, et les Byzantins se pressent toujours autour d'elle, la comblent de cadeaux, l'abreuvent de formules obséquieuses et fleuries…

Trop fleuries. Les Templiers, qui connaissent l'âme orientale, conseillent aux souverains de se méfier :

— Des bruits courent sur des pourparlers entre Manuel Comnène et des émissaires en provenance d'Alep, confie Évrard de Barres au roi. Méfiez-vous, Majesté !

Louis VII se méfie. Il décide de presser le départ de l'armée française, ce que l'empereur Comnène regrette à grand renfort de déclarations d'amitié. Au moment de prendre congé, il se montre encore plus obséquieux que d'habitude. Il annonce, dans une débauche de flatteries et de formules mielleuses, qu'il a reçu des nouvelles de l'armée allemande :

— Conrad III vient de remporter une écrasante victoire sur l'ennemi, les Turcs ont perdu plus de quatorze mille hommes !

— Tant que cela ? s'étonne Aliénor. À quel endroit a eu lieu la bataille ?

— Dans le désert d'Anatolie, à dix jours de marche. La voie est libre. Vous ne risquez plus rien.

Louis et Aliénor partent le cœur en fête, persuadés que le reste du chemin ne sera que promenade. Quelques jours plus tard, alors que la longue file de chariots s'ébranle sur les routes d'Asie Mineure, les Français croisent l'armée allemande… qui revient sur ses pas. Les soldats sont exténués, affamés, les cavaliers à bout de forces, les montures faméliques, décharnées. Manuel Comnène a menti : ce sont les Turcs qui ont battu les Allemands ! Avec une rouerie dont Louis VII et Aliénor commencent à comprendre la perfidie, il a négocié avec l'ennemi la déroute des croisés ! Ils apprendront plus tard qu'il avait donné ordre à ses guides de fourvoyer l'armée allemande dans le désert d'Anatolie.

Et c'est une armée en loques qui rebrousse chemin. Les ennuis ne font que commencer.

***

La bataille du mont Cadmos[1]

Ce jour-là, l'armée franque s'apprête à franchir le mont Cadmos, une « montagne exécrable » aux dires des chroniqueurs, semée d'embûches, avec des défilés étroits, des précipices, des cols difficiles d'accès… Échaudé par la défaite germanique, Louis VII a donné ordre d'emprunter la route de l'ouest, plus longue que celle du désert d'Anatolie, mais plus sûre, bien qu'elle passe par le mont Cadmos.

Nous sommes le 6 janvier 1147.

Le ciel est bas, menaçant, porteur de neige. Entouré

---

1. Actuellement mont Honaz, Anatolie occidentale, 2 571 mètres.

de ses conseillers, le roi observe l'interminable colonne de chariots qui avance sans bruit. Par un mystérieux miracle dont ces terres d'Orient gardent le secret, la montagne absorbe les grincements d'essieux, le piétinement des bêtes, l'agitation des humains qui suent et soufflent d'ahan…

Le silence est épais, glacial.

— On ne voit personne, murmure le roi, songeur.

— Parce qu'il n'y a personne, Majesté, répond Thierry Galéran, l'un de ses conseillers. Les infidèles sont des gens malavisés, replets de perfidie et de sournoiserie, mais nullement imprudents. Jamais ils n'oseront s'attaquer céans à une armée comme la nôtre ! S'ils étaient là, ils se seraient manifestés d'une manière ou d'une autre et Votre Majesté les aurait aperçus.

Les autres conseillers approuvent d'un hochement de tête. Tous, sauf Évrard de Barres :

— Je n'en suis pas aussi sûr, messire Galéran ! Il m'est acquis que les Turcs connaissent cette montagne dans ses moindres recoins. Et je les ai suffisamment pratiqués pour savoir comment ils procèdent : muets, invisibles, mais omniprésents, prêts à bondir au moment où l'on s'y attend le moins.

— Je partage l'avis de messire Évrard, enchaîne Adhémar de Gisors, le mari d'Isabelle. Les Turcs ont prouvé qu'ils sont dangereux. Leur fourberie a eu raison des Allemands, pourtant mieux aguerris qu'eux. Je suis d'avis que nous devons suivre les conseils du maître des Templiers. Si nous nous laissons surprendre, notre sort ne vaudra guère mieux que celui de nos alliés allemands !

Un lourd silence accueille ses dires. Les souvenirs sont frais.

Louis VII tourne son regard vers les cimes. Les conseils de Thierry Galéran sont toujours avisés, mais le maître des Templiers connaît l'Orient par le dedans. C'est son avis qui prévaut.

— Puisse Notre-Seigneur nous protéger des ennemis de notre sainte religion, conclut-il. Nous allons chevaucher en rangs serrés et suivre les conseils de messire Évrard. Je vais prendre le commandement des arrières, qui sont la partie la plus vulnérable de notre armée.

Il se tourne vers Geoffroy de Rancon, un seigneur poitevin, vassal d'Aliénor d'Aquitaine :

— Sur un terrain aussi hostile, l'issue de la traversée dépend de notre capacité à anticiper le danger. Tu vas prendre le commandement de l'avant-garde et reconnaître le terrain. Avance en ayant l'œil sur les sommets. Tu nous attendras au premier col.

Si fait.

L'armée se remet en marche : une longue et mince file de chariots, de cavaliers, de piétaille, de dames de cour avec leurs servantes, de lavandières, d'épouilleuses… L'avant-garde, constituée par un solide escadron de chevaliers et de soldats poitevins, quitte le corps de troupe et se dirige vers les sommets.

Mais la discipline n'est pas le fort des barons français. À peine arrivés au premier col, ils affrontent un froid glacial qui pénètre les armures et paralyse les membres jusqu'à l'os. Geoffroy de Rancon considère qu'il faut mettre ses hommes à l'abri. Comme ils n'ont pas rencontré d'ennemi, malgré moult envois d'éclaireurs, il décide que le danger est nul et qu'il peut, en toute sécurité, chercher refuge pour la nuit. Il passe outre aux ordres du roi et entame la descente.

C'est précisément ce qu'attendent les Turcs. Leurs

escadrons, tapis derrière les crêtes, sont à l'affût. Dès que l'avant-garde est dans la vallée, leurs chefs font signe aux archers de bander leurs arcs.

Les croisés avancent sans se méfier. Si danger il y a, Geoffroy et ses Poitevins sauront les prévenir ! Soudain, venant de nulle part, amplifiée par l'écho, une clameur assourdissante dévale de toutes parts, s'abat sur eux comme la foudre. Une nuée de Turcs. Les flèches pleuvent comme grêle. La surprise est totale, les escadrons n'ont pas le temps de se former en ordre de bataille. Hommes, chevaux, bagages de bivouac, bousculés par la ruée, choient au bas du défilé.

Une hécatombe.

Seuls les templiers résistent. Contrairement au reste de l'armée, ces moines-soldats, qui ont fait vœu d'obéissance, ont une vertu maîtresse : la discipline. Le roi leur a confié la protection des femmes et d'une partie des bagages. Groupés en colonnes parfaitement disciplinées, ils entourent les chariots d'un rempart infranchissable de lances et de boucliers.

Arrivé en toute hâte depuis l'arrière-garde, Louis VII parvient à former des escadrons et dégage tant bien que mal les points les plus exposés. L'engagement est rude, meurtrier, les étrivières sont bientôt rouges de sang, la mauvaise route est encombrée de blessés, de bêtes éventrées…

Au plus fort du combat, le roi est coupé des siens. Il grimpe alors sur une éminence, s'adosse à un rocher et fait face à ses assaillants. Les Turcs ne le reconnaissent pas, car il est équipé, comme le plus humble de ses chevaliers, d'une cotte de mailles, d'un bouclier léger, d'une épée sans signe distinctif… Il est sur le point de plier sous le nombre, lorsque Adhémar de Gisors l'aperçoit. Rapide comme l'éclair, l'époux d'Isabelle s'arrache à la mêlée, contourne les rochers et bondit à son secours.

Adhémar est d'une force herculéenne. On le compare volontiers à Raymond de Poitiers, l'oncle d'Aliénor, nanti lui aussi d'une exceptionnelle robustesse. On raconte qu'ils peuvent, l'un comme l'autre, briser un étrier d'une seule main !

Une fois aux côtés du roi, Adhémar fait virevolter son arme, frappe d'estoc et de taille, repousse les assaillants vers le vide.

Le roi est sauvé.

L'armée franque aussi.

Comme il fait presque nuit et que la bataille s'avère incertaine, les Turcs préfèrent se replier et gagner les hauteurs. D'autres occasions se présenteront, la proie est à leur merci.

Lorsque le lendemain matin Geoffroy de Rancon et son avant-garde, alertés par le vacarme de la bataille, reviennent sur leurs pas, c'est un spectacle de désolation qu'ils découvrent.

Le regard des survivants est mauvais, venimeux, assassin.

Peut s'en faut, racontent les chroniqueurs, qu'on ne leur coupe la gorge.

3

Aliénor d'Aquitaine

Il fait un froid glacial. Des flocons tournoient au-dessus des chevaux. L'armée franque bivouaque sur les monts Cadmos depuis trois jours. Des unités d'élite, protégées par des archers, s'échinent à récupérer les bagages tombés dans les ravins. Pendant ce temps, les templiers, secondés par les bien portants, soignent les blessés, pansent les bêtes, enterrent les morts…

Les Turcs ont disparu. Évanouis, happés par la montagne. Mais on sait qu'ils sont là : des colonnes de fumée s'élèvent, menaçantes, derrière les pitons rocheux.

Emmitouflée dans sa pelisse doublée de vair[1], la reine Aliénor remet sa monture à un archer poitevin et se dirige vers la tente royale. Elle n'a qu'une hâte : s'allonger au chaud.

Cela fait neuf mois qu'elle a quitté son royaume de France. Neuf mois de tourments, de tracas, d'affrontements avec les populations hostiles des Balkans,

1. Fourrure gris et blanc de l'écureuil petit-gris.

d'échauffourées avec l'arrière-garde allemande – toujours prête à en découdre avec l'avant-garde française –, de mécomptes avec les Turcs…

Elle est épuisée.

Elle a parcouru tant de lieues, tant chevauché mules et palefrois que la peau de son séant est dure comme cuir. Elle ne regrette pas de s'être jetée dans l'aventure, d'avoir enduré les mêmes épreuves que ses vassaux, mais elle est lasse, à bout de forces. C'est ainsi. Ce jour d'hui, elle a rendu visite aux blessés, distribué du pain aux malades, soutenu ceux qui allaient être amputés.

— Dépêche-toi ! lance-t-elle à Isabelle de Hautecour.

— J'arrive.

Isabelle, dont le mari s'est si brillamment illustré dans le défilé, se précipite vers la tente royale, tire le rideau et s'écarte pour laisser place à sa souveraine.

— Il fait meilleur céans que dehors, commente celle-ci en soufflant dans ses mains.

Le roi est là avec Thierry Galéran, qui était déjà conseiller du roi Louis VI, son père. Évrard de Barres, le maître des Templiers, est là aussi. Aliénor aime bien Évrard, mais déteste Thierry, qui le lui rend bien. Derrière son dos, elle l'accable d'allusions perfides… car il est eunuque. Et Thierry Galéran, qui est au courant de ses médires, ne manque jamais une occasion de la contrer insidieusement devant le roi.

Une servante vient leur servir du vin chaud.

— Nous avons réorganisé l'armée, déclare le roi en se levant. Désormais, nous évoluerons par colonnes de cinquante hommes, chacune veillant sur ses propres chevaux et bagages, comme les templiers. Je m'en remets d'ailleurs à leur expérience pour nous sortir de ces montagnes.

Il boit une gorgée de vin chaud puis, sans quitter la reine des yeux :

— J'ai aussi décidé de retirer le commandement de l'avant-garde à ton vassal Geoffroy de Rancon et de le confier aux chevaliers du Temple.

Aliénor se fige. Aucun mot ne sort de sa bouche. Son silence est aussi éloquent que les prêches du moine Bernard, lourd comme chape de fer, glacial. Le roi tapote sur le pommeau de son épée :

— Ton Geoffroy de Rancon a passé outre à mes ordres. C'est une faute grave. S'il était mon vassal, je le punirais comme il se doit !

— Mais il n'est pas ton vassal, bondit Aliénor, et tu n'as aucun droit sur lui[1] !

— Il a failli nous tuer tous !

— Une accusation scélérate, puisque nous sommes vivants.

Aliénor salue le maître du Temple d'un hochement du menton, ignore Thierry Galéran et se tourne vers le roi :

— Par ta bravoure, par la hardiesse d'Adhémar, par l'intelligence des Templiers, tu as prouvé aux Turcs que nous leur sommes supérieurs en vaillance et en audace. Sans mon vassal Geoffroy de Rancon, ils n'auraient jamais su que tu pouvais te passer de ton avant-garde !

---

1. Aliénor, duchesse d'Aquitaine, a épousé Louis VII sans que ses domaines soient annexés à la couronne de France. Lorsqu'elle quitte son mari, le 21 mars 1152 pour épouser Henri II d'Angleterre, elle reprend son duché et le remet dans sa dot.

Le roi hausse les épaules, finit son hanap de vin et lance un rot sonore. Jamais il ne comprendra les méandres dans lesquels se fourvoie la cervelle des femmes ! Non seulement la reine excuse son vassal, mais en plus elle travestit les faits ! Il enfile son manteau fourré d'ours et quitte la tente, sans un mot. Le maître des Templiers s'incline respectueusement devant Aliénor et suit le roi. Thierry s'incline aussi, mais jette un regard glacial à sa souveraine, laquelle se fend à son encontre d'une grimace horrible, dont ne s'avisent ni le roi ni Évrard de Barres, et qui fait pouffer de rire les servantes.

Dès que les trois hommes sont hors de la tente, elle ôte sa pelisse et la tend à Isabelle. Elle est énervée. Il en est toujours ainsi lorsqu'elle croise cet eunuque de malheur. Elle ne comprendra jamais pourquoi son mari tient autant à sa personne.

— Viens ! fait-elle à Isabelle.

Elles s'assoient côte à côte sur des coussins, eux-mêmes posés sur d'épais tapis. La chambrière apporte des mantes d'hermine. Elles s'en couvrent jusqu'à mi-corps, puis la reine ordonne aux servantes de les laisser. Une fois qu'elles sont seules, elle se tourne vers son amie :

— Il me faut te parler. J'ai un grand secret à te confier, mais je ne veux pas d'autre oreille que la tienne.

— C'est à propos du roi, n'est-ce pas ?

— Oui.

Elle remonte la mante jusqu'à son cou, à cause du froid qui entre par les jointures de la tente.

— L'ultime fois qu'il m'a touchée, c'était à Constantinople. Et encore, il m'a fallu insister ! De plus, il fait comme les coqs : il jette sa semence et s'en va. Il dit que c'est comme cela que doit procéder un bon chrétien, car la femme est faite pour recevoir la semence de l'homme, non pour jouir.

— Ah bon ? En voilà une bien grande sottise, navrante de fausseté !

— Je ne te le fais pas dire !

Elles se taisent. Chacune évoque dans sa tête des images de semence… et de semeur. Leurs joues s'empourprent. Isabelle se relève sur un coude et la regarde.

— Louis est tout de même fort et valeureux, il l'a montré dans le défilé. Il paraît qu'il était seul devant une meute hurlante de Turcs.

Aliénor hausse les épaules.

— Je te l'accorde, mais Adhémar aussi est valeureux, et preux et téméraire. Cela ne l'empêche pas de te besogner tous les soirs à bon escient, jusqu'à plus soif !

Isabelle pouffe de rire, Aliénor se renfrogne.

— Je suis jeune et j'aime ça. Quel mal y a-t-il ? Il n'est pas juste de m'imposer l'abstinence comme si j'étais une abbesse. Et puis, je vais te dire, j'en ai par-dessus la tête de chevaucher à longueur de journée, de sentir mauvais, d'être pleine de poux, de me coucher le soir à côté d'un homme qui commence par prier, qui se met à ronfler, et qui me laisse sur ma faim. À cause de lui, je me vois contrainte, pour glaner quelque contentement, de… enfin, tu as compris.

Isabelle a compris, car elle connaît son amie, et souventefois il leur est arrivé de s'entraider… Elles ont vingt ans, leur cœur est frais et leur corps brûle de désir.

— J'ai hâte d'arriver à Antioche ! soupire Aliénor.

J'espère que mon oncle Raymond saura me distraire de tous ces tracas et me remettre des privations !

Elles se taisent. Un frisson, qui ne doit rien au froid, leur parcourt le dos. Isabelle se serre contre la reine.

— Je ne me souviens plus très bien de ton oncle. Comment est-il, déjà… je veux dire : grand, petit, jeune, vieux ?

Aliénor ouvre de grands yeux candides. Puis, dans un cri où perce toute l'ingénuité de sa jeunesse :

— Beau !

Elles s'esclaffent.

Mais la reine, qui n'en a pas fini avec ses démons, revient à son époux :

— Je ne le supporte plus, c'est décidé : je vais le quitter !

Isabelle soupire ; cent fois, elle a entendu cette phrase !

— Mais bon, ça c'est une autre question, poursuit Aliénor. Pour l'heure, mon souci est de quitter ces lieux et de prendre la mer dans les plus brefs délais. Avec toutes ces attaques, les Sarrasins vont finir par nous tailler en pièces. Franchement, je n'ai pas envie de finir captive chez un émir !

Isabelle se penche à son oreille :

— Même s'il est jeune et beau ?

— Dans ce cas…

Elles s'esclaffent pour la seconde fois, des rires cristallins, frais, qui fusent comme l'eau des montagnes de l'Asie Mineure. Soudain, le front en souci, Aliénor regarde son amie :

— Et toi, où en es-tu ?

Isabelle touche son ventre du plat de ses deux mains :

— Je crois bien que je suis grosse !

— Ah !

Le regard de la souveraine se perd dans le vague. Il brille d'un éclat que les troubadours, omniprésents dans la cour de son père, avaient déjà remarqué : toute princesse qu'elle était, elle nourrissait des rêves de bergère.

4

Principauté d'Antioche, printemps 1148

« Ils sont là ! » crient des bandes de gamins en se ruant vers le port.

« Ils », ce sont les croisés. Après dix mois de longue errance à travers les Balkans et l'Asie Mineure, l'armée franque arrive enfin en Terre sainte.

Le petit port d'Antioche n'a jamais connu un tel charroi ! Une multitude de barques, canots, galères à pont plat tournent autour des vaisseaux de la flotte royale. Des marins, perchés à l'extrémité des vergues, s'affairent au ferlage des grands-voiles, des esclaves arriment plates-formes et traverses aux bétaillères, des écuyers préparent les chevaux…

Sur les quais, la foule acclame à tue-tête les chevaliers qui débarquent des dromons. Les cloches sonnent à la volée. Soudain, un cri jaillit de la foule, un nom est immédiatement repris par des milliers de voix : Aliénor ! Aliénor !

Tous les regards se tournent vers la nef royale. La reine de France, délicieusement drapée de jonquille, majestueuse, éclatante de jeunesse, vient de paraître sur le gaillard avant. Il s'ensuit une incroyable explosion de joie. La foule se déchaîne, scande son nom, des femmes hurlent à se pâmer, des damoiseaux crient, pleurent, tressautent comme des cabris. Aliénor a connu des accueils chaleureux en ses terres d'Aquitaine, mais aucun triomphe n'est comparable à celui que lui réserve en cet instant le peuple d'Antioche.

Tout en saluant la foule, elle scrute le quai à la recherche d'oncle Raymond. Elle n'en peut plus d'attendre. Depuis combien d'années ne se sont-ils pas vus ? Une éternité ! Elle se languit de le serrer dans ses bras. N'est-ce pas pour lui qu'elle a entrepris cet interminable voyage ? Elle l'aperçoit d'un coup au premier rang des officiels, à côté du patriarche, reconnaissable à sa haute taille, à ses longs cheveux blonds, à ses yeux d'un bleu si clair que le ciel d'Orient s'y mire tout entier dans son ouvrage.

Oncle Raymond !

Elle lui fait de grands signes joyeux de la main. Il répond de sa dextre, essuie furtivement une larme...

Dès que le roi et la reine touchent terre, le patriarche entonne le *Te Deum*, qui est un hymne d'action de grâces. Faisant fi du protocole, de la retenue royale et des arguties du cérémonial oriental, Aliénor enjambe les cordages et se jette en pleurant dans les bras de son oncle.

Louis VII, qui est pieux et respecte la liturgie, a un regard de reproche. Il ne comprend pas que la reine de France se comporte avec autant de légèreté. D'ailleurs, elle n'amende point sa conduite. Après le *Te Deum*, le patriarche fait un discours de bienvenue. Pendant qu'il énumère, à grand renfort de qualificatifs, les vertus des souverains français, Aliénor couve son oncle du regard, ne cesse d'agiter ses mains, de lui parler avec des gestes. Louis VII soupire, lève les yeux au ciel. Tant de frivolité le consterne.

Dépité, il se tourne vers les eaux de l'Oronte, puis vers les colonnes de fumée qui s'élèvent au loin, sur les hauteurs chrétiennes du djebel Akra. Alors seulement, au vu de ces fumerolles qui lui rappellent le mont Cadmos, il réalise qu'ils se trouvent en territoire ami.

Et qu'une page est tournée.

Les jours passent.

C'est le printemps. Des oiseaux aux plumes multicolores, totalement inconnus en Occident, s'ébattent sur les jardins de la ville haute ; jasmins, églantiers, orangers se parent de myriades de fleurs. Antioche devient lumière, parfums, couleurs, chants d'oiseaux.

Aliénor revit.

Fini, les torrents enchevêtrés de ronces, les attaques des Sarrasins, le spectacle des morts et des blessés. Place au rêve, aux plaisirs, à la vie, à la magie orientale ! Elle s'abreuve des fastes d'Antioche, de son luxe, de sa démesure, de ses mœurs délicieusement libres…

Le bonheur de son oncle est incommensurable. Il la comble de cadeaux, donne des fêtes, organise des banquets… Surtout, il invite des ménestrels. Il tente de recréer l'atmosphère de leur enfance au palais de l'Ombrière, à Bordeaux. Pendant que les adultes festoyaient, ils écoutaient, serrés l'un contre l'autre, les troubadours du duc d'Aquitaine. Certains venaient leur chanter – pour eux seuls – des histoires de princes et de princesses au pays des fées.

C'est aussi à ces moments très doux que pense Aliénor dès qu'elle rejoint son oncle. À dire vrai, elle prend grand plaisir en sa compagnie. Ils se promènent tous les deux dans les jardins, ressassent leurs souvenirs, s'enferment dans le palais pour d'interminables tête-à-tête, oublient de se rendre aux fêtes qu'ils ont eux-mêmes organisées... L'oncle et la nièce ne se quittent plus.

Elle est belle.

Il est beau.

Grand, mieux fait de son corps qu'aucun de ses contemporains, Raymond les dépasse tous au métier des armes et en science de la chevalerie. C'est l'un des princes les plus séduisants de son temps.

Aliénor, de son côté, est coquette, accorte et de fort joli minois. Elle a de grandes lèvres, des yeux vifs, une chair lisse et ferme, une poitrine généreuse, si avenante et gaie qu'elle sert de point de mire aux chevaliers qui fréquentent la cour : « Depuis que je libère mon avant-cœur, a-t-elle confié à Isabelle, plus personne ne me vise dans les yeux ! »

Raymond a-t-il égaré les siens dans les tourelles de la reine ?

Nul ne sait.

En tout cas, ce qui devait arriver arrive : l'empressement de l'oncle à satisfaire les vœux de la nièce, les nombreuses promenades qu'ils s'octroient seule à seul, leurs interminables tête-à-tête dans les alcôves du palais font jaser. Il n'y a guère que son amie Isabelle pour croire en l'innocence de ces rencontres. « C'est insouciance de jeunesse et douceur de retrouvailles ! » clame-t-elle à qui veut l'entendre.

Mais personne n'entend.

La rumeur se répand comme feu grégeois : le prince d'Antioche et la reine de France ont une liaison coupable ! Et parce que la femme est toujours à l'origine du mal, des voix affirment que « le diable s'est glissé dans le cœur d'Aliénor ».

Sur de telles entrefaites, la reine, qui n'a cure de la rumeur, demande à s'instruire dans les mystères d'Orient. Elle veut connaître de l'intérieur ce monde arabe qu'on lui a tant dit fascinant, si proche et si lointain à la fois. Son oncle, toujours prévenant, lui présente un jeune émir syrien de passage à Antioche : Salamah Ibn Al-Yanis, que tout le monde appelle Al-Yanis.

Al-Yanis n'a pas trente ans et parle couramment la langue franque. C'est un chevalier accompli, grand, mince, taillé comme les rocs de sa Syrie natale. Bref, de fort belle prestance. Il appartient à une tribu de redoutables guerriers originaires d'Arabie, les Banu-Kilâb.

La rencontre a lieu dans un salon privé, en présence d'Isabelle de Hautecour. Dès les premiers mots, le prince Raymond, qui assiste à l'entretien, surprend une étincelle dans les yeux des deux jeunes femmes, une étincelle qu'il connaît bien.

Il soupire. Que peut-il faire d'autre ?

Pour dire vrai, il ne sait quoi penser. Sa nièce n'est pas heureuse, il le sait. Cent fois elle lui a énuméré ses malheurs, raconté ses mauvaises nuits, ressassé son impression d'avoir épousé un moine. Il lui a répondu qu'elle a droit au bonheur, mais qu'elle est mariée, qu'il y a peut-être des solutions…

Bien entendu, il est au fait des rumeurs ignobles qui courent à leur sujet. Il en conçoit de l'amertume, car il aime Aliénor d'un amour tendre et flamboyant, mais chaste et fraternel, et ce depuis qu'ils étaient enfants.

Fort heureusement, il a le don, comme Guillaume le Troubadour son père – le grand-père d'Aliénor –, de transformer mésaventures et sombres récits en histoires lumineuses.

L'arrivée de ce prince arabe en est une.

L'entretien se poursuit jusqu'à none[1]. Aliénor et Isabelle en ont oublié de manger. Raymond s'excuse de devoir partir, à cause des invités qui attendent la reine. Isabelle est sur le point d'ajouter que personne n'attend la reine, mais celle-ci lui fait signe de se taire.

Lorsque, le lendemain, Isabelle dit au prince Raymond que sa nièce désire rencontrer l'émir à nouveau, il soupire pour la seconde fois… et cède. L'ami des troubadours sait que l'amour existe, qu'il a pour nom passion.

Il montre au jeune prince arabe une porte dérobée par où il pourra entrer et sortir sans se faire remarquer.

— Nul ne doit savoir que tu as vu la reine ! prend-il soin de préciser.

— Nul ne le saura, je t'en donne ma parole.

Raymond, qui connaît l'Orient, sait qu'Al-Yanis ne faillira jamais à la parole donnée.

La deuxième rencontre entre la reine de France et le jeune émir arabe a lieu dans une alcôve privée du prince d'Antioche. En présence d'Isabelle, mais sans Raymond.

Al-Yanis raconte son château de Shadar, la source médicinale qui y jaillit, ses chevaux, ses faucons, ses autours… parle de la Syrie, des rives de l'Oronte, évoque la culture arabe, la rhétorique, la poésie, la calligraphie…

1. Neuvième heure du jour, environ 15 heures.

Isabelle et Aliénor l'écoutent bouche bée. Ce guerrier arabe dont la tribu est, dit-on, redoutable, leur parle autant de grammaire et de rhétorique que du métier des armes ! Elles réalisent d'un coup que les chevaliers francs, s'ils savent manier l'épée, sont incapables d'aligner trois mots écrits ! Par une alchimie qui leur échappe, ce prince arabe fait naître dans leurs cœurs un frisson dont seuls les troubadours semblaient connaître le secret.

Il raconte une légende liée à sa famille, lorsqu'un serviteur annonce, depuis la porte, que le roi mande la reine. Aliénor se lève, Isabelle aussi.

— Non, reste, ordonne la reine. Il me tarde de connaître la suite. Tu me la conteras plus tard.

Isabelle reste.

Jusqu'à la tombée du soir.

Quand le lendemain matin, après l'office, ils se retrouvent dans l'alcôve personnelle du prince Raymond, la première chose que remarque Aliénor est une lueur inhabituelle dans les yeux d'Isabelle, une sorte d'étincelle qui flamboie dès qu'elle pose son regard sur Al-Yanis. C'est bien la première fois qu'Aliénor avise pareil éclat ! Elle est surprise, mais n'en laisse rien paraître. Avec son allant habituel, elle se tourne vers le jeune émir :

— Je suis née en Occident, au milieu des brumes, et tes récits m'apportent autant le rêve que la lumière. Je les compare à des rivières de soleil ! J'ai hâte d'entendre la suite de ta légende orientale !

— Merci, Majesté. Mais ce n'est pas une légende, c'est une histoire vraie. Sans doute arrangée par nos grand-mères, mais authentique.

— Raconte, fait Isabelle, dont les yeux pétillent d'excitation. J'ai hâte, moi aussi !

Aliénor fronce les sourcils.

— Mais… tu la connais déjà ! Il te l'a racontée hier soir… non ?

Le visage d'Isabelle s'empourpre.

— Non, elle ne sait pas, sourit Al-Yanis. J'ai préféré t'en laisser la primeur.

Aliénor se tait. Elle devine qu'un secret gît dans cette alcôve.

Al-Yanis boit une gorgée d'eau et plonge son regard dans celui de la reine.

L'un de mes ancêtres avait une esclave qu'il chérissait par-dessus tout. Il l'avait nommée Hébara, c'est-à-dire la « colombe ». Elle venait de ce lointain pays où les cavaliers chevauchent leurs montures à cru, un peuple rude et redoutable qu'on nomme Mongols. Elle était si belle, sa peau était si douce qu'aucune femme, de Bagdad à Damas, ne pouvait rivaliser avec elle en beauté. Une nuit, après l'amour, Hébara dit à mon ancêtre :

— Il n'y a pas, sur la surface de la terre, femme plus heureuse que moi, j'habite le plus beau palais d'Orient et il n'existe au monde amant plus merveilleux que toi, mais il manque quelque chose à mon bonheur.

— Quoi donc ? répondit mon ancêtre, surpris. Dis-moi ce que tu veux et je m'en vais, de ce pas, le quérir !

— Ce que je désire ne se trouve point ici, mon doux seigneur, mais dans le pays lointain où je suis née.

— Qu'importe le lieu ? Donne-moi seulement le nom de cet objet et avec la protection d'Allah, je le trouverai !

Hébara plissa ses grands yeux noirs en forme d'amandes et prononça ces quatre mots qui sont restés à jamais gravés dans l'histoire de notre famille :

— Un coffret en bois.

Mon ancêtre écarquilla les yeux. Il s'attendait à un bijou de grande valeur, à une robe somptueuse... non à un banal coffret en bois !

— Ma chère Hébara, je peux t'offrir tous les coffrets que tu désires, si tel est ton vouloir : en or, en argent, sertis de pierres précieuses, incrustés d'ivoire, de nacre... et je peux traverser la mer pour te les obtenir ! Mais une chose m'échappe : pourquoi te faut-il un simple coffret en bois ?

— Parce que c'est un coffret magique, taillé dans l'arbre de vie.

— ... !?

— Oui, je sais, la magie est contraire à l'islam, mais dans mon pays, nul ne pratique l'islam. Nous y vénérons un arbre qu'on appelle « l'arbre de vie », et mes ancêtres nous ont appris à tailler un coffret dans l'une de ses branches...

— Un coffret en bois... mais pour quoi faire, ma douce colombe ?

— Les âmes qui parviennent à s'y réfugier peuvent se réincarner dans l'animal de leur choix.

Mon ancêtre écarquilla les yeux pour la seconde fois.

— C'est pour cela que tu veux ce coffret, pour te réincarner ?

— Oui, je veux me réincarner en colombe.

Il prit un air courroucé :

— Ma princesse, je crains que le soleil de nos contrées n'ait contrarié ton esprit ! Tu sais parfaitement que, chez nous, dans l'islam, l'âme ne se trans-

forme point en colombe, qu'elle va au paradis si elle a honoré Dieu, en enfer si elle a fait le mal.

— Eh bien, chez moi, en Mongolie, l'âme se réincarne, et moi j'aimerais être réincarnée en colombe.

— En colombe, en colombe ! Pourquoi pas en gazelle, tant que tu y es, pourquoi pas en chat ou en perdrix ?

— Non, en colombe. Je veux pouvoir te montrer le chemin si tu t'égares dans le désert, t'accompagner sur les champs de bataille, te prévenir des dangers, je ne pourrai jamais réaliser tout cela si je me réincarne en gazelle. Je veux rester avec toi après ma mort et continuer à t'aimer.

Mon ancêtre eut une moue de mécontentement.

— Il est hors de question que tu partes avant moi !

— L'heure de mon départ est écrite de toute éternité, et je veux être réincarnée en colombe.

Mon ancêtre soupira. Lorsque Hébara s'entêtait dans une idée, jamais elle ne lâchait prise ! Il y eut un long silence, puis encore quatre mots que notre famille a gardés en mémoire :

— Je pars en Mongolie !

Passèrent les mois.

L'hiver chassa l'automne, vint le printemps.

Les pruniers étaient en fleur lorsque les guetteurs annoncèrent le maître. Mon ancêtre arriva couvert de poussière, amaigri, rompu de fatigue, mais le cœur en joie : il allait revoir son soleil, son étoile, sa colombe ! On baissa le pont-levis, on leva la herse, mais il n'y eut point de clameur joyeuse pour l'accueillir. Seul résonna le cri d'un corbeau sur une tourelle.

Des servantes approchèrent. L'une d'elles se jeta à ses pieds en pleurant.

— Venez vite, seigneur, elle se meurt !

Il se rua vers la vaste pièce qu'il avait fait aménager dans une tour que nous appelons la « Tour carrée ». La première chose qu'il aperçut en franchissant le seuil, ce fut un berceau recouvert de soie. Mais il l'ignora. Il se précipita vers la couche où Hébara, trempée de sueur, se mourait d'avoir donné vie.

— As-tu le coffret ? demanda-t-elle d'une voix à peine audible.

— Oui, mon amour, le voici.

Il tira de sa besace un coffret en bois recouvert d'un bandeau bleu. De ce coffret il sortit un magnifique collier de perles noires.

— Je n'ai pas voulu t'apporter un coffret vide.

Les yeux de la jeune esclave s'illuminèrent des mille feux de ses steppes mongoles. Avec une infinie douceur, mon ancêtre lui passa le collier autour du cou. Les yeux de Hébara s'inondèrent à nouveau de soleil puis, parce que Allah seul est roi et qu'il règle seul le cours de nos destinées, ils perdirent de leur éclat. Lentement, comme le soleil qui se couche par-delà les dunes du désert, ils s'éteignirent. Mon ancêtre poussa un grand cri de douleur, mais ne se révolta point : Allah, que son nom soit honoré jusqu'à la fin des temps, l'avait ainsi voulu. Mon ancêtre veilla sa bien-aimée toute la nuit.

Seul.

À l'aube, un bruissement d'ailes le fit sursauter. Il se retourna : la pièce était vide. Ses yeux se posèrent sur Hébara, qui gisait toujours sur sa couche, belle, mais sans vie. Il se tourna alors vers la fenêtre : une colombe le fixait. Ses plumes étaient d'une blancheur immaculée, hormis un fin collier noir autour du cou. Il s'en approcha.

Mon ancêtre et la colombe restèrent un long moment face à face. Puis la colombe s'éleva dans un battement d'ailes et disparut.

Isabelle et Aliénor sont suspendues aux lèvres du jeune émir.

— Est-ce que tu as toujours ce coffret ? finit par demander la reine.

— Oui, mais il est hermétiquement clos. Mon ancêtre a pris soin d'en sceller le couvercle par un double cerclage d'argent et d'opales montées en bijoux, soudées aux fermoirs.

— Et depuis, personne n'a jamais ouvert ce coffret ? s'étonne Isabelle.

— Non, personne.

— Donc, conclut Aliénor, l'âme de Hébara est toujours enfermée dans le coffret.

Al-Yanis sourit.

— Je suis musulman, et cette croyance est contraire à l'islam, mais j'avoue que, chez nous, tout le monde y croit dur comme fer. La légende dit aussi que ce coffret doit rester fermé jusqu'à ce qu'une autre femme, belle et méritante comme Hébara, soit digne de porter le collier.

Un serviteur vient annoncer que le roi mande la reine.

Al-Yanis se lève, mais Aliénor lui fait signe de se rasseoir. Puis à l'adresse d'Isabelle :

— Reste avec notre ami. J'ai idée que la légende de Hébara ne fait que commencer.

5

Amours coupables

Tous ces va-et-vient, le secret qui entoure ces rencontres, l'air radieux de la souveraine lorsqu'elle quitte les appartements de son oncle, font jaser. La rumeur enfle. Un raz de marée. Des embruns frappent les fenêtres du roi.

Nul ne sait qui a parlé. Peut-être Thierry Galéran, cet eunuque de malheur qu'Aliénor considère comme son mauvais ange ? Ou peut-être un ennemi du prince ? Toujours est-il que la phrase assassine est bien arrivée jusqu'aux oreilles du roi : la reine a une liaison coupable avec son oncle !

Louis VII est pieux, mais sa piété a des limites. D'autant que, le soir venu, les fragrances de printemps et la chair lisse d'Aliénor le poussent à répandre sève. Or, la reine se dit fatiguée, argue de maux de tête…

Il devient jaloux.

Et comme toujours, chez Louis VII, la décision tarde à venir. Elle chauffe à petit feu, lentement. Mais une fois que la marmite bout, plus personne n'en peut contrôler le couvercle. Certains nomment cela la « force de volonté des faibles ».

Piété et jalousie expliquent-elles ce qui va suivre ?

Nous sommes le 29 mars 1148.

Des voyageurs rapportent l'incroyable nouvelle : Zenghi a été assassiné par ses soldats ! Les croisés réagissent par une formidable explosion de joie. Ils ont tant souffert en Asie Mineure, tant vu leur zèle mis à mal par les Turcs, qu'ils en sont arrivés à ne plus croire au succès de leur mission. La mort brutale de Zenghi leur redonne espoir. Mais les voyageurs prennent soin d'ajouter que son fils Nour-Ed-Dine a pris le pouvoir, qu'il est plus fin tacticien et meilleur soldat que son père.

Les croisés n'en ont cure. Ils ont retrouvé leur fougue. Ils fêtent la mort de Zenghi avec du vin de Corinthe et déclarent à qui veut l'entendre que leur chevalerie est invincible, que leur piétaille a depuis longtemps soigné plaies et engelures, qu'elle est prête au combat, qu'il leur reste encore quarante mille hommes en état de se battre…

Une réunion a lieu aussitôt pour décider du plan de combat. Sont présents le roi, les barons d'Occident, ceux d'Antioche, le patriarche, le prince Raymond… Ce dernier, qui connaît par le dedans la situation en son pays, va droit au but :

— Majesté, il faut reconquérir Édesse !

Le patriarche et les barons de Terre sainte approuvent. Le patriarche explique qu'il faut mettre à profit la présence de la chevalerie franque dans la région pour anéantir les Turcs, d'autant que, aux dernières nouvelles, l'empereur Conrad aurait regroupé ses forces et s'acheminerait vers la Terre sainte. Jamais

Nour-Ed-Dine ne sera en mesure d'affronter une telle coalition !

Les croisés opinent de concert.

Contre toute attente, Louis VII se déclare ennemi du projet : il veut d'abord faire son pèlerinage à Jérusalem, pas question d'attaquer Édesse.

Un silence gênant s'ensuit : on ne contre pas le roi.

Comprenant d'un coup que la partie n'est pas gagnée, qu'il en va de leur survie, Raymond de Poitiers et les seigneurs de Terre sainte procèdent à l'orientale : ils empruntent des détours, évitent d'attaquer de front. Mais à tous leurs arguments, le roi oppose un visage fermé.

— Nous partons pour Jérusalem !

Il a prononcé ces mots sans hausser la voix. Les barons de Terre sainte se regardent : personne n'ose intervenir.

— Jérusalem est à trois cents lieues d'ici[1] ! finit par objecter le patriarche.

— Alors qu'Édesse est à côté, explique Raymond. Grâce à ta chevalerie et à ta nombreuse piétaille, nous pouvons reconquérir la place en quelques jours !

Louis VII ne daigne même pas regarder l'oncle de sa femme. Il se lève et annonce, d'un ton qui ne tolère pas de réplique :

— Tenez pour acquis que nous quittons Antioche en direction de Jérusalem.

La séance est levée.

Conscient de l'enjeu, Raymond court demander à sa nièce d'intervenir.

Ce qu'elle fait dans l'instant.

---

1. Une lieue, à cette époque, vaut approximativement quatre kilomètres.

L'entrevue a lieu en présence de Thierry Galéran. Aliénor prend d'emblée la défense de son oncle. Elle explique que, d'un point de vue tactique, il convient de marcher sur Édesse, qu'une telle occasion ne se représentera jamais plus, que la croisade n'aura de sens que si le comté d'Édesse est repris aux Turcs.

Le roi l'écoute en tapotant sur ses accotoirs. Quand elle a fini, il regarde vers la fenêtre et ne prononce toujours que quatre mots :

— Nous partons pour Jérusalem !

— Si notre armée quitte Antioche sans libérer Édesse, nous aurons fait tout ce chemin pour rien, s'énerve la reine.

— Si je suis en Terre sainte, c'est pour y faire mes dévotions.

— Non, le but de notre expédition est de libérer les Lieux saints. Tes dévotions, tu les feras après.

Le ton monte, la marmite bout.

Louis VII s'obstine, rien ni personne ne le détournera de faire d'abord son pèlerinage. Aliénor menace de rester à Antioche avec ses propres vassaux.

— Parlons-en, de tes Aquitains ! persifle le roi, que l'évocation de ces méridionaux indisciplinés rend subitement hilare.

Et il énumère les pertes subies sur les monts Cadmos, s'en prend à Geoffroy de Rancon.

C'en est trop ! Aliénor ne supporte pas que l'on touche à ses vassaux. Elle se lève, s'emporte. Louis, dont les colères sont intérieures et qui n'a pas le sens de la repartie aussi aiguisé que celui de la reine, devient maladroit.

— Conformément à mes droits d'époux, tu me suivras où que j'aille. Et il s'avère que je veux aller à Jérusalem. Tu quitteras donc Antioche, de gré ou de force.

Une phrase bien malheureuse. Le seul argument qu'il convenait d'éviter ! Aliénor le dévisage sans ciller, se tait d'un coup, ne fulmine plus. Puis elle a cette phrase inattendue :

— Tes droits d'époux ? Lesquels ? Tu ferais bien de les vérifier, tes droits d'époux, car notre mariage est frappé de nullité.

Le roi en demeure muet de stupeur. Mais l'hébétude ne dure chez lui que le temps de se rappeler qu'il est roi. Il se lève et, sans un mot, coupe court à l'entretien. Il quitte la pièce et se dirige vers une terrasse, suivi de Thierry Galéran.

Ils sont seuls. La ville d'Antioche s'étale à leurs pieds. Tout au loin s'élèvent, majestueuses, les hauteurs du djebel Akra. Le roi se tourne vers son conseiller :

— Qu'est-ce qu'on fait ?

Thierry ferme les yeux, se concentre. Dans son cœur gronde toute la haine accumulée contre celle qui l'a traîné dans la boue. L'heure de la revanche approche ! Il parle d'un ton neutre, sans passion.

— La seule voie qui s'impose à Votre Majesté est la fermeté.

Aliénor, qui connaît l'obstination butée de son époux, est folle de rage. Il ne changera pas sa position d'un iota ! Elle donne congé à ses servantes et s'enferme dans ses appartements avec Isabelle.

— Est-ce vrai, ce que l'on raconte ? s'enquiert celle-ci. On m'a dit que nous partons pour Jérusalem !

— Tous ces dires sont vrais : l'armée quitte

Antioche. Mais ce sera sans moi. Il veut que je le suive, de gré ou de force, comme si j'étais sa servante. J'ai dit non, comme il sied à mon rang. Dis-toi bien que jamais je ne céderai ! De toute façon, je vais le quitter, c'est décidé.

— Quitter Louis ? Tu ne peux pas, grand Dieu, ce serait péché !

— Non, le péché est de rester avec lui. J'en ai parlé à mon oncle, qui en a référé à l'envoyé du pape ; en grand secret, bien sûr. Eh bien, il nous a confirmé que le droit canonique interdit le mariage entre cousins jusqu'au huitième degré, ce qui est notre cas. Cela veut dire que Louis et moi, au regard du droit canon, ne sommes pas mariés, car mon arrière-grand-mère était cousine au second degré avec son arrière-grand-mère à lui. Notre mariage est donc nul.

Isabelle reste sans voix : à ce compte-là… plus personne ne peut se marier ! Mais bon, une chose est sûre : droit canon ou pas, Aliénor a besoin d'elle, pas question de l'abandonner.

Ce soir-là, Isabelle fait dire à Adhémar qu'elle ne partagera pas son lit, qu'elle reste avec Aliénor. Ce dont la reine lui sait gré, car elle a besoin de parler. Elles s'endorment tard, dans le même lit, après avoir tourné en tous sens les conséquences de la séparation royale.

Le lendemain matin, bien avant le déjuc[1], elles sont réveillées par un grand bruit de pas et de bouterolles[2]. Une servante se précipite chez la reine :

1. Heure à laquelle les poules quittent leur perchoir.
2. Garniture métallique fixée au bout d'un fourreau d'épée pour empêcher la pointe de le percer.

— Majesté, les soldats lèvent le camp, nous partons pour Jérusalem !

Aliénor et Isabelle sautent du lit.

— Qu'est-ce qu'on fait ? s'affole Isabelle.

Aliénor regarde le ventre de son amie.

— Rien de nouveau ?

— Moi ? Non, rien, l'autre fois c'était une fausse alerte, mais c'est de toi qu'il s'agit, pas de mon ventre ! Qu'est-ce que tu as décidé ?

— Je reste.

— Dans ce cas, je reste aussi.

Soudain, Louis VII entre en trombe dans la chambre.

— On part ! lance-t-il.

— Toi, peut-être. Moi, pas, bondit Aliénor. Je reste à Antioche.

Il y a un court silence. Adhémar et une demi-douzaine de chevaliers attendent sur le seuil.

— On part ! répète le roi.

— Je reste !

Nouveau silence. Puis, calmement, Louis VII se tourne vers Adhémar :

— Puisqu'elle persiste dans son refus, tu vas me l'empoigner de force !

Adhémar hésite, puis fait un pas en avant.

Alors que nul ne s'y attend, Isabelle s'interpose entre son mari et la reine.

— Je te préviens, Adhémar, si tu touches à mon amie, moi, tu ne me touches plus d'un an !

Le roi fronce les sourcils, puis lève son index :

— Isabelle, mesure tes paroles ! Il n'est bonne épouse que si elle se donne à son homme ! Tiens-toi pour dit que si Adhémar ne touche pas ton ventre il en touchera d'autres. Ce ne sont pas les pucelles qui manquent en ce pays !

Isabelle se fige. Elle voudrait sortir ses griffes, mais on ne répond pas au roi.

— Laisse cette petite tranquille ! coupe Aliénor. Et dis-toi bien que jamais un homme ne mettra la main sur moi. Je te suivrai, puisque je me vois contrainte d'obtempérer, mais sache que je n'oublie jamais. J'aviserai en temps voulu des suites que je donnerai à cet affront.

Les Français quittent Antioche dans la matinée, sans que le roi autorise quiconque, y compris son épouse, à prendre congé du prince Raymond.

6

Le chemin de Damas

L'armée franque vient d'installer son bivouac près du gué de Jacob, au nord du lac de Tibériade. Soudain, les guetteurs postés sur la butte des Gentils signalent un mouvement de chameaux vers l'est. Méfiant, Louis VII se tourne vers Adhémar de Gisors et lui ordonne de partir en éclaireur.

— Vérifie aussi que les points d'eau indiqués par les Bédouins sont bien dans le secteur, ajoute-t-il en tapotant sur la croupe du destrier qu'un écuyer tient en bride.

Adhémar réunit une douzaine de cavaliers et part à fond d'étrier. Une fois le Jourdain franchi, il reprend le galop dans la direction annoncée par les guetteurs. Nous sommes le 2 juillet 1148.

Cela fait bientôt trois mois que l'armée franque est arrivée à Jérusalem. Le 24 du mois de juin, la reine Mélisende a tenu conseil[1]. Au cours de cette auguste

1. Mélisende, veuve du roi Foulques, assure toujours la régence du royaume de Jérusalem à l'arrivée de Louis VII et Aliénor.

réunion, Louis VII et l'empereur d'Allemagne – qui a rejoint les forces franques – ont décidé, contre l'avis des barons de Jérusalem, d'attaquer Damas. Les seigneurs de Terre sainte ont objecté que Damas est gouvernée par le vizir Unur, un allié des chrétiens, que l'ennemi, le vrai, se trouve plus au nord, à Édesse…

Louis VII a rétorqué que le chemin de Damas a vu la conversion de l'apôtre Paul, que cette ville est un symbole.

— C'est là qu'il faut aller ! a-t-il lancé solennellement.

Agacé par tous ces palabres, l'empereur Conrad a déclaré, d'un ton sans appel, qu'il n'est pas venu en Terre sainte pour jacasser mais pour se battre.

— Le vizir Unur était l'ami de feu le roi Foulques, a insisté respectueusement un prélat, et il est toujours notre allié ! La véritable menace pour le royaume de Jérusalem vient du nord, de Nour-Ed-Dine.

Conrad n'a pas répondu. Louis VII non plus. On ne discute pas les ordres d'un roi, encore moins ceux d'un empereur !

De tous les croisés, Aliénor est bien la seule à considérer que l'ennemi se trouve au nord, qu'il faut reconquérir Édesse. Mais elle n'a plus envie de se battre. L'énergie dépensée pendant le voyage, son enthousiasme, son dévouement, son courage sous les flèches turques font partie du passé.

Le présent, c'est la plaie ouverte à Antioche, irrémédiablement béante. Jamais elle ne pardonnera l'affront infligé par le roi. Elle a plié, mais elle n'a pas cédé. Aliénor, duchesse d'Aquitaine et reine de France, ne cède jamais.

Le présent, c'est aussi Jérusalem.

Elle a cherché joie et chaleur dans la cour de la reine Mélisende, mais il a bien fallu qu'elle se rende à l'évidence : Jérusalem n'est pas Antioche. Antioche était la ville selon ses rêves, un havre de verdure, de tentations, de subtilités, de plaisirs inattendus. Jérusalem n'est qu'austérité, intrigues, collines pelées… Sans compter que les clercs et la bonne société dégoisent à longueur de veillées sur ce qu'ils nomment « les grivoiseries d'Antioche ». Il n'y a guère que les petites gens à faire fi des accusations portées contre « leur » reine.

Ils la vénèrent.

Chacune de ses apparitions donne lieu à des scènes de liesse. La foule qui guette son passage dans les rues de Jérusalem se bouscule pour effleurer son manteau. Mais l'enthousiasme populaire ne suffit pas à la reine de France. Elle a besoin d'espace, de mouvement. Il lui faut pouvoir décider, faire ce pour quoi elle née.

Régner !

Isabelle, qui la connaît mieux que tous, s'efforce de la distraire. Elle a même obtenu de la reine Mélisende qu'elle invite Salamah Ibn Al-Yanis à la cour. Et le jeune émir est venu ! Mais il a été impossible à Isabelle d'organiser la moindre rencontre : le palais fourmille d'espions. Elle a donc rencontré seule le jeune prince arabe.

Al-Yanis vient à peine de quitter la Ville sainte qu'Isabelle annonce à nouveau à son amie qu'elle est grosse.

— J'ai vu la ventrière, elle m'a dit que je suis pleine depuis le mois de mars.

— Depuis Antioche ?

— Euh… oui.

Aliénor la fixe en fronçant les sourcils. Puis, sans transition, elle la félicite et lui promet d'être la marraine de l'enfant.

La veille du départ pour Damas, Aliénor a convoqué Adhémar de Gisors.

— Je tiens à te faire un présent, et ce, avant que tu ne quittes Jérusalem.

Elle se fait apporter une épée et la lui tend.

— C'est en gratitude de ta vaillance lorsque le roi, mon mari, était en difficulté sur le mont Cadmos. Cette arme nous a été offerte par le roi de Castille et a été martelée, à notre intention, par les meilleurs forgerons de Tolède. J'y ai fait graver la date de ton exploit : *6~januarius~1148*.

Puis elle trace une croix sur le front du chevalier :

— Que le Dieu tout-puissant, notre Seigneur et Roi, t'accompagne.

C'est à l'épée de Tolède et à cette croix tracée sur son front par la main royale que songe Adhémar en traversant le Jourdain. Il pense aussi à l'enfant à naître. Si c'est un garçon, il l'appellera Tristan. Si c'est une fille… il ne sait pas encore.

De sa dextre, il tient sa lance ; sa senestre est posée sur l'épée. Cette arme sobre, robuste et d'une grande finition réveille chez lui une délicieuse sensation d'invincibilité. Il pense à Isabelle : c'est couvert de gloire qu'il va lui revenir de Damas ! Et son fils – car Isabelle ne peut lui donner qu'un fils – transmettra ses exploits aux générations à venir.

Derrière lui chevauchent, lance au poing, ses douze cavaliers, tous aguerris, comparables en vaillance aux cavaliers de l'Apocalypse. La contrée est déserte, calme.

Trop calme.

Soudain, il aperçoit des palmiers au pied d'un rocher. Il se tourne vers ses hommes :

— Nous allons pousser jusqu'à la verdure ci-devant. Là où il y a des palmiers, il y a de l'eau !

Ils éperonnent leur monture.

Rien, hormis le soleil, l'air et le silence, n'escorte leur galopade. Ils ne sont plus qu'à un jet d'arbalète du premier palmier, lorsqu'un hennissement leur fait tendre l'oreille. Adhémar fait mettre les montures au pas. Il doit s'agir de Bédouins, songe-t-il. Comme on n'entend plus aucun bruit, ils reprennent le trot. Soudain, une nuée de cavaliers surgit de derrière les rochers. Leurs couleurs sont celles des Banu-Kilâb : rouge et noir.

Adhémar baisse sa lance, assure son bouclier et part au galop de charge. Ses hommes sont tous de preux chevaliers, ils ne craignent pas le nombre et savent mourir en héros. Ils se jettent derrière lui à l'assaut. Les armes scintillent, tranchent, frappent, percent les mailles…

Les Banu-Kilâb sont aussi aguerris que les Francs, mais plus nombreux. Ils ont la réputation de ne jamais abandonner de blessés derrière eux.

Le champ de bataille n'est bientôt plus que silence.

7

Jérusalem, palais de la reine Mélisende

Une chaude matinée d'été.

La fenêtre est grande ouverte, la chambre vaste et lumineuse. Malgré le soleil qui pénètre d'abondance jusqu'au pied du lit, le regard d'Aliénor est sombre : il ne quitte plus le visage blême d'Isabelle de Hautecour. Avigaïl, une Juive que les femmes de Jérusalem sollicitent dans les mauvaises gésines[1], applique des emplâtres frais sur le ventre brûlant de fièvre de la malade. De temps à autre elle hoche la tête. Isabelle va mal : jambes enflées, teint pâle comme cire et ventre déjà si gros que l'accoucheuse ne voit pas comment elle pourra tirebouchonner sans provoquer d'affligeants dégâts.

C'est un crève-cœur pour la reine, aucun médecin n'a su trouver remède au mal qui ronge son amie. Gondisalve, un jeune médecin originaire de Cordoue, la capitale d'Al-Andalous, a fait comprendre qu'il fallait commencer à prier.

1. Le mot « gésine » désignait autrefois l'accouchement.

— Votre amie ira peut-être à terme, mais elle ne survivra pas. Elle a enflé trop vite.

Soudain, alors que la matrone palpe le ventre d'Isabelle, un tumulte arrive de la rue, une sorte de clameur. Aliénor tourne les yeux vers la fenêtre et soupire avec agacement. Ce que les Orientaux peuvent être bruyants !

— Qu'est-ce que c'est ? s'enquiert la malade d'une voix faible.

— Rien, une bousculade à cause du marché tout proche, répond Aliénor. N'est-ce pas, Avigaïl ?

— Oui, Majesté.

Aliénor esquisse un sourire, puis se tourne à nouveau vers la rue. Elle sait pourquoi ces gens courent. Un messager est arrivé tôt ce matin : il lui a appris que Nour-Ed-Dine a contraint les croisés à lever le siège de Damas.

— Les cavaliers turcomans se sont abattus sur nous comme des sauterelles, a-t-il raconté. Ils nous ont criblés de flèches et se sont dérobés aussi prestement qu'un vol d'étourneaux.

Aliénor a haussé un sourcil.

— Dérobés à vos coups ?

— La situation était à ce point désespérée que le roi Louis, votre époux, a fait battre la retraite.

— Sans combattre !?

L'émissaire n'a pas su quoi répondre. Il a bredouillé des bouts de phrases : « Divergences entre Templiers et croisés… échec d'un assaut… résistance des Damascènes… » Aliénor n'a pas voulu en savoir davantage, elle était folle de rage. Tout cela parce que le roi et l'empereur d'Allemagne n'ont pas voulu l'écouter ! Quand les hommes comprendront-ils que l'intuition des femmes est leur plus sûr bouclier contre les égarements de leur sottise ?

La rumeur enfle dans la rue. « L'avant-garde arrive ! » crient des voix surexcitées.

— Vivement qu'Adhémar nous revienne ! soupire Aliénor.

Alors que le tumulte s'éloigne vers les remparts, un héraut pousse le battant de porte puis, sans se préoccuper de la malade, se plante sur le seuil et annonce la reine Mélisende. La souveraine arrive presque aussitôt, entourée de sa suite. Au contraire d'Aliénor, qui se contente d'une escorte discrète, la reine de Jérusalem ne se déplace jamais sans une cour nombreuse et empressée.

Elle regarde le lit, fait une grimace et se précipite sur l'épouse du roi de France, qu'elle entraîne vers la fenêtre.

— Comment va notre amie ? A-t-elle déjà accouché ?

— Toujours pas ! répond Aliénor avec une pointe d'agacement.

Elle déteste les questions stupides… Cette courge ne voit-elle pas que le ventre d'Isabelle est aussi gros que le dôme du Temple ? Gondisalve ne lui a-t-il pas expliqué qu'elle est enflée parce qu'elle est malade, qu'elle ne va pas accoucher de si tôt ?

La reine de Jérusalem baisse la voix.

— Est-ce que tu es au courant ?

— Au courant de quoi ?

— Pour Adhémar.

— Qu'est-ce qu'il a, Adhémar ?

— Disparu, peut-être mort !

Aliénor se fige. Le messager ne lui a absolument

pas parlé du mari d'Isabelle ! Que manigance encore cette bonimenteuse de Mélisende ?

Une tourterelle roucoule sur un rebord de fenêtre, sautille sur le côté, puis s'envole dans un grand bruit d'ailes. Aliénor se sent prise de vertige, mais n'en laisse rien paraître. Elle se tourne vers la reine de Jérusalem.

— Raconte !

Mélisende a les yeux qui pétillent. Depuis que l'étrier d'un cheval fou a occis le roi Foulques, son époux, elle raffole des émois qui mènent à malemort.

— Adhémar est parti en éclaireur avec une unité de douze chevaliers, une unité d'élite. Ils ne sont jamais revenus. Lorsque nos troupes sont arrivées au lieu-dit la Fontaine de l'Esclave, non loin du Puits de Jacob, elles ont trouvé douze corps nus et mutilés. Des corps sans tête. Cet ignoble forfait a été commis par les Banu-Kilâb. Ils ont emmené les douze têtes comme trophées, c'est une coutume de chez eux. Or, l'unité comportait treize chevaliers. On ignore si le corps manquant est celui d'Adhémar ou de l'un de ses hommes.

— Les Banu-Kilâb ? répète Aliénor, surprise.

Mélisende se tourne vers le dôme du Temple, inondé de soleil.

— Oui, la tribu de Salamah Ibn Al-Yanis, l'ami d'Isabelle.

— L'ami d'Isabelle !?

— Mais oui, tu n'es pas au courant ? Isabelle a eu une aventure avec l'émir de Shadar !

Aliénor ouvre ses yeux tout ronds. Mélisende a une moue en coin vers le lit, baisse la voix :

— On chuchote que Salamah Ibn Al-Yanis pourrait être le père de l'enfant !

Aliénor ne répond pas, mais sent la colère monter. Ainsi, la rumeur qui l'a d'abord accusée d'avoir fauté avec son oncle Raymond charge à présent Isabelle ! Par quelle ignoble traverse les langues fourchues en sont-elles venues à salir son amie ?

— Cela ne nous dit pas ce qui est arrivé à Adhémar ! lance-t-elle de ce ton sans compromis qu'elle affectionne et qui fera sa force tout au long de ses soixante ans de règne.

— Non, personne ne sait, sauf l'émir de Shadar, bien sûr.

Il y a un silence, interrompu par une quinte de toux. Une servante approche un bol de tisane des lèvres d'Isabelle. Aliénor compte machinalement les gorgées, chacune d'elles est un gage de vie. Elle pense au jeune Al-Yanis avec un pincement au cœur. Il lui avait parlé des Banu-Kilâb, sa tribu : « Des guerriers redoutables s'il en est, mais respectant les lois de la guerre. » Il ne lui avait pas dit qu'ils tranchaient la tête de leurs ennemis et qu'ils s'en servaient comme de trophées ! D'ailleurs, elle ne voit pas Al-Yanis en train de trancher la tête de qui que ce soit !

— Est-ce qu'ils ont demandé une rançon ? s'enquiert-elle.

— Non.

Tout a été dit. Aliénor sait qu'il ne servira à rien de palabrer, il faut agir !

— Je vais envoyer un émissaire aux Banu-Kilâb.

— À Salamah Ibn Al-Yanis, tu veux dire !

Elle soutient le regard de Mélisende :

— Aux Banu-Kilâb.

Puis, d'un ton qui ne laisse aucune place aux tergiversations :

— À qui puis-je me fier pour mener à bien ce dessein ?

Mélisende montre le dôme inondé de lumière :

— Les Templiers, bien sûr !

La reine de France se contente d'un battement de cils. Son plan est prêt.

Mélisende l'observe. Rompue aux intrigues de cour, elle sait lire dans les silences : ce frémissement des paupières confirme ses soupçons. Mais quelque chose lui échappe. Aliénor ne se comporte pas comme les nobles et gens de cour qu'elle côtoie, y compris ceux venus d'Occident. Quelles sont ses arrière-pensées ? Il y a là un secret qu'elle ne parvient pas à percer, et cela l'indispose. Ses yeux fureteurs se tournent vers les servantes qui grouillent autour d'Isabelle, puis vers la reine de France.

— J'ai appris que tu seras la marraine. Comment vas-tu l'appeler ?

— Si c'est un garçon, Tristan. Tel est le vœu d'Adhémar.

Elle prend soin d'insister sur le mot « Adhémar ».

— Et si c'est une fille ?

Aliénor sait tout l'intérêt quelle aura à flatter cette femme pétrie d'orgueil ; pour Adhémar, pour Isabelle, pour l'enfant à naître…

— Mélisende. Si c'est une fille, je l'appellerai Mélisende.

***

Les croisés rentrent à Jérusalem à la mi-août 1148. Sans gloire.

Le siège de Damas n'aura duré que quatre jours.

À l'aube du cinquième, Nour-Ed-Dine, fils du sanguinaire Zenghi, a déferlé avec ses Turcomans et mis en fuite la coalition franque. Nul ne sait par quel travers il a eu gain de cause, car l'armée chrétienne était supérieure en nombre et ses chevaliers mieux équipés en armures, mais les faits sont là : les Turcs ont bouté les Francs hors de Damas en moins de temps qu'il n'en a fallu pour le dire.

De retour à Jérusalem, chacun se renvoie la responsabilité de l'échec. Les barons de Jérusalem accusent les Occidentaux de ne rien comprendre à la Palestine. Les croisés, las et désabusés, décident qu'ils n'ont plus grand-chose à faire en ces terres hostiles et ne songent plus qu'à rentrer chez eux.

L'empereur allemand et les restes de son armée reprennent la mer en septembre. Le roi de France – qui refuse de reconnaître son échec – informe ses barons qu'il reste à Jérusalem jusqu'à Pâques.

Aliénor a été tenue à l'écart des décisions militaires, mais ses vassaux angevins ne se gênent plus pour clamer haut et fort qu'elle avait vu juste : il aurait fallu attaquer Édesse, c'est leur souveraine qui avait raison, non le roi !

Louis n'entend pas, n'entend plus ; il s'entête dans le déni.

Un fossé sépare désormais le couple royal.

Mélisende naît au mois d'octobre 1148.

Une petite boule aux yeux verts, pleine de vie. On enterre sa mère le lendemain. Une même cérémonie réunit le baptême de l'une et les funérailles de l'autre. Ainsi l'a voulu Aliénor. Elle a exigé du patriarche de Jérusalem que le cercueil jouxte les fonts baptismaux.

Aucune explication. Aliénor ne justifie jamais ses décisions. Elle ne lèvera le voile que dix-sept ans plus tard lorsque, devenue reine d'Angleterre, elle évoquera devant Mélisende une promesse faite à sa mère sur son lit de mort.

Elle confie l'enfant à une jeune veuve sarrasine gorgée de bon lait, originaire d'outre-Jourdain, dont le père est un lettré connu et respecté. Les généreuses mamelles d'Aïcha arrivent à point nommé pour forcir et embellir la petite orpheline.

Nul n'entend plus parler d'Adhémar, nul n'évoque plus son nom. L'ombre qui plane sur son malheur et les rumeurs qui frappent sa défunte épouse ont cadenassé les langues : il n'est pas bon d'évoquer un homme dont on ne sait plus s'il est mort ou vivant, dont l'épouse a frayé avec un infidèle et dont l'enfant a les cheveux aussi noirs que les siens étaient blonds. À la mi-février, Aliénor fait quérir le maître du Temple et lui confie son intention d'envoyer un courrier à Salamah Ibn Al-Yanis.

— L'émir de Shadar appartient à la tribu des Banu-Kilâb, explique-t-elle. Je considère qu'il est le seul en mesure de nous dire ce qui s'est réellement passé à la Fontaine de l'Esclave. Je veux savoir si Adhémar de Gisors est mort ou vivant.

Évrard de Barres l'écoute attentivement, hoche la tête, mais ne fait pas de commentaire.

— Trouve-moi des émissaires sûrs. Je veux qu'ils prennent la route de Shadar dès demain à l'aube. Il me faut une réponse, rapide, avant notre départ de Jérusalem.

Le maître du Temple s'incline respectueusement.

— Tout sera fait selon les vœux de Votre Majesté.

Elle le dévisage.

— J'exige le plus grand secret. Personne, je dis bien personne, ne doit être au courant, même pas le roi !

Il s'incline à nouveau.

— Soyez assurée, Majesté, que nul n'aura vent de cette mission.

Le lendemain, au lever du jour, un chevalier et deux sergents quittent le Temple de Salomon et franchissent la porte de Josaphat en direction du nord. Plus personne n'entend parler d'eux.

Les semaines passent, mars chasse février.

Pâques.

Jérusalem est en effervescence : les croisés sont sur le point de quitter la Terre sainte. Le soir tombe sur la ville lorsque trois moines-soldats couverts de poussière reviennent par la porte nord et se rendent à la commanderie du Temple. Ils y passent la nuit. Tôt le lendemain, ils se dirigent en grand secret vers le palais de la reine de France.

Aliénor les reçoit dans une pièce encombrée de bagages. Aïcha, secondée par des servantes, range dans des coffres recouverts de cuir vêtements et souvenirs de Palestine. La reine se tourne vers les servantes et leur fait signe de quitter la pièce, mais demande à Aïcha de rester. Elle s'est attachée à cette jeune Sarrasine, discrète et dévouée, qui s'est jetée corps et âme dans la mise en nourrice de Mélisende. Elle lui a proposé de l'accompagner en France, ce que la nourrice – après avis de son père – a accepté avec empressement.

Les templiers s'inclinent respectueusement.

— L'émir Salamah Ibn Al-Yanis est profondément

attristé par le décès d'Isabelle de Hautecour, commence le chevalier.

Aliénor le fixe. Qu'y a-t-il derrière ces mots ? Par la fenêtre entrouverte, elle aperçoit la tour de David et, au-delà, les champs d'oliviers. Des images lui reviennent à l'esprit : le sourire d'Al-Yanis, les yeux énamourés d'Isabelle…

— Vous a-t-il bien accueillis ?

Le chevalier et les deux sergents se regardent.

— Oui, Majesté, avec la magnificence que l'on déploie pour les hôtes de marque. Il s'est dit très honoré de recevoir une délégation envoyée par Aliénor d'Aquitaine. Il a ajouté que le royaume de France a beaucoup de chance d'être gouverné par une souveraine telle que Votre Majesté.

— C'est tout ?

Le chevalier et les sergents se regardent à nouveau.

— Il nous a parlé du royaume de Jérusalem, des croisés, du siège de Damas… Selon lui, le roi et l'empereur ont eu tort de ne pas vous écouter. Il nous a répété que, le vizir de Damas étant notre ami, il aurait été plus judicieux d'attaquer l'ennemi commun, Nour-Ed-Dine.

— Quel gâchis ! Mais bon… vous a-t-il remis un courrier ?

Le templier fouille dans son havresac et lui tend un luxueux parchemin.

Aliénor prend le rouleau et s'éloigne vers la fenêtre. Elle rompt le sceau, le déroule. Les templiers ne la quittent pas des yeux. Ceux d'Aïcha brillent : elle sait pourquoi le front de la reine, d'un coup, se pare de soleil.

— Rien d'autre ?

L'un des sergents pose devant la reine un colis long de quatre bons pieds, soigneusement empaqueté et recouvert de lin. Elle hoche la tête, mais ne le prend pas. L'autre sergent fouille dans son havresac et lui tend un coffret en bois.

— L'émir de Shadar accorde une si grande valeur à cet objet qu'il nous a fait jurer sur la croix du Christ de le défendre de nos vies !

Aliénor fronce les sourcils. Elle prend le coffret et l'examine. Une inscription en arabe serpente autour du couvercle, lui-même scellé avec des crochets d'argent. Elle se tourne vers Aïcha :

— S'il te plaît, traduis-moi ces mots.

La jeune nourrice, qui était penchée sur un coffre, se relève, essuie ses mains sur un pan de sa tunique et examine l'objet. Lorsqu'elle lève les yeux, ses joues sont pâles.

— Alors ? s'enquiert la reine.

Aïcha ne répond pas, elle est saisie d'effarement. Aliénor se tourne vers les templiers :

— Veuillez nous laisser, je vous rappellerai plus tard.

Une fois qu'elles sont seules, la reine dévisage la jeune femme.

— Qu'est-ce qui t'arrive ? Aurais-tu aperçu le diable ?

— Méfiez-vous, Majesté, cette boîte a des pouvoirs magiques. Chez nous, outre-Jourdain, on dit qu'elle contient la vie, mais aussi la mort. Elle enferme l'âme d'une esclave, une âme en peine, ni morte ni vivante, enchaînée dans cette boîte jusqu'à ce que quelqu'un de méritant, choisi par Dieu de toute éternité, vienne la délivrer.

Aliénor pouffe de rire, mais Aïcha prend un air grave.

— Non, ne riez pas, Majesté, je ne plaisante pas. C'est l'âme de Hébara, une esclave mongole qui a vécu jadis dans la forteresse de Shadar. Chez nous, tout le monde connaît son histoire.

Les souvenirs affluent d'un coup dans la tête d'Aliénor. Avec l'échec de la croisade, la rupture du couple royal, le décès d'Isabelle, son esprit lui a joué ripe, au point qu'elle en a oublié la curieuse légende racontée par Al-Yanis. Et voilà que le coffret dont il avait parlé avec tant de mystère est là ! Elle en a presque des frissons. Les images, les mots lui reviennent en mémoire. « Ce n'est pas une légende, Majesté, mais une histoire vraie ! » Machinalement, elle tente d'ouvrir la boîte.

Aïcha lui saisit le poignet :

— Non, ne faites pas ça, Majesté. Cela porterait malheur à la petite !

— À la petite ? Pourquoi, grand Dieu ?

— Parce que Hébara est morte en mettant sa fille au monde, comme la mère de Mélisende. Si vous ouvrez la boîte, les djinns qui l'habitent pourraient mettre Mélisende en péril quand elle accouchera à son tour.

Aliénor ne rit plus. Bien que l'Église condamne formellement et véhémentement magie et superstition, elle croit, comme la plupart de ses sujets, que des forces occultes menacent notre quotidien, qu'il y a des bons et des mauvais esprits, qu'il ne faut pas se moquer de la magie… Elle fixe le texte qui serpente autour du couvercle :

— Qu'est-il écrit, là-dessus ?

La nourrice reste un moment à fixer les mots, puis lève les yeux.

— Tu me sembles hésiter, s'étonne Aliénor. Qu'y a-t-il ?

— Je crois que ces lettres ont été gravées à votre intention, Majesté.

— Tu crois ? Pourquoi ?

— Parce qu'il est écrit : « Que sur moi soit la lumière ! »

— Et alors ? Quel rapport avec moi ?

— En arabe, cette expression se dit : *Ali-en-Nour*.

8

Angleterre, forêt de Woodstock, décembre 1165

Seize ans ont passé.

Il fait froid, le ciel est bas, d'un gris plombé. Des flocons tournoient au-dessus des bêtes. L'escorte, forte d'une centaine de chevaliers et d'une unité spéciale de gardes royaux, dresse une barrière infranchissable de lances et de piques autour du carrosse royal. Il gèle à pierre fendre.

Arnaud de Fos se frotte vigoureusement les bras et se tourne vers l'enfant qui chevauche à ses côtés :

— Ça va, tu n'as pas froid ?

Debout sur ses étriers, le jeune Richard scrute la forêt.

— Non, je vise s'il y a du gibier. Rien ne vaut la neige fraîche pour pister le cerf ! Qu'est-ce qu'on fait, on lève une biche ?

— Non. Mélisende t'a donné ordre de ne quitter l'escorte sous aucun prétexte.

— Tu n'es pas obligé de lui en parler.

— Si, justement. Donc, pas de chasse.

Richard marmonne des mots inintelligibles, éperonne son cheval et prend le galop, mais Arnaud le rattrape et lui intime l'ordre de reprendre le trot.

Le convoi s'enfonce dans une forêt épaisse. Des hêtres d'une taille impressionnante, aux troncs lisses, marbrés de blanc et de vert, se pressent comme les soldats d'une armée. Des flocons épars traversent la voûte de branches nues. Il fait sombre, presque nuit.

Emmitouflée dans son manteau d'hermine, Aliénor tire le rideau de son luxueux carrosse et mande aux cochers de presser le pas. Comme chaque fois qu'elle traverse la forêt de Woodstock, elle est saisie d'une sorte de panique. Elle n'a qu'une hâte : sortir au plus vite de ces profondeurs obscures.

Les robustes roncins, harnachés de colliers multicolores, clarinés de grelots, allongent le trot. Une bouffée d'air froid soulève les tentures du carrosse. Aliénor se tourne vers la jouvencelle assise à ses côtés, agrippe une peau d'ours et la déploie sur ses genoux :

— Couvre-toi de cette pelisse, tu auras moins froid.

La jeune fille sourit et ramène la fourrure sur sa poitrine.

— Sur le mont Cadmos, il faisait encore plus froid qu'aujourd'hui, commente la reine en soufflant dans ses mains.

Le regard de la jeune fille s'illumine.

— C'est bien à Cadmos que s'est illustré mon père, n'est-ce pas ?

— Oui, un très bel exploit. Une horde de Turcs avait attaqué mon ancien mari. Adhémar s'est jeté dans la mêlée comme un lion. C'est grâce à lui que Louis est encore en vie.

Il y a un silence. Mélisende imagine son père en

train de pourfendre l'ennemi et de sauver, par la force de son épée et l'intelligence de sa bravoure, le roi de France. Aliénor pense au roi Louis, à l'affront d'Antioche. Elle avait promis de ne jamais pardonner : elle aura tenu parole. De retour en France, les relations du couple royal s'étaient encore détériorées, aggravées en cela par l'échec de la croisade. Ils avaient atteint, l'un comme l'autre, ce point qu'on nomme « de non-retour ». Aliénor obtint l'annulation de son mariage. Deux mois plus tard, presque jour pour jour, elle épousait Henri, futur roi d'Angleterre.

Un mariage d'amour.

— On m'a parlé d'une épée que tu lui aurais offerte en signe de reconnaissance, reprend Mélisende. Est-ce vrai ?

— Oui, une épée de Tolède, une arme magnifique, cadeau du roi de Castille. J'avais fait graver sur la lame la date de son exploit : 6 janvier 1148.

— J'aimerais bien l'avoir en souvenir. Qu'est-elle devenue ?

Au lieu de répondre, Aliénor recouvre les épaules de sa filleule.

— N'attrape pas froid.

La jouvencelle n'insiste pas. Aliénor déteste que l'on insiste. Elle s'éclaircit la gorge et se serre contre le manteau d'hermine de la reine.

— J'arrive à imaginer mon père, car beaucoup de chevaliers m'en ont parlé : grand, blond, très beau et très fort… En revanche, je n'arrive pas à me représenter ma mère. Comment était-elle ?

Aliénor pose une main sur le genou de sa filleule.

— Belle, très belle ! Mais je n'aime pas évoquer cette époque, tu le sais. Passons à autre chose, veux-tu ?

— Non, marraine, j'ai dix-sept ans, j'ai le droit de savoir. Jamais tu ne me parles de mes parents ! Chaque fois que je te pose des questions tu réponds avec la même phrase : « Je n'aime pas évoquer cette époque ! » Tout ce que je sais, je l'ai appris par les servantes, ou alors par Aïcha.

Aliénor hausse un sourcil :

— Aïcha ? Comment va-t-elle ? On m'a rapporté qu'elle est malade, mais surtout qu'elle continue à deviser en arabe avec toi, est-ce vrai ?

La jeune fille pouffe de rire :

— Bien sûr que c'est vrai. Cela nous permet de critiquer tout le monde sans que personne ne nous comprenne !

Aliénor sourit. Le rire frais de Mélisende la ravit. C'est un rayon de soleil, une cascade de sons qui lui rappelle cette eau pure et cristalline d'Antioche, dans cet Orient tant aimé et tant détesté à la fois. Cela fait dix-sept ans que « la petite » partage sa luxueuse vie d'errance, qu'elle la suit de château en château : Angers, Poitiers, Rouen, Winchester, le Devon, la Cornouailles, la Tour de Londres… et aujourd'hui Woodstock. Elle s'est profondément attachée à cette enfant, qui a grandi sous son ombre et qu'elle aime comme sa fille.

Tout irait pour le mieux si Aïcha, depuis quelque temps, n'insistait pour retourner dans son pays et si Mélisende ne lui tendait une oreille complaisante. Il ne faudrait pas grand-chose, songe-t-elle, pour que la petite prenne, elle aussi, la route de Jérusalem ! La providence, fort heureusement, lui a prêté main-forte : Aïcha est malade !

Donc, pour le moment, pas de voyage en Terre sainte !

D'autres questions la tracassent : Que sait Mélisende de ses parents ? Que lui a-t-on raconté ? La petite a, certes, les yeux verts et l'admirable finesse des traits d'Isabelle de Hautecour, mais ses cheveux sont épais, bouclés, d'un noir qui brille comme du jais ! Les rumeurs nées à Jérusalem ont-elles fait leur chemin outre-Manche ? Ont-elles sévi jusqu'à la Tour de Londres, jusqu'à Woodstock ?

Cet été, en signe de grande confiance – peut-être aussi pour mieux la retenir –, elle lui a confié la surveillance de Richard, son troisième fils. C'était au château de Carisbrooke, dans l'île de Wight. Mélisende s'est acquittée de son rôle de « grande sœur » à l'entière satisfaction d'Aliénor, qui terminait sa cinquième grossesse, et de Richard lui-même, qui a trouvé en Mélisende une complice, mais aussi une rivale à sa mesure.

Tout au long de l'été, un bras de fer quotidien les a opposés au sujet de la langue anglaise, un parler que Mélisende maîtrise parfaitement, mais que Richard refuse de pratiquer[1]. Elle a tout essayé : poèmes, chansons de troubadours, contes d'Écosse… rien n'y a fait ! De guerre lasse, elle l'a menacé de l'enfermer une journée entière dans l'une des pièces du donjon s'il refusait de parler anglais.

— Cela m'est égal, a rétorqué Richard. Même si tu m'enfermes cent ans, je ne parlerai pas anglais !

— Ah oui ? Et comment feras-tu, quand tu seras

1. Richard Cœur de Lion, le légendaire roi d'Angleterre, ne parlait probablement pas l'anglais.

roi d'Angleterre, hein ? Dans quelle langue vas-tu discourir avec tes sujets, explique-moi ?

— Eh bien, en français ! Je ferai voter une loi qui obligera tous les Anglais à parler français, voilà, c'est simple.

— Très simple, en effet. En attendant, tu restes au donjon jusqu'à nouvel ordre ! Je te ferai porter à manger. Et ne t'avise pas de te sauver ! De toute façon, je ferme la porte à clef.

— Je me sauverai par la fenêtre.

— *Sorry ?*

— J'ai dit que je me sauverai par la fenêtre !

Mélisende lui a jeté un regard incrédule. Elle le sait téméraire, capable, sur un coup de bravoure, des pires turpitudes. Elle s'est approchée de la fenêtre du donjon et s'est penchée à l'extérieur. La paroi est lisse. Il faudrait être fou pour emprunter cette voie ! Mais Richard, justement… est fou ! Elle s'est tournée vers lui :

— Écoute-moi bien, mon garçon. Voici, en toute quiétude, un conseil de grande sœur : toutes les idées sont bonnes dès l'instant que Belzébuth ne les a pas inspirées. Et celle-ci vient du diable, car te sauver par la fenêtre du donjon te conduira tout droit en enfer. Alors, que les choses soient claires : je ne ferme pas la porte, mais gare à toi si tu en franchis le seuil ! Est-ce clair ?

— C'est clair.

La porte est restée ouverte et Richard ne l'a pas franchie. Il n'est pas sorti par la fenêtre non plus. Cet épisode et d'autres similaires ont tissé entre l'enfant et la jouvencelle des moments d'intense complicité.

— Puisque tu es douée pour converser en toutes sortes de langues, plaisante la reine, tu ferais mieux d'apprendre à Richard la langue des gens d'ici.

— Mais il ne veut pas, marraine ! Pas moyen de lui faire aligner trois mots de suite en anglais !

— Tu n'as qu'à sévir !

— Je l'ai fait, mais ton fils est encore plus têtu que toi. Quand il dit non, c'est non ! Turbulent avec ça, et risque-tout !

Aliénor pouffe de rire. De tous ses enfants, Richard est sans conteste son préféré, celui sur lequel elle fonde le plus d'espoir, mais elle le sait espiègle, prompt à s'enflammer et vif comme un diable. Pour l'heure, l'évocation du jeune prince a jeté une brassée de soleil dans le carrosse. Les flocons, eux, se font plus épais. Aliénor et Mélisende s'emmitouflent dans la mante de fourrure.

Des loups hurlent au loin. Les chevaux allongent le trot.

Le convoi n'est plus qu'à trois lieues de Woodstock. Aliénor, qui au mois de septembre a accouché de Jeanne, sa troisième fille, a choisi ce château, l'une des propriétés royales les plus chères à son cœur, pour y faire ses couches et y passer Noël. Les enfants ne sont pas là, hormis Richard, qui a fait des pieds et des mains pour être du voyage. Mais il a refusé de monter dans la voiture de sa mère.

— C'est bon pour une femme de se déplacer en charrette, pas pour un homme !

Mélisende a bondi :

— Tu appelles le carrosse de ta mère une charrette ?

— Ben oui, tout ce qui a des roues et qui est tiré par des chevaux est une charrette, non ? Un vrai chevalier ne monte jamais là-dedans. Franchement, est-ce que tu me vois affronter une armée de Sarrasins perché sur une charrette ?

Mélisende a levé les yeux au ciel.

Finalement, elle a accepté qu'il chevauche parmi les chevaliers de l'escorte, à condition qu'il ne lâche pas d'un sabot la monture d'Arnaud de Fos. Richard a accepté de gaieté de cœur, car il tient ce chevalier en grande estime.

Originaire du sud de la Gaule, Arnaud est en mission auprès d'Aliénor pour le compte du roi de Jérusalem, lequel veut sensibiliser les souverains occidentaux à une troisième croisade. Parti en Terre sainte avec Hugues de Lusignan, vassal d'Aliénor, il s'est couvert de gloire contre Nour-Ed-Dine, notamment lors de la bataille de Harim[1]. Son prestige est tel que les troubadours en sont déjà à chanter ses exploits. Richard, comme tous les enfants de la cour, est tombé sous le charme de ce chevalier pourfendeur de Sarrasins.

Arnaud, lui, est tombé sous le charme de Mélisende.

Et comme tant d'amoureux transis, il n'a point osé déclarer sa flamme. C'est le paradoxe de ces chevaliers au courage légendaire : capables d'affronter l'ennemi à un contre dix, mais tremblant comme feuille tendre devant une jouvencelle !

Un jour, tout en racontant ses hauts faits à Richard, il a évoqué discrètement Mélisende. Le jeune prince, fort dégourdi pour son âge, a très vite compris où

1. Harim était une forteresse située sur la frontière orientale de la principauté d'Antioche. Elle capitula devant Nour-Ed-Dine le 12 août 1164.

messire Arnaud voulait en venir et a promis d'intervenir. Le soir même, il s'est rendu dans la chambre de Mélisende et s'est assis sur son lit :

— Arnaud est meilleur que tous aux tournois, a-t-il déclaré d'un ton docte. Il a occis, à lui seul, plus de Sarrasins en un jour que Godefroy de Bouillon en dix ans. De plus, il m'emmène à la chasse quand je veux et parfois, quand ma mère me punit, il m'apporte à manger en cachette. Crois-moi, c'est le meilleur de tous, tu devrais l'épouser.

Mélisende a écouté bouche bée.

— Attends, si je comprends bien, tu veux que j'épouse ce chevalier parce qu'il t'emmène à la chasse et t'apporte à manger en cachette de ta mère !?

— Euh… oui, c'est un peu ça, mais n'en parle pas à ma mère. De plus, Arnaud est très riche : il a un château du côté de Marseille et un autre sur une île qui est sur la mer.

Les yeux de Mélisende ont ri :

— Tu connais beaucoup d'îles qui ne sont pas sur la mer ?

— Oui, à Paris.

— Ah… bon. Peu importe, je vois qu'il t'a appris la leçon.

— Mais non, je te parle de mon plein gré. Il m'a juste dit de te dire que son château s'appelle Lourmy, qu'il est le plus beau de la région, qu'il y a toujours du soleil, que l'île s'appelle… j'ai oublié.

— Je ne connais pas ce château. En tout cas, tu diras à messire Arnaud que s'il a quelque chose à me dire, il n'a qu'à le faire lui-même, en personne, que cela ne sert à rien de me déléguer un prince. Cela ne marche pas, avec moi.

— Même si ce prince est le futur roi d'Angleterre ?
Elle a haussé les épaules.
— D'abord, arrête de te prendre pour le roi d'Angleterre. Ensuite, dis à cet Arnaud de Fos de s'armer de courage et de venir me voir… seul. On verra après.

Aliénor, qui est au courant de cet épisode et qui sait lire dans le cœur de Mélisende, la regarde attentivement.
— Tu penses à lui, n'est-ce pas ?
— Oui.
— Est-ce que tu l'aimes ?
— Oui.
— Eh bien, moi pas ! Si tu l'épouses, il va t'emmener en Terre sainte et cela ne me dit rien qui vaille. Je connais la Palestine, nul ne sait de quoi le lendemain y est fait. Je préfère te savoir en sécurité chez moi.
Mélisende se blottit à nouveau contre la reine, mais évite de croiser son regard. S'il est des thèmes qu'Aliénor refuse d'aborder, c'est bien l'Orient, la Terre sainte… N'empêche qu'elle aimerait en savoir un peu plus sur la ville où elle est née, sur ses parents, sur son père, ce preux chevalier qui s'est couvert de gloire au mont Cadmos, sur sa mère, dont personne, hormis Aïcha, ne lui souffle mot, et qu'elle imagine belle comme le soleil. Pourquoi sa marraine n'en parle-t-elle jamais ?
Elle lève les yeux.
— Même si je n'épouse pas Arnaud, j'irai à Jérusalem. Je veux me recueillir sur la tombe de ma mère, rechercher sur place des traces de mon père… je veux aussi connaître la famille d'Aïcha.
Aliénor se raidit. Elle revoit Antioche, Jérusalem,

Al-Yanis, un coffret en bois précieux… Elle n'a pas dit à Mélisende qu'Arnaud est porteur d'une lettre secrète de l'émir. Elle a décidé, une fois pour toutes, que moins la petite saurait de choses sur les turbulences de sa naissance, mieux elle se porterait. Ces tourbillons-là sont comme feu recouvert de cendre : le moindre souffle de vent et c'est l'embrasement. Les évoquer ne sèmerait que drames et tempêtes.

Mélisende a fermé les yeux.

Son esprit a quitté le ciel gris de Woodstock pour des contrées lointaines. Tout devient soleil, clarté, chevauchées à travers le désert. Soudain, elle se souvient qu'Aïcha lui a parlé, quand elle était petite, d'un vague collier magique offert au temps jadis par un prince arabe à une esclave mongole. Ce collier aurait été remis à Aliénor par un autre prince sarrasin. Elle se tourne vers la reine.

— S'il te plaît, marraine, c'est quoi le collier de la colombe ?

Aliénor fronce les sourcils :

— C'est Aïcha qui t'en a parlé ?

— Oui, pourquoi ?

— Elle n'aurait pas dû, je ne manquerai pas de…

Le rideau du carrosse s'entrouvre brusquement. Apparaît la tête blonde de Richard, recouverte de flocons. En équilibre sur un étrier, il se penche si dangereusement qu'il est obligé de s'accrocher à l'accoudoir de la portière.

— Mélisende, j'ai vu une biche, je crois bien qu'elle est blessée. Est-ce que je peux la poursuivre ? Si tu dis oui, Arnaud sera cent fois d'accord.

La jeune fille lui jette un regard courroucé :

— Tiens-toi bien en selle, veux-tu ? Si ton cheval

volte ou se cabre, tu vas te casser le cou et nous retarder. Pour le reste, c'est non !

— Pourquoi ? Cela ferait de la viande pour la moitié de l'escorte ! Par saint Georges, c'est une belle bête, dans les cent livres !

— Et arrête de prendre saint Georges à témoin, tu n'es pas un palefrenier. Pour la bête de cent livres, j'ai dit : non !

Richard se tourne vers sa mère :

— Je pourrais essayer avec toi, mais tu vas me dire non, toi aussi.

— Tu as deviné juste et Mélisende a raison : tu vas tomber de cheval.

Fidèle à sa réputation d'obstiné, Richard revient à la charge :

— Mélisende, mettons que, malgré tout, je coure après la biche, qu'est-ce que tu ferais ?

Elle ôte l'un de ses gants et lui montre ses doigts déployés :

— Tu vois cette main ? Tu en garderas la marque pendant quinze jours !

— Tu oserais gifler ton futur roi ?

— Sans une once d'hésitation. Et même honorer ses fesses d'un coup de pied !

— Vous n'êtes pas drôles, marmonne Richard en rabattant le rideau et en prenant le galop.

Aliénor et Mélisende s'esclaffent. L'une comme l'autre sont fascinées par cet enfant dont la vivacité illumine la vie de la cour.

— On parlait du collier, reprend Mélisende. Aïcha m'a raconté une légende qui aurait cours chez les Banu-Kilâb. Est-ce que tu la connais ?

Aliénor l'observe attentivement. Cette petite sait

quelque chose, mais pas tout… En fait, elle ne sait rien du tout. Il faudra donc l'informer, lever le voile sur sa naissance. Fermer les yeux ne servira à rien : il y aura toujours quelqu'un pour la renseigner à sa façon et lui faire croire n'importe quoi. Avant que ces âmes charitables ne sévissent, elle va donc lui parler, tout lui raconter, mais pas ce jour d'hui. Non, ce n'est pas le jour, pas dans ce carrosse. On ne dévoile pas de tels mystères au fond d'une forêt lugubre. Non, pas aujourd'hui, pas sur la route de Woodstock !

Elle pense à la lettre d'Al-Yanis. C'est la première fois, depuis le départ des croisés, en 1149, qu'elle reçoit un message de sa part. Une longue missive, qu'elle a lue et relue :

Aliénor, reine des Anglais, salut !

Dieu, dans son immense bonté, a permis que notre maître Nour-Ed-Dine me choisisse parmi ses proches conseillers.

C'est ainsi que j'ai participé à la plupart de ses grandes campagnes.

Le 22 ramadan de l'an 559[1]*, notre armée a pris Harim, une forteresse proche d'Antioche. Parmi les captifs figurait un chevalier qui s'est fort illustré dans la bataille et a multiplié les actes de vaillance : Arnaud de Fos. Au cours de l'assaut, il a épargné un adversaire au sol qui venait de briser son arme, estimant qu'un vrai chevalier ne doit pas occire un adversaire désarmé. Cet ennemi qu'Arnaud de Fos a épargné par esprit de chevalerie n'était autre que mon neveu Isham Ibn Al-Yanis.*

1. 12 août 1164.

Je ne pouvais rester insensible à un aussi noble geste.

Or, j'ai appris que le chevalier Arnaud était au service de l'un de tes vassaux, Hugues de Lusignan, lui aussi captif. L'idée m'est venue de le libérer et de lui confier un courrier à ton intention. Un courrier personnel, sans rapport avec les combats que se livrent chrétiens et musulmans dans ce pays où ils pourraient si bien vivre en paix.

Je garde un souvenir ému des heures passées en ta compagnie et celle d'Isabelle, dont la disparition m'a anéanti.

Beaucoup d'événements se sont produits depuis ce temps-là. Des Francs sont venus d'Europe, qui ne comprennent rien à nos usages. Ils ont dressé les chrétiens de Palestine contre les musulmans. Et Nour-Ed-Dine, qui est un fin stratège, en a profité pour lancer le djihad, c'est-à-dire la guerre sainte.

Dix-sept ans ont passé.

L'âge de Mélisende.

Comment va-t-elle ? À qui ressemble-t-elle ?

Je pense qu'un jour ou l'autre, elle voudra venir se recueillir sur la tombe de sa mère. Si tel était le cas, avertis-moi par la voie des Templiers, en qui j'ai pleine confiance.

Mon vœu le plus cher est de la voir franchir le pont-levis de mon château de Shadar.

Ton fidèle serviteur.

Aliénor tire le rideau. De gros flocons tourbillonnent au-dessus de l'escorte. Mais l'image qui l'habite est celle d'un prince arabe nimbé de soleil. Elle se tourne vers sa filleule :

— Bientôt je t'offrirai un objet qui t'appartient en propre. Un cadeau offert par un prince arabe lorsque tu es née.

— Qu'est-ce que c'est ?

— Tu le sauras en temps voulu.

9

L'âme d'une esclave

Des braises rougeoient dans l'âtre. Le soir tombe sur Woodstock.

Mélisende s'approche de l'une des fenêtres et montre les fumerolles qui s'élèvent au loin.

— Elles peinent à monter, il va encore neiger !

Aliénor relève son col fourré d'hermine.

— C'est ce que disent les paysans d'ici. Voilà dix jours qu'il neige : un bien affligeant mois de janvier !

Puis, avec un soupir :

— Donc, tu pars… ?

— Oui, nous ferons halte au château de Lourmy, après quoi, nous embarquerons à Marseille.

— Vers Chypre ?

— Non, vers Saint-Jean-d'Acre.

— Cela ne me dit rien qui vaille, mais c'est ton choix. Nous n'avons même pas eu le temps de préparer correctement ton mariage !

Mélisende lui prend la main :

— Quand on s'aime, point n'est besoin de mariage princier. Lorsque tu as épousé le roi Henri, il n'y avait pas foule. Cela ne vous a pas empêchés de vous aimer et d'être heureux[1].

Elles se taisent. Chacune sait que l'autre a raison. Le séjour à Woodstock touche à sa fin. Le roi Henri a fait une courte apparition, mais il est reparti pour Londres dès le lendemain.

— J'aurais préféré qu'il assiste au mariage, maugrée Aliénor.

— Moi aussi, mais tu sais comment il est, il ne tient pas en place. Il ne reste tranquille que quand il dort.

— Ce n'est pas une raison.

— Il m'a comblée de cadeaux.

— Cela ne suffit pas !

Aliénor, qui rêvait d'épousailles somptueuses pour sa filleule, a dû se contenter d'une cérémonie ne réunissant que le personnel du château !

Mélisende et Arnaud ont précipité la date, car des voyageurs en provenance de Marseille ont parlé d'un convoi de nefs templières comptant appareiller à Pâques en direction de Saint-Jean-d'Acre. Il fallait faire vite !

— Je préfère que tu navigues en convoi, commente Aliénor, regard tourné vers les chaumières qui se dressent au loin. À mon retour de Terre sainte, mon mari et moi avons pris place dans des bateaux séparés. Au large de la Malée, sur les côtes du Péloponnèse, nous avons été attaqués par des pirates grecs et mon navire a été capturé. Je n'ai dû mon salut qu'à l'arrivée providentielle des Normands de Sicile.

---

1. Aliénor épousa Henri Plantagenêt le 18 mars 1152. Les préparatifs de la cérémonie furent menés en secret et seuls les familiers les plus intimes prirent part au banquet.

Mélisende connaît ce récit par cœur, mais elle laisse sa marraine lui en ressasser les détails une fois de plus. Elle la sait triste de la voir partir et comprend que seuls les mots peuvent encore adoucir son chagrin. Elle lui entoure la taille.

— De toute façon, je ne resterai pas longtemps en Terre sainte, promis. Juste le temps de faire mes dévotions à Jérusalem. Je veux me recueillir sur la tombe de ma mère et glaner des renseignements sur mon père. Peut-être est-il en vie, qui sait ? Ces choses-là faites, je reprendrai la mer avec Arnaud et nous rentrerons à Poitiers.

Aliénor la regarde fixement. C'est la première fois que Mélisende évoque ses parents de cette façon. La reine détourne le regard et fixe distraitement les chaumières. Non, elle ne lui parlera pas d'Al-Yanis ! Pas question de semer le trouble dans le cœur de cette petite ! Conformément aux instructions laissées par l'émir de Shadar, elle lui remettra le coffret taillé dans l'arbre de vie, quelque part en Mongolie, mais elle n'en dira pas plus. Elle a déjà interdit à Aïcha d'évoquer le nom du jeune prince musulman. Elle a adressé une injonction identique, ferme dans les propos, en direction d'Arnaud de Fos : « Jamais, tu m'entends bien ? Jamais tu ne dois évoquer le nom d'Al-Yanis devant Mélisende ! »

La jouvencelle se tourne brusquement vers la reine.

— Est-ce que tu peux me fournir une escorte ?

Aliénor sursaute.

— Une escorte ? Pour quoi faire, grand Dieu ? Nous partons ensemble pour Poitiers la semaine prochaine !

— Je veux partir plus tôt.

— Allons bon ! Je n'en vois pas l'intérêt.

Mélisende se tait : Aliénor n'aime pas que l'on discute ses avis.

— Quand veux-tu partir ?

— Demain matin, mes bagages sont prêts.

— … !?

Aliénor se tourne à nouveau vers l'ombre opaque des chaumières passées à la chaux. Son visage est devenu un masque. Des flocons tournoient sur le chemin de ronde. Elle dévisage longuement sa filleule.

— Demain matin ? Tu comptes chevaucher sous la neige ?

— Oui. Nous devons résoudre des problèmes d'intendance au château de Lourmy et nous trouver à Marseille pour la fête des Rameaux. Nous n'avons pas le choix.

Mélisende jette une bûche dans la cheminée. Malgré le crépitement du feu, un silence lourd, crispé, s'installe dans la pièce. Aliénor appelle une servante et lui ordonne d'allumer les lampes. Celle-ci, une jeunette originaire du pays de Galles, sort une poignée de bougies de la poche de son tablier.

— J'ai dit les lampes à huile ! s'énerve Aliénor. Je n'ai jamais parlé de bougies !

La jeunette se met à trembler, laisse tomber des bougies. Une servante plus âgée se précipite vers les lampes posées sur les coffres et les allume[1].

Mélisende observe la scène avec un pincement de

---

1. Aliénor tenait absolument aux lampes à huile. À son arrivée outre-Manche, elle avait été horrifiée par les odeurs que dégageaient les chandelles à suif dans les résidences anglaises, aussi avait-elle exigé que l'éclairage, dans ses châteaux, se fasse avec de l'huile qu'elle faisait venir exprès de ses terres du Midi.

tristesse. Il faut qu'Aliénor souffre beaucoup dans son cœur pour qu'elle rudoie ainsi les servantes ! Jamais Mélisende ne l'a vue dans cet état !

Dès qu'elles sont seules, Aliénor prend une clef accrochée à sa ceinture et ouvre un coffre à l'armature frappée de rivets. Elle en sort un objet enveloppé de soie. Elle pose ensuite des coussins sur l'un des sièges près de la cheminée et se tourne vers sa filleule :

— Assieds-toi, *please*.

Mélisende obtempère, intriguée.

La reine s'assoit sur le fauteuil réservé au roi Henri et lui tend l'objet, d'un geste à la limite de la brusquerie :

— Tiens, c'est à toi !

Mélisende hésite, puis avance la main. Elle ôte le tissu en soie. Apparaît un coffret en bois, hermétiquement clos par deux cerclages d'argent, muni d'opales montées en fermoirs, apparemment soudés eux aussi. Elle le tourne dans tous les sens.

— Ne cherche pas, s'énerve la reine, les couvercles sont scellés.

— Ah bon ? C'est cela, le fameux cadeau d'un prince arabe ?

— Oui. Pourquoi, il ne te plaît pas ?

La voix de la reine est incisive, franchement agressive.

— Si, bien sûr que si.

La jeune fille le secoue près de son oreille :

— Il y a quelque chose à l'intérieur.

— En effet, mais tu ne dois pas l'ouvrir.

— Pourquoi ?

— C'est comme ça.

— Ce n'est pas une explication.

Aliénor la foudroie du regard, Mélisende rentre la tête dans les épaules : elle a été trop loin. Au bout d'un moment, elle lève le menton :

— Je sais, tu n'aimes pas que l'on discute quand tu dis quelque chose, mais avoue que tu ne facilites pas les choses.

Elle secoue le coffret une nouvelle fois contre son oreille.

— Pourquoi ne veux-tu pas que j'ouvre ?

— Parce que tu n'as pas la clef et que tu ne l'auras jamais. Cet objet est fait pour rester fermé.

— Soit, je ne l'ouvrirai point. Permets-moi seulement une question : que contient cette boîte de si précieux – ou de si mystérieux – pour que même la reine d'Angleterre ne puisse me donner l'autorisation de l'ouvrir ?

— L'âme d'une esclave. Cela te convient-il, comme réponse ?

— Non.

Aliénor se lève et va vers le coffre. Elle se penche, puis se ravise. Elle se retourne :

— C'est parce que tu pars demain, que tu me contres à tout bout de champ ?

— Je t'aime trop, marraine, pour répondre comme les courtisans. Je ne veux ni te contrer ni dire tout le temps oui. Je ne comprends pas, c'est tout.

La reine soupire, puis se penche à l'intérieur du coffre. Elle en sort une lettre cachetée.

— Des dangers en grand nombre t'attendent en Terre sainte. Ton escorte subira des attaques, tombera dans des embuscades, aura affaire au pire des ennemis : la trahison. Jamais tu ne pourras dire : là, je suis en sécurité, là je peux me reposer ! La moindre défaite peut faire de toi une captive. Si tel est le cas, tu finiras tes jours dans un harem.

Mélisende écarquille les yeux, un frisson lui parcourt le dos.

— Dans un harem ? Tu crois ?

— Oui, et je n'ai aucune envie de payer rançon pour te racheter !

Elle lui tend la lettre :

— Voilà pourquoi je préfère prendre les devants. Si jamais tu es en difficulté à cause des Sarrasins, fais parvenir cette lettre à un prince musulman de mes amis.

La jouvencelle se penche sur le pli cacheté de cire. Le nom du destinataire figure de part et d'autre du sceau d'Aliénor :

À Salamah Ibn Al-Yanis, émir de Shadar

— Qui est-ce ?

— Je te l'ai déjà dit : un ami.

— D'accord, mais il faudrait que tu m'en dises un peu plus, au cas où je…

Aliénor coupe court d'un geste de la main. Un mouvement d'agacement que tous ses conseillers connaissent : il présage une mauvaise colère.

Mélisende le sait.

— Bon, bon… je n'insiste pas. Avoue tout de même que tu es bizarre : tu m'offres un coffret que je n'ai pas le droit d'ouvrir, puis tu me donnes une lettre dont je n'ai pas à connaître le destinataire ! Non, je ne comprends pas.

— Il n'y a rien à comprendre. À propos du coffret, je préfère que tu t'abstiennes de l'emmener en Terre sainte. Trouve-lui une cachette, de préférence dans ton nouveau fief de Lourmy. Quant à la lettre destinée à l'émir, ne l'utilise que si tu es en difficulté. Sache qu'il existe en Syrie un prince arabe qui viendra à ton secours si tu es en danger, où que tu sois, et quels que soient les obstacles qu'il devra franchir pour arriver jusqu'à toi.

— Tu commences à me faire peur !

— Enfin une phrase raisonnable. Donc, tu restes !?

— Ah non ! Je pars !

10

Sud de la France, cinq mois plus tard

On pénètre dans le château de Lourmy par un imposant pont-levis. Son tablier en poutres de châtaignier s'abaisse sur un pont dormant de grande taille, à cheval entre la contrescarpe et le milieu du fossé. De part et d'autre de cette impressionnante structure veillent deux tours portières équipées d'archères à forte portée.

Mélisende, qui rentre avec son époux d'une inspection dans les terres du fief, arrête sa monture et lève la tête vers la herse, qu'elle examine attentivement.

— Ce modèle est dépassé, explique-t-elle. Demande aux hommes de la faire tomber, s'il te plaît, je veux vérifier quelque chose.

Arnaud la regarde sans comprendre.

— Mais… pourquoi grand Dieu veux-tu faire manœuvrer la herse ? Nul ennemi ne nous menace !

— Je te l'ai dit, parce que c'est un modèle ancien, et il me tarde de vérifier son fonctionnement. Je suis persuadée que, face à un danger soudain, les mécanismes seront trop lents et qu'ils failliront à leur tâche.

— Soit ! C'est toi la châtelaine, après tout !

Arnaud fait reculer sa monture et donne des ordres aux servants du pont-levis. Mélisende, pendant ce temps, met pied à terre et empoigne solidement les brides de sa jument :

— Allez-y ! ordonne-t-elle aux servants dès qu'ils sont prêts.

L'énorme masse de fer et de bois coulisse dans ses rainures, pouce par pouce, jusqu'à mi-parcours… où elle se bloque. Il faut l'intervention de plusieurs hommes de peine pour la décoincer. Après de nouveaux efforts, elle se remet à grincer, et finit par s'abattre avec un bruit mat. Puis, lentement, à l'aide d'un treuil et d'un contrepoids, les hommes la remontent péniblement vers sa position initiale.

— C'est ce que je craignais. Ce modèle est trop ancien. Je vais dresser les plans d'un mécanisme plus récent utilisé en Angleterre, et nous le ferons installer dès notre retour de Terre sainte.

Cela fait cinq mois que le couple a quitté Woodstock. Un départ triste et froid, sous les flocons. Mélisende avait le cœur gros. Richard était désespéré de la voir partir et Aliénor sincèrement affligée. Les deux femmes étaient restées longuement accolées l'une à l'autre, mêlant leurs larmes, joue contre joue, sans parler. Toutes deux savaient qu'elles ne se reverraient sans doute jamais plus, qu'une page était tournée. C'est Aliénor qui s'était désunie la première :

— Vas-y à présent, car une longue route t'attend. Et que Dieu t'accompagne !

Les hommes de l'escorte étaient en ordre de marche, regard amusé sur Arnaud et Richard qui n'en finissaient plus de se dire adieu. Mélisende avait mis un pied à l'étrier. Soudain, Aliénor s'était précipitée vers elle et avait pris ses mains dans les siennes :

— N'oublie pas mes recommandations ! Au premier accrochage avec les Sarrasins, à la première difficulté, fais parvenir ma lettre à l'émir !

— Promis, marraine, mais tu n'as pas de souci à te faire, tout ira bien.

— *Inch'Allah !*

Mélisende avait eu un sourire attendri. Cette expression arabe, souvenir de la seconde croisade, tenait lieu, entre elles, de code de complicité.

— *Inch'Allah !* avait-elle répondu, les yeux humides.

Puis sa gorge s'était nouée. Elle s'était jetée au cou de la reine, le cœur gonflé de chagrin, et avait donné libre cours à ses larmes.

La Provence est en fleurs ; elle répand par brassées couleurs et chants d'oiseaux, ses collines brasillent sous le soleil.

Debout face au massif de la Sainte-Baume, regard tourné vers l'est, Mélisende est en joie. Cette palpitation pressante de l'esprit tendu vers l'Orient est le signe de son bonheur présent, incomparablement plus lumineux, vaste et insolent, que celui ressenti sous les brumes de Woodstock. Cette vie et ces paysages lui conviennent : elle est née pour le soleil, elle est fille du soleil !

Tout se déroule selon ses plans. Lourmy n'est qu'une étape, mais une étape nécessaire. Lorsqu'elle passe sous la triple arcade du pont-levis, elle lève la tête et contrôle les rainures : trop rudimentaires, il faudra les refaire elles aussi ! Une fois dans la cour, elle tend à son époux les rênes de sa jument et considère l'imposante structure du donjon, assez proche des ouvrages d'Aliénor. L'évocation furtive de sa marraine réveille un petit pincement. Mais elle évite de s'y attarder ; même si le goût du sel est toujours présent au fond de sa gorge, son esprit n'est plus en Angleterre, il est tout entier à son nouveau fief, à l'excitation de son prochain voyage, aux chevauchées sur les plaines d'Orient, aux ocres flamboyants de Terre sainte…

Ce dont Arnaud n'a ni savoir ni raison, car il ne pense, lui, ni à son fief, ni aux nefs de la traversée, ni aux chevauchées sur les plaines de Galilée. Il n'a de pensée que pour Mélisende. Son amour pour elle, l'ivresse de son hyménée, le vertige de sa beauté le tiennent en constant doux émoi. Il aime Mélisende de cette passion exquise et démesurée que les chevaliers ont pour leur mie. Il peut, sur une simple velléité de sa part, braver les plus noirs périls, affronter dragons et bêtes sauvages, charger l'ennemi à un contre dix… Sa vie ne lui appartient plus, elle est à sa belle, à sa dame.

Sa reine, son Tout.

Mélisende, de son côté, aime Arnaud, mais sa passion est moins excessive. Dans un premier temps, l'empressement du preux chevalier dans les froids corridors de Woodstock l'a amusée, puis flattée. Par la suite, sa cour assidue, empressée, pressante… a réveillé des émois qui ne demandaient qu'à éclore. Elle a fini par s'habituer au charme de sa compagnie, à sa plaisance. Et lorsqu'il lui a laissé entrevoir la magie de la Terre sainte, c'est presque naturellement qu'elle lui a ouvert son cœur… et cédé son corps.

A-t-elle épousé Arnaud pour qu'il la conduise à Jérusalem ? Aliénor le pense. Mélisende non. Elle aime Arnaud. Si ce n'est avec la passion du cœur, du moins est-ce avec celle des corps. Son expérience des choses de l'amour n'a jamais été bien loin, mais elle a déjà souventefois pris son plaisir avec des servantes. Or, ce qu'Arnaud lui donne n'a rien de comparable avec les contentements glanés auprès des servantes, même les plus jolies. Cela dépasse tout ce qu'elle a connu. Au point qu'elle souhaiterait plus de mains pour le palper, plus de lèvres pour l'embrasser… Elle ne peut plus se passer de leurs nuits. Le jour, elle en rêve, provoque des occasions pour de tendres retrouvailles, dès qu'ils sont seuls lui demande de la prendre dans des positions nouvelles…

Les transports de l'amour l'enivrent.

C'est à des promesses d'ébats hardis que pense Arnaud en emboîtant le pas de sa mie. Il observe son allure souple, décidée, la fièvre ondulante de ses reins, devine sous sa tunique en soie les courbes de son entrecuisse, s'imagine en train de besogner…

Ils approchent du donjon.

Le donjon de Lourmy se dresse sur un éperon rocheux. C'est une masse imposante de soixante pieds[1] de côté, dont les murs sont épais de dix pieds à la base et de six au sommet. Il remplace un donjon de bois construit un siècle plus tôt. Des hourds[2] en ceinturent le haut.

Arnaud et Mélisende pénètrent dans la forteresse par un escalier escamotable. « C'est une idée à moi, lui a expliqué Arnaud, on peut le tirer en cas de siège. »

1. Mesure de longueur qui valait un peu plus de 30 centimètres.

2. Balcons défensifs munis de trappes destinées à protéger les abords.

Mélisende a vécu dans tant de châteaux, tant vu bâtir de forteresses, qu'elle ne saurait être ébaubie par cet ouvrage. Il lui en faudrait beaucoup plus. Mais celui-ci n'est pas comme les autres : c'est le sien !

Son donjon !

Hier soir, après l'amour, Arnaud lui a tendu un parchemin.

— Il n'y a pas de moment plus propice que ces instants encore humides de jouissance pour marquer et donner la joie, lui a-t-il dit. Le secret, en amour, ma douce bergère, est de prolonger l'étreinte par une autre volupté, celle qui consiste à se nantir du pouvoir de jouir des choses, d'en aspirer les délices.

— Ah bon ? Et quelle est la « chose » qui me vaut une telle avalanche de tiédeurs exquises ? Quelle « chose » pourrait encore davantage me pénétrer de volupté ?

— L'acte de propriété du château de Lourmy ! a déclaré tranquillement Arnaud en posant le document cacheté sur le ventre de sa bien-aimée. Rédigé à ton nom, avec titre de comtesse, qu'Aliénor t'a obtenu de ton suzerain le comte de Toulouse.

Mélisende l'a regardé stupéfaite, tandis que de sa main senestre elle roulait machinalement le parchemin sur sa peau. Son bonheur était si fort que le rouleau s'est égaré au bas de son ventre sans qu'elle s'en avise. Puis elle a pleuré, de joie. Des larmes qui ont accompagné d'autres caresses, d'autres voluptés, jusqu'à ce que, épuisés, enivrés d'amour et d'humide plaisir, ils s'endorment.

C'était hier.

Ils sont, céans, sous les voûtes froides du cellier.

Mélisende commence par inspecter les réduits en deux niveaux, dans lesquels s'amoncellent sacs de froment, tonneaux, jarres d'huile, salaisons…

— Je vais dresser la liste de ces victuailles, commente-t-elle à haute voix. Je m'en occupe dès demain. Je compte les consigner dans des *rolls*, comme Aliénor[1]. J'en profiterai pour faire les plans de la herse, avec treuil et contrepoids.

— C'est toi la châtelaine désormais, à toi de décider. Fais !

Un puits trône au milieu de la vaste pièce. Mélisende s'approche de la margelle, regarde le fond, appelle un serviteur et lui fait tirer de l'eau, dont elle boit deux gorgées. Tout en goûtant sa fraîcheur, elle songe au pays où vont ses rêves : la Terre sainte. Va-t-elle y souffrir de la soif ?

Ils visitent le four à pain, le moulin, puis montent au premier niveau. Arnaud lui explique que les accès aux étages sont distincts les uns des autres pour dérouter et piéger les assaillants, surtout les assaillants amis. Mélisende opine du menton : Aliénor lui a appris à se méfier de tout le monde, y compris de ses vassaux.

Ils arrivent ainsi à l'étage noble, la résidence du seigneur. La pièce est vaste et lumineuse, éclairée par neuf baies et pourvue d'une cheminée monumentale.

— Ce sera notre salle de réception, décide Mélisende.

Puis, montrant de l'index deux portes en bois de châtaignier :

1. Aliénor enregistrait ses comptes dans des rouleaux (rolls), précieusement rangés actuellement dans de petites logettes au Public Records Office de Londres.

— Là sera notre chambre. À côté, celle des enfants.

Ils sont seuls. Les serviteurs vaquent dans le cellier. Arnaud lui prend la main et l'embrasse. Ce faisant, son regard accroche les généreuses rondeurs de son avant-cœur et le désir le prend d'un coup, puissant, démesuré.

— Sacredieu, tes bossoirs ont encore poussé ! s'écrie-t-il en guise de préambule.

Elle lui saisit la main et la rapproche de son ventre.

— Tu ne sens rien ?

Il ouvre de grands yeux ébahis.

— Tu es grosse ?

— Oui. Dieu soit loué !

Il reste sans voix. Il s'attendait à la voir prise un jour ou l'autre, mais pas aussi prestement ! Il l'enserre dans ses bras. L'appétence allumée par les bossoirs de sa mie s'évanouit d'un coup, il n'y a plus de place que pour les rondeurs prochaines de son ventre. Il décide de fêter l'événement. Il appelle Guiraude, la servante de l'étage, laquelle jaillit comme par enchantement de la « chambre des enfants ». Était-elle en train de guetter, de les épier ?

— Apporte-nous du vin !

Guiraude revient avec un pichet et des hanaps.

— C'est avec le sang de nos vignes que nous allons fêter l'événement !

Ils lèvent leurs hanaps et boivent à l'enfant à naître.

Cependant, Mélisende a déjà l'esprit ailleurs. Elle abrège les joyeusetés, montre l'escalier qui jouxte la pièce et qui mène à la chapelle.

— J'aimerais savoir où en sont les travaux.

— Allons-y ! s'enthousiasme Arnaud, qui a du mal à contenir sa liesse.

De toutes les dépendances du donjon, c'est de la chapelle qu'Arnaud est le plus fier. Il l'a voulue aussi richement décorée que celles des nobles seigneurs du Nord. Mais elle n'est pas finie. Le maître sculpteur a pris du retard. Arnaud en a profité pour demander aux maîtres maçons de corriger les socles.

Lorsqu'ils arrivent sur le chantier, maître Jacques travaille sur la niche qui orne l'arrondi de l'abside. Après avoir salué le maçon, Mélisende contourne l'autel, passe la main à l'intérieur de la niche et observe attentivement le fond.

— Maître Jacques, est-il possible de condamner cette enfonçure ?

Sa question surprend son époux, mais pas l'artisan, qui fait grand cas des caprices, souvent fort à propos, des châtelaines.

— Cela va de soi, dame Mélisende.

— Mais, où va-t-on mettre la statue de sainte Madeleine ? s'affole Arnaud.

— Nous en ferons don à l'église du village.

Puis, à l'adresse de maître Jacques :

— J'aimerais placer un objet auquel je tiens beaucoup, dans cette niche. Et ce, jusqu'à mon retour de Terre sainte. Peux-tu l'emmurer sans lui porter dommage et aussi sans que les gens se posent des questions ?

— Je le peux, dame Mélisende, il me suffit pour cela de tailler les pierres de telle sorte qu'elles s'encastrent. Quant aux bordures présentes, elles vont passer aux yeux de tous pour des détails de décoration.

— De quel objet s'agit-il ? s'enquiert Arnaud, que ce projet intrigue.

— Un coffret en bois. Rassure-toi, il n'a aucune

valeur marchande, mais pour moi, il n'a pas de prix. Il aurait appartenu à une esclave mongole.

Elle pose un regard amical sur le maître maçon.

— Quand peux-tu commencer l'ouvrage ?

— Dès que vous m'en donnerez l'ordre, dame Mélisende.

— Dans ce cas, demain. Je veux juste avoir le temps d'écrire son histoire sur un parchemin. Bien entendu, personne ne doit se douter que je cache quelque chose dans cette niche !

— Nul n'en saura jamais rien. Vous avez ma parole. Je veillerai moi-même sur le secret de cette esclave mongole, et ce jusqu'à votre retour de Terre sainte. Quand comptez-vous partir ?

— Là, dans la semaine. Je veux tremper mes pieds dans le lac de Tibériade avant que juin passe à juillet.

11

Route de Tibériade

Il fait une chaleur torride.

La longue file de pèlerins fait une halte au Puits de la Samaritaine et reprend la route en direction de Tibériade. Il convient de faire vite, car la zone est à découvert et la plaine dangereusement hostile. La troupe oblique vers l'est et entreprend de longer le djebel Halboun, un massif abrupt dans lequel elle pourra, en cas d'attaque, trouver abri.

Cela fait trois jours que la colonne a quitté Saint-Jean-d'Acre et pris la route de Tibériade.

Un itinéraire inhabituel.

Généralement, les pèlerins qui débarquent en Terre sainte longent le littoral jusqu'à Jaffa et, de là, obliquent vers Jérusalem. C'est le chemin le plus sûr, car il est jalonné de postes fortifiés. Si la présente colonne a choisi la route de Tibériade, beaucoup moins sûre, c'est parce que la destination des pèlerins n'est pas la Ville sainte, mais les garnisons frontalières du Jourdain. Ces hommes et ces femmes, arrivés directement d'Occident, n'ont d'autre ambition que de participer activement à la défense des fortifications chrétiennes.

Arnaud et Mélisende font partie du convoi, mais ils ne comptent rejoindre aucune garnison. Mélisende part quérir des lumières sur l'endroit exact où son père a disparu. Elle veut voir les lieux, comprendre, parler avec les Bédouins, apprendre de leur bouche ce qu'ils ont vu et entendu. Elle compte sur sa connaissance de la langue arabe – dont personne n'est encore au fait – pour poser les bonnes questions.

Le soleil frappe de tout son poids, la chaleur est écrasante. Mélisende recouvre son visage d'un long voile, comme les Bédouins, et tourne son regard vers l'est. Une force inexplicable, mystérieuse, la pousse vers Tibériade.

Ils ont quitté Marseille au mois d'avril avec le convoi de nefs templières qui fait le *passagium hivernale*[1]. Avant d'embarquer, Arnaud a tenu à mettre en ordre les affaires dans leur fief de Lourmy – désormais propriété de Mélisende –, baillé par contrat aux Templiers d'Aix-en-Provence, en attendant le retour de Terre sainte.

Plongée dans ses pensées, Mélisende n'a pas vu qu'un templier, justement, chevauche depuis un moment à ses côtés et qu'il lui tend sa gourde.

— Mélisende, veux-tu de l'eau ?

Elle sursaute.

— Excuse-moi, frère Gérard, avec cette chaleur, mon esprit vagabonde loin d'ici ! Oui, volontiers !

---

1. Les convois maritimes comportaient un *passagium hivernale* (traversée en mars-avril) et un *passagium aestivale* (juillet).

Elle boit une gorgée.

— *Hamdoulillah !* fait-elle en s'essuyant les lèvres.

Le templier reprend sa gourde en peau de chameau et la raccroche à l'arçon de sa selle. De son vrai nom François Gérard de Beaulieu, cadet d'une noble famille bourguignonne, frère Gérard est un chevalier de bonne taille, aux épaules puissantes, pieds bien assurés, bras faits pour tenir l'épée. En dépit de son impressionnante carrure, il rayonne de bonté.

C'est lui qui commande l'escorte.

— Ton époux est parti en éclaireur, commente-t-il.

— Ah bon ? Il ne m'en a point parlé. Est-il seul ?

— En aucune façon. Je ne saurais me permettre d'envoyer un éclaireur seul sur ces terres semées d'embûches ! La mission des templiers est de protéger les pèlerins, non de les mettre en danger ! Trois de mes hommes l'accompagnent.

Depuis trois jours qu'elle chevauche à leurs côtés, Mélisende a pu constater à quel point ces moines-soldats veillent sur les pèlerins dont ils ont la charge. Bivouac après bivouac, ils récitent leurs prières puis s'organisent en patrouilles pendant que leurs protégés dorment.

Une jument les dépasse au galop, le cheval de Mélisende se cabre, hennit. Elle lui caresse l'encolure, la bête se calme.

— Sais-tu que ton époux a accompli un geste de grande chevalerie à la bataille de Harim ? reprend le templier. Tout le monde en parle, même les infidèles !

— Je ne suis pas au courant. Qu'a-t-il fait ?

Il la fixe avec un sourire.

— Ton époux s'est battu comme un lion. Je peux le certifier : j'y étais ! Il a abattu un grand nombre d'ennemis. À un moment, il s'est trouvé face à un combattant musulman qui tentait de dégager un de ses frères, coincé sous un cheval. Ils étaient à sa merci et il aurait pu les tuer tous les deux d'une paire de coups d'épée, mais ils étaient désarmés, l'un parce qu'il gisait sous sa monture, l'autre parce qu'il avait ses mains occupées à le dégager. Sais-tu ce que ton mari a fait ?

— Non.

— Il est descendu de son destrier et a aidé le Sarrasin à dégager le blessé. Après quoi il est remonté à cheval et a continué le combat. Ce geste dont j'ai moi-même été témoin a marqué autant les chrétiens que les musulmans.

— J'ignorais ce fait. Pourquoi ne m'en a-t-il jamais parlé ?

— Sans doute parce que c'est un homme modeste. Sache aussi qu'il n'est pas avide de sang sarrasin, comme le sont la plupart des chevaliers qui nous arrivent d'Occident.

Il montre la colonne de pèlerins.

— Ceux-là viennent pour prier, je n'ai rien contre eux. Les barons d'Europe, eux, sont là pour quêter gloire et fortune. À peine débarqués, ils brandissent l'épée et partent à l'assaut. Contre quoi ? Ils n'en savent trop rien et, à vrai dire, ils n'en ont cure. Leur unique souci est de tuer pour se couvrir de gloire.

— Tu veux dire que mon époux refuse de tuer ?

— Certes non, mais il respecte les lois de la guerre.

Le templier dirige son regard vers le nord.

— Le Sarrasin épargné par ton époux est le propre neveu de l'émir de Shadar !

Mélisende fronce les sourcils : c'est vers ce prince qu'elle doit se tourner en cas de grand danger !

— Cela fait plusieurs fois que j'entends parler de cet émir. Qui est-ce ?

— Le bras droit de Nour-Ed-Dine. Présentement, il réside à Damas, à quelques journées de marche d'ici. C'est un homme sage et pieux.

Un bruit de galop couvre ses propos. Mélisende pointe son index.

— Tiens, voilà mon époux !

Arnaud arrive dans un nuage de poussière, arrête son cheval à côté de celui de frère Gérard. La bête, dont les naseaux écument, pousse un hennissement.

— Des Sarrasins en grand nombre arrivent dans notre direction. Nous n'avons pas une minute à perdre, il nous faut disposer les hommes en ordre de bataille.

— Combien sont-ils ? demande frère Gérard d'une voix calme.

— Cent, deux cents, peut-être plus. Le sable amortit le bruit des sabots, mais ils sont là, ils arrivent !

Le templier fixe les montagnes qui se dressent sur sa droite, le djebel Halboun, puis se tourne vers la longue colonne de pèlerins, des hommes et des femmes certes courageux, mais sans aucune expérience de la guerre. Il ne peut aucunement compter sur eux. Il ne dispose, en tout et pour tout, que d'une trentaine d'hommes armés. Trop peu !

Arnaud piaffe d'impatience, comme son cheval.

— Je rassemble les hommes pour le combat, lance-t-il tout en calmant sa monture.

— Pas question de livrer bataille, décide le templier.

— Jamais je ne fuirai devant l'ennemi ! bondit Arnaud.

— Moi non plus, figure-toi.

Frère Gérard se tourne vers ses écuyers :

— Sonnez le rassemblement !

Mélisende, qui s'est maintenue à l'écart, admire une fois de plus l'impressionnante discipline des templiers. Les écuyers n'ont pas fini de corner, les moines sont déjà en formation. Campé sur son destrier, frère Gérard s'adresse aux pèlerins d'une voix puissante :

— Mes frères, l'ennemi est à une lieue d'ici. Deux centaines de cavaliers aguerris, peut-être plus. Trop nombreux pour nous, beaucoup trop. Si la bataille a lieu, ils nous écraseront. Les blessés seront exécutés, leurs têtes coupées et les survivants bien portants vendus comme esclaves.

Il se fait un grand silence, rompu par Arnaud de Fos :

— Nous nous battrons jusqu'au dernier. Laisse-nous les affronter !

Une clameur lui fait écho, mais frère Gérard lève sa dextre, impose silence.

— Il n'en est pas question, messire Arnaud. Si nous défions ces Sarrasins, c'en est fait de chacun de nous ! Qu'est-ce que tu veux ? Voir ta femme finir ses jours dans un harem ? C'est cela que tu veux ?

Il montre la montagne.

— Je connais le djebel Halboun, nous ne serons ni les premiers ni les derniers à nous réfugier sur ses flancs. Il y a un ravin sur notre droite, avec un passage étroit. Si nous le franchissons, nous pourrons nous positionner en hauteur et voir venir, c'est notre seule chance.

Il demande à son écuyer de déployer l'étendard blanc et noir des Templiers, frappé d'une croix rouge.

— Regardez bien ce gonfanon. Vous allez le suivre en bon ordre, ce sera notre signe de ralliement.

Les pèlerins se tournent alors vers le chevalier Arnaud. Ils l'admirent, tous ont entendu parler de sa bravoure.

Conscient que la sécurité de ces gens et de Mélisende dépend de la réponse qu'il va donner, il tire son épée et crie, d'une voix qui porte jusqu'à la montagne :

— Tous derrière le saint gonfanon !

Frère Gérard le remercie du menton, puis fait signe aux frères templiers, qui se placent aussitôt en colonnes, de part et d'autre des pèlerins. Et pour éviter que ces hommes et ces femmes sans expérience de la guerre ne se fourvoient dans l'affolement, il se met en tête de troupe.

Spontanément groupés en rangs serrés, les pèlerins obliquent vers le djebel. Soudain apparaît au loin un nuage de poussière. Frère Gérard montre une nouvelle fois l'étendard frappé de la croix pattée :

— Suivez notre gonfanon, quoi qu'il arrive !

Le ravin de Halboun, large à peine de cinq coudées[1], ne laisse guère passer, entre deux parois escarpées, qu'un seul cavalier à la fois. L'un après l'autre, les pèlerins s'engouffrent dans le sentier. Un bouclier formé par le gros des templiers, auquel s'est joint Arnaud de Fos, ferme la marche.

Les Sarrasins approchent.

Le bruit de cavalcade, grossi par l'écho, devient assourdissant. L'ennemi vient de lancer le galop de charge. Face à lui, en deçà du ravin, deux chevaliers du Temple et Arnaud de Fos. La longue file des pèlerins serpente déjà sur les flancs du djebel Halboun. Restés en retrait, les archers se postent en hauteur, derrière les rochers.

Les sabres des Sarrasins scintillent au soleil, leurs

1. Une coudée équivaut à un pied et demi, 45 centimètres environ.

cottes de mailles forment une vague d'acier. Ils ne sont plus qu'à un jet d'arbalète.

Arnaud reste en dernier. Il veut conduire la première ligne sarrasine jusqu'au goulet d'étranglement, ce qui lui permettra de se battre à un contre un, et retarder ainsi l'avancée ennemie. Sa réputation de bravoure est telle que les templiers ont consenti à l'abandonner derrière eux. Au tout dernier moment, Arnaud assure son bouclier et éperonne son cheval. À peine s'est-il engagé dans le ravin qu'une pluie de flèches s'abat sur lui. La plupart se brisent sur sa cotte de mailles, mais l'une d'elles le blesse au cou, une autre touche son cheval, qui s'affole, se cabre, volte, et finit par vider selle et arçons.

Arnaud est seul au milieu du ravin.

Bien qu'à moitié sonné, il se dresse sur son bouclier, dégaine son épée et affronte le premier Sarrasin. Sa pensée va vers Mélisende, vers l'enfant à naître. C'est pour lui, pour elle, qu'il va se battre !

— Partez ! crie-t-il aux templiers qui reviennent sur leurs pas. Nos frères ont besoin de vous, là-haut ! Dieu est avec moi !

Et il bondit vers le Sarrasin. Celui-ci attaque de sa lance, mais, déstabilisée par l'étroitesse du sentier, son arme heurte la roche et vole en éclats. Celle d'Arnaud lui traverse le ventre.

Les templiers ont rejoint les pèlerins. Les archers, postés derrière les rochers, ont décoché une dernière volée de flèches, dérisoire face au nombre de Sarrasins, et se sont repliés. Seul face à une armée entière, Arnaud frappe sans fin ni repos. Il charge et presse si fort qu'aucun cavalier ne franchit le ravin. Sa dernière parole sera un nom de femme.

Mélisende.

12

Rompus de fatigue, tenaillés par la soif, les pèlerins jettent leurs dernières forces dans la consolidation de l'enclos. S'il leur reste une chance de survie, elle est là, dans cette fortification de fortune. Le nom d'Arnaud est sur toutes les lèvres : si le preux chevalier n'avait, de son épée, bloqué l'étroit passage dans le ravin et retardé ainsi la progression ennemie, ils seraient tous, à présent, morts ou captifs.

Qu'est-il devenu ? L'ont-ils tué ? L'ont-ils fait prisonnier ? Nul ne sait.

Debout sur une avancée rocheuse, frère Gérard surveille la position ennemie.

— Cela ne me dit rien qui vaille, grommelle-t-il en montrant la couleur noire des oriflammes. Ce sont des Banu-Ghilaf, des Bédouins véreux. Leur chef est un certain Abou l-Fath, un personnage fourbe, extrêmement dangereux.

Deux autres templiers, frère Gilles et frère Jean, se tiennent en retrait, ainsi que Mélisende, venue scruter le camp sarrasin et qui n'a pas abandonné espoir de revoir son époux vivant.

— Qu'est-ce qu'ils trament ? demande-t-elle.

— Rien. Ils attendent. Ils savent que nous allons manquer d'eau, de vivres, de fourrage pour les chevaux…

Frère Gérard promène un regard las sur sa troupe de pèlerins : épuisés, assoiffés, ils n'en continuent pas moins à consolider la palissade. Il se tourne vers l'un des templiers :

— Dès la nuit tombée, tu prendras un écuyer et fonceras vers Tibériade. Reviens-nous vite avec des troupes fraîches !

Puis, à l'adresse de Mélisende :

— Sans une aide rapide, nous sommes perdus.

La jouvencelle acquiesce de la tête. Elle a vécu dans l'entourage d'Aliénor, entendu à longueur de soirées les chevaliers ressasser leurs faits d'armes : elle peut, d'un simple coup d'œil, juger si un détachement armé est en mesure de soutenir un assaut.

Non, ils ne pourront jamais tenir tête aux Sarrasins.

Elle songe à la lettre de sa marraine et aux recommandations qui l'accompagnent : « Tu ne dois utiliser ce pli que si tu es en difficulté ! » Elle hésite. Doit-elle vraiment contacter ce Salamah Ibn Al-Yanis que tout le monde semble connaître, sauf elle ? Quelque chose lui échappe : pourquoi Arnaud ne lui a-t-il jamais parlé de cette fameuse bataille de Harim ? Pourquoi tant de mystère autour de cet émir ?

Elle se penche par-dessus le rocher : des Bédouins viennent de planter un poteau à la sortie du ravin. Il y a beaucoup d'agitation autour. Elle se tourne vers frère Gérard.

— Qu'est-ce qu'ils fichent ? Il ne peut pas s'agir d'une catapulte, ils sont trop loin !

Le visage du templier se ferme, son regard habituellement calme et serein se trouble. Il connaît l'Orient, il sait ce qu'un tel poteau signifie. Mélisende comprend qu'un événement grave se prépare. Elle lève un regard désemparé vers frère Gilles.

— Que se passe-t-il ?

Au lieu de répondre, ce dernier lui entoure la taille de ses bras puissants et l'empêche fermement de se pencher vers le campement ennemi. Elle résiste, tente de faire un pas.

— Non, Mélisende, ne regarde pas !

— Qu'y a-t-il de si horrible à voir, qu'il me faille, d'un coup, fermer les yeux ? Laisse-moi passer, frère Gilles. Quel que soit le spectacle, mon cœur et mon âme sont prêts.

Le jeune templier hésite. S'il avait le choix, il serrerait cette enfant contre sa cotte de mailles et l'emporterait à cent lieues d'ici ! Mais sa main est faite pour tenir une épée, non la taille d'une jouvencelle. Il n'a pas le choix. Tous les regards sont braqués sur le poteau. Deux hommes s'y affairent à nouveau. Ils y accrochent une pique.

Plantée au bout, cheveux au vent : la tête d'Arnaud de Fos.

Mélisende se sent faiblir, ses pieds se dérobent. Frère Gilles desserre sa poigne. La jeune femme ne s'effondre pas, mais elle étouffe, son front transpire, son estomac se contracte. Elle vomit. Lorsqu'elle s'est vidée tout son soûl, elle s'essuie les lèvres du revers de sa manche, ferme les yeux, reprend lentement sa respiration.

Contre toute attente, alors que les trois moines-soldats s'attendent à des pleurs, des cris… elle plonge sa main dans l'une des poches de son bliaut, prend un parchemin soigneusement enroulé, cacheté de cire, et le tend au commandant des templiers.

— Je veux que tu fasses acheminer ce courrier, dans les plus brefs délais, à Salamah Ibn Al-Yanis.

Frère Gérard prend le rouleau, vérifie le cachet de cire et fronce les sourcils.

— C'est le sceau d'Aliénor, n'est-ce pas ?

— Oui.

Il hoche la tête en silence puis, l'air sincèrement navré, montre les pèlerins, toujours affairés à consolider l'enclos.

— Ces gens ont besoin d'aide, très vite, avant la nuit de demain. Après, il sera trop tard. Il en va de leur survie.

Sa conclusion est sans appel :

— Je suis désolé, Mélisende, mais cette aide ne peut venir que de Jérusalem, en aucun cas de Damas. Notre salut est dans le Christ, non dans l'islam.

Elle plisse les yeux, soutient son regard.

— Les chemins de Dieu ne sont pas toujours ceux des hommes. C'est sur le chemin de Damas que l'apôtre Paul a rencontré le Christ !

Personne ne répond. Frère Gérard, qui a les yeux aussi lourds de peine que l'âme d'un damné est noire de péché, soupire, a un geste d'impuissance.

— L'apôtre Paul n'avait pas affaire aux Sarrasins, mais aux Romains ! Fais confiance à mon expérience, Mélisende : nous devons quérir l'aide des nôtres avant qu'il ne soit trop tard. Tu auras tout loisir, dès que nous serons sortis de ce guêpier, de contacter l'émir de Shadar.

— Tu n'as pas compris, frère Gérard : ce n'est

point moi qui souhaite contacter ce prince infidèle, mais la reine Aliénor !

Frère Jean, le troisième templier, prend la parole :

— J'étais à Jérusalem lorsque Aliénor d'Aquitaine est venue en Palestine. En ces temps-là, on racontait que l'émir de Shadar était en bons termes avec elle. De ce point de vue, Mélisende a raison de vouloir le contacter, mais cela ne veut pas dire qu'il est aujourd'hui dans les mêmes dispositions qu'il y a dix-huit ans !

— Si mes souvenirs sont exacts, ajoute frère Gilles, l'émir de Shadar s'était pris d'amour pour la meilleure amie de la reine, une certaine Isabelle de Hautecour.

— Laquelle est morte en couches. D'après la rumeur, Salamah Ibn Al-Yanis était le père de l'enfant. On racontait aussi qu'Aliénor avait fait appeler cette enfant Mélisende, en hommage à la reine Mélisende de Jérusalem.

Les trois templiers fixent brusquement la jouvencelle.

Dont les yeux se dessillent d'un coup.

Une avalanche de feu. Tout s'embrase. Et tout devient clair : les propos énigmatiques d'Aliénor, les silences d'Aïcha, la lettre que le templier tient dans sa main, les mystères autour de l'émir de Shadar… L'agitation qui la secoue gronde avec un tel fracas que les templiers, instinctivement, détournent le regard. Lorsqu'elle lève le sien, sa voix est ferme :

— Je suis la fille d'Isabelle de Hautecour.

13

Région de Damas

Grand de taille, mince, tout en nerfs et en muscles, barbe finement taillée, Al-Yanis est un prince séduisant. Et l'un des plus puissants de Syrie. C'est aussi le chef incontesté des Banu-Kilâb, tribu autrefois nomade, dont l'autorité s'étend sur tous les clans bédouins, de Bagdad à Alep.

Il a tout juste trente-huit ans.

Général prestigieux, redoutable tacticien, il s'est voué corps et âme à la gloire et à la puissance de Nour-Ed-Dine. Aussi est-ce sur les champs de bataille qu'il passe le plus clair de son temps. Mais, dès que la guerre s'apaise et s'accoise, il s'adonne à sa grande passion : la chasse.

En ce mois de cha'ban 561 de l'hégire – juin 1166 –, Al-Yanis et son neveu Isham sont à Damas, où le vizir les a respectueusement invités sur ses terrains de chasse de Bâniyas : de vastes dénivelés de bois et de garrigues où foisonnent des oiseaux de toutes sortes, des gazelles, des onagres, des chevreuils, et même des lions !

Le soleil n'est pas encore levé, il fait frais.

Les gens du vizir rassemblent les chiens, sortent les guépards apprivoisés, préparent les autours. Al-Yanis s'apprête à monter en selle lorsque le capitaine des gardes se précipite vers lui.

Ya Sidi, il y a là deux émissaires francs couverts de poussière, des templiers. Ils demandent à te voir.

— Des templiers ? Qu'est-ce qu'ils veulent ?

— Je l'ignore. À ce qu'ils racontent, ils escortaient une colonne de pèlerins et ont été attaqués par des Banu-Ghilaf. Ils n'ont pas voulu en dire plus.

Al-Yanis se tourne vers le vizir :

— Qu'est-ce qu'ils fichent, les Banu-Ghilaf, à Damas ? Que je sache, aucun mouvement de troupes n'est prévu dans le secteur !

Mal à l'aise, le vizir bredouille qu'il s'agit d'un événement local sans intérêt.

— Les Banu-Ghilaf sont juste venus donner un coup de main aux Damasquins.

— Comment ça, « un coup de main » ?

Le vizir se tortille sur la selle de son cheval.

— D'après nos espions d'Acre, la destination de ces fils de chien – que le diable les emporte ! – n'est pas les Lieux saints, mais les fortifications du Jourdain. Quant aux templiers – que le diable les fasse tous griller en enfer ! –, nos espions ont découvert que leur véritable mission est de convoyer une importante quantité d'or et d'argent vers Tibériade. Dès que je l'ai appris, j'ai considéré qu'il était de mon devoir de les intercepter.

— Qui commande ces Banu-Ghilaf ?

— Abou l-Fath.

Isham fronce les sourcils, car il connaît Abou l-Fath : c'est un être déloyal, un félon !

— Combien de cavaliers a-t-il demandé ?

— Cinquante, contre la promesse d'un tiers des captifs.

Al-Yanis a écouté sans broncher. Les us et coutumes des tribus bédouines imposent aux Bédouins de traiter d'abord avec les Banu-Kilâb, ensuite seulement ils peuvent contacter d'autres alliés. Abou l-Fath a enfreint la loi des ancêtres, rien ne justifiait son alliance avec le vizir de Damas !

— Amène-moi ces templiers, ordonne-t-il au chef des gardes.

Revêtu de sa cotte de mailles, casqué de fer, manteau blanc frappé de la croix pattée, frère Gilles, suivi de son écuyer, se présente devant l'émir, s'incline respectueusement et lui tend un parchemin.

— Une personne qui est en grand danger me prie de vous remettre ce courrier.

Al-Yanis reconnaît le sceau d'Aliénor d'Angleterre et en demeure stupéfait. Son amie se trouverait-elle en Palestine ? Il réfléchit très vite : non, il l'aurait su par ses espions de Jérusalem. De toute façon, Aliénor elle-même l'en aurait averti ! Si ce n'est pas Aliénor, qui est-ce ? Une personne suffisamment proche de la reine, en tout cas, pour utiliser son sceau ! Son cœur se met à battre la chamade, ses souvenirs s'embrasent : Antioche, Jérusalem, Aliénor, Isabelle… Ces visages qui l'ont hanté pendant tant d'années refont soudain surface, Isabelle surtout. Pendant une fraction de temps, le monde alentour disparaît, seule reste vivante cette femme à la peau soyeuse et cette flamme qui annonce qu'elle va s'éteindre.

Il pense à Mélisende, dont il sait qu'elle a rang de princesse à la cour d'Aliénor. La verra-t-il un jour ? Pourquoi, à la seule évocation de cette enfant, son cœur se met-il si brusquement à cogner ?

C'est d'une main fébrile qu'il décachette le parchemin.

Le vizir a reconnu, lui aussi, le sceau de la reine d'Angleterre et en reste abasourdi. Par quel invraisemblable détour l'émir de Shadar est-il en contact avec un aussi haut personnage ?

Al-Yanis change subitement de couleur. Ses lèvres tremblent. Il se tourne vers le chevalier du Temple et demande, d'un ton où perce l'inquiétude :

— Où est Mélisende ?

— À trois heures d'ici, noble seigneur. Deux avec une bonne monture.

Et l'homme raconte les événements de la veille.

Isham écoute en retenant son souffle. Il a peine à croire ce qu'il entend. Le visage d'Al-Yanis se durcit. À la fin du récit, il se tourne vers le vizir.

— Tes affidés ont assassiné l'homme qui a sauvé la vie de mon neveu Isham.

On entend le piétinement des sabots sur les pavés de la cour.

Le vizir tremble de tous ses membres.

— Nous n'avons pas une seconde à perdre, lance Al-Yanis à Isham. Prends deux hommes de confiance, des chevaux rapides, et fonce vers le djebel Halboun. Ordonne à ce vaurien d'Abou l-Fath d'attendre mes ordres et donne une sépulture décente au chevalier Arnaud.

***

Il fait chaud, le soleil est déjà haut. Les bêtes, groupées dans l'enclos, ont soif. Seuls les chameaux résistent.

La tête d'Arnaud, toujours fixée au bout d'une pique, tournée vers le campement chrétien, est la proie des mouches.

Debout sur la barricade, Mélisende a les yeux rivés sur sa vision de cauchemar. De temps à autre, elle s'en arrache pour observer le campement ennemi. Les Sarrasins sont en effervescence, disposés en lignes, prêts à l'assaut. Leur stratégie est claire : ils vont procéder par vagues successives.

Le courrier arrivera-t-il à temps ?

Elle n'a pas dormi de la nuit. Son esprit était en ébullition. Les scènes se succédaient à une vitesse vertigineuse : l'horreur insoutenable à l'extrémité d'un poteau, l'impression soudaine que son univers basculait, la révélation des templiers, l'irruption de Salamah Ibn Al-Yanis dans sa vie…

Elle ne cesse de penser à ses parents. Ils faisaient partie de cet univers merveilleux, peuplé de fées, de reines et de héros, qui a bercé son enfance. Or, que découvre-t-elle ? Que son père n'est pas son père et que sa mère était la maîtresse d'un émir !

Tout s'effondre.

Elle en veut à Aliénor de lui avoir menti, à Arnaud de ne lui avoir rien dit. Car il savait, certainement ! Pourquoi a-t-il fallu que ce soient des étrangers, des templiers, qui lui révèlent la vérité ? Une main se pose sur son épaule :

— Courage, Mélisende, Dieu est avec nous !

Elle lève un regard las.

— Pour combien de temps, frère Gérard ?

Le templier hausse les épaules.

— Lui seul sait.

Soudain, trois cavaliers surgissent en contrebas de l'étroit passage où Arnaud a si vaillamment résisté.

— Des Banu-Kilâb ! s'exclame frère Gérard, incrédule. Je reconnais les couleurs de leurs oriflammes : rouge et noir !

Mélisende ferme les yeux, une bouffée d'espoir lui parcourt le corps. Le message d'Aliénor serait-il arrivé à bon port ?

— Leur chef est bien Salamah Ibn Al-Yanis ? demande-t-elle.

— Oui, bien sûr !

L'un des cavaliers fonce vers le poteau, se tourne vers les Banu-Ghilaf venus l'accueillir et se met à hurler des ordres.

— Par saint Georges, c'est Isham, le neveu de l'émir, celui que ton mari a épargné parce qu'il était désarmé !

Le prince arabe descend de cheval et déplie une pièce de tissu blanc. Ses compagnons détachent la tête du chevalier chrétien et la posent dans la pièce de lin. Tout en chassant les mouches qui grouillent autour du sang séché, ils replient respectueusement les quatre coins.

Pendant ce temps, deux Bédouins se mettent à creuser un trou.

Templiers et pèlerins, groupés le long de la palissade, observent la scène bouche bée. Leur émotion est à son comble lorsque le jeune guerrier arabe met en terre la tête d'Arnaud. Après la dernière pelletée, il recule d'un pas, dégaine son sabre et l'abaisse pointe au sol.

— L'islam interdit de faire *Salat el djanaza*, c'est-à-dire la prière des morts, sur un chrétien, explique frère Gérard. Il est également interdit de se tenir debout auprès de sa tombe[1]. C'est pour cela qu'il a reculé d'un pas et qu'il rend hommage à l'aide de son sabre.

Mélisende ne bouge pas. Son regard est absent, vide, désemparé. Elle voudrait pleurer, crier, mais sa gorge et ses yeux sont secs. Ces événements l'ont anéantie, ont épuisé ses larmes.

Mais voilà que soudain elle sent une étincelle fugace, ténue mais bien réelle, serpenter par des voies mal frayées au tréfonds de son cœur. Comment se fait-il qu'elle embrase tout sur son passage ? Est-ce à cause de ce musulman qui rend hommage au courage de son mari ?

— J'ignorais que cela pouvait exister… murmure-t-elle à haute voix.

— L'Orient te réservera bien d'autres surprises ! répond frère Gérard.

Le commandeur des templiers entonne alors le Notre Père. Cent voix se joignent à lui. Les yeux des rudes moines-soldats sont humides.

Ceux de Mélisende sont toujours secs.

Brusquement, alors qu'Isham rengaine son sabre, un nuage de poussière arrive par l'est ; des dizaines de cavaliers, toutes oriflammes au vent.

Les instants qui suivent resteront à jamais gravés dans la mémoire de Mélisende.

Les gonfanons rouge et noir envahissent le camp sarrasin. Un homme, grand de taille, d'une élégance

1. Coran, sourate 9, verset 84.

princière, chevauchant un étalon superbement harnaché, franchit le ravin et se dirige vers la butte où se dresse le poteau.

— C'est Salamah Ibn Al-Yanis, murmure, le souffle coupé, frère Gérard.

Le général maure laisse les rênes de son cheval à son écuyer et lance des ordres. Une étrange fébrilité s'empare du campement sarrasin. Les Banu-Ghilaf lui amènent un homme… qui se jette à ses pieds. Genoux à terre, coudes au sol, il implore clémence. Salamah Ibn Al-Yanis dégaine son sabre et le lève d'un geste qui trahit une grande habitude. Son arme scintille au soleil lorsqu'il l'abat d'un coup sec sur Abou l-Fath.

Mélisende a fermé les yeux. Elle ne veut pas voir, ne veut plus voir : elle en a déjà trop vu !

Combien de temps est-elle restée les yeux fermés ? Elle ne sait pas. Lorsqu'elle les rouvre, Salamah Ibn Al-Yanis, précédé de deux templiers, chevauche vers la position chrétienne. Isham et deux écuyers ferment la marche. Plus loin arrivent des serviteurs tirant des mules chargées d'outres d'eau et de provisions.

Frère Gérard accueille le général sarrasin avec force formules de politesse, comme il est d'usage en Orient. Puis les deux hommes se donnent l'accolade.

À son grand étonnement, Mélisende les voit discourir en arabe, ce dont elle a grand plaisir, car elle comprend ce qu'ils disent sans qu'ils s'en doutent. Elle suit donc, amusée, les fougueux commentaires des deux soldats. Ils évoquent la bataille de Harim. Leur enthousiasme lui rappelle celui des chevaliers anglais d'Aliénor devisant de leurs faits d'armes en cour de Londres. Mais ici, il s'agit d'officiers ennemis.

L'Orient est décidément bien complexe !

Soudain, Al-Yanis donne une tape sur l'épaule du templier et demande, toujours en arabe :

— Où est Mélisende ?

— La voici !

Frère Gérard fait un signe à la jeune veuve.

— Je te présente Salamah Ibn Al-Yanis, le preux général dont je t'ai parlé, impitoyable avec les traîtres et les félons, mais loyal avec l'ennemi. C'est aussi un ami. Il connaissait ton mari et respectait son courage.

Mélisende salue d'une légère flexion de la tête, mais ne parle pas. Le général s'avance alors vers elle, le visage grave, et plonge son regard dans le sien.

— Ce qui vient de se passer est injustifiable, c'est un crime sans nom. J'en suis profondément attristé. Nos terres d'Orient sont encore trop souvent, hélas, coutumières de ce type de forfaits. En mon nom et en celui des Banu-Kilâb, je te présente mes regrets et ma compassion.

Deux larmes roulent sur les joues de Mélisende.

Al-Yanis pose une main sur son épaule, un geste que seuls les familiers osent se permettre en Orient.

— Il me tarde de te recevoir dans mon fief de Shadar et ce, avec tous les honneurs dus à ton rang.

Elle essuie ses joues d'un revers de manche, renifle.

— Je vous remercie, noble seigneur, mais je ne pourrai accepter. Je suis venue en Terre sainte pour me recueillir sur le tombeau de ma mère et visiter l'endroit où mon père a disparu. Ces deux vœux réalisés, je retournerai en Angleterre.

Il fronce les sourcils :

— Combien de temps comptes-tu rester en Palestine ?

— Je ne sais pas. Le temps d'enquêter auprès de

ceux qui ont peut-être connu mon père… ou qui le connaissent. Je nourris l'espoir qu'il est encore en vie.

Il la regarde droit dans les yeux. Sa voix est calme, mais ferme :

— Adhémar de Gisors est mort à la Fontaine de l'Esclave, près du Puits de Jacob. J'ai moi-même mené l'enquête à la demande d'Aliénor. Mais je comprends que tu veuilles voir les lieux et t'enquérir personnellement des faits.

— Telle est mon intention.

Il la fixe encore un instant, puis se tourne vers son neveu.

— Isham, tu vas choisir des hommes sûrs. Je veux que tu escortes Mélisende jusqu'à Jérusalem.

Elle est sur le point de répondre qu'elle n'a pas besoin d'une escorte sarrasine, lorsqu'elle ressent une violente douleur au bas-ventre, un élancement fugace qui la rappelle à la réalité. Une voix intérieure l'interpelle avec véhémence : « Tu es seule en terre étrangère, loin d'Aliénor et d'Aïcha ! »

Seule !

Ce mot claque à ses oreilles comme les lanières d'un fouet. Elle lève des yeux où perce un profond désarroi. Il lui sourit.

— Je t'accompagnerai moi-même jusqu'à l'endroit où Adhémar de Gisors s'est battu avec tant de bravoure que les gens du pays s'en souviennent encore. Ensuite, je prendrai la route du nord. Si tu le souhaites, tu pourras venir avec moi, sinon, tu prendras la route de Jérusalem avec Isham.

— J'irai avec Isham.

— Très bien.

Il se tourne vers frère Gérard :

— J'aimerais que tu envoies, à mes frais, des émissaires au roi Amaury. Il me faut des laissez-passer jusqu'à Jérusalem.

Frère Gérard opine du menton, puis se racle la gorge :

— Isabelle de Hautecour repose dans la crypte du couvent des Hospitalières. On raconte que la reine Aliénor avait exigé du patriarche de Jérusalem que les obsèques de son amie aient lieu en même temps que le baptême de la petite.

Mélisende est prise de frissons : Aliénor lui a rapporté ce fait ! Les mots sont trop forts, trop lourds d'émotion, ses yeux se brouillent. L'image du catafalque jouxtant les fonts baptismaux la saisit aux entrailles. Elle se met à transpirer. Tout s'agite, tout s'ébranle autour d'elle. Elle aperçoit pêle-mêle des cheveux au bout d'une pique, le visage d'Aliénor, une tête sarrasine… La terre s'anime, s'émeut, les tombes s'ouvrent, les morts se lèvent !

C'est le trou noir.

14

Al-Qouds !

Le cri jaillit dans la joie et l'émerveillement.

Jérusalem s'étale à leurs pieds dans une débauche de lumière.

Coïncidence ou signe du ciel, un serpent surgit des broussailles et traverse la route. La jument hennit, s'affole. Mélisende se penche et lui tapote affectueusement l'encolure : la bête se calme. L'un des gardes saute alors de cheval et tue le serpent d'un coup d'épée.

Cela fait quinze jours que la petite troupe a quitté le djebel Halboun. Ils sont une dizaine de cavaliers sous le commandement d'Isham, auxquels s'ajoutent six muletiers en charge du bivouac et deux chameliers transportant les cadeaux destinés au roi de Jérusalem.

Mélisende ne cesse de penser au djebel Halboun. Rien ne la distrait de sa hantise. Elle a l'impression qu'elle ne parviendra jamais à épancher son trop-plein de peine et de tourment, son cauchemar. Et ce, malgré les efforts d'Al-Yanis et d'Isham à la distraire de ces horreurs en lui parlant d'autres faits.

Après avoir donné une sépulture chrétienne à son mari – ce à quoi elle tenait absolument –, elle a pris la route du Puits de Jacob avec l'émir de Shadar. Ils ont longé le lac de Tibériade, bifurqué vers la Fontaine de l'Esclave. Une fois sur place, Al-Yanis a convoqué les chefs bédouins. Tous ont certifié sur l'honneur qu'Adhémar de Gisors était bien mort en cet endroit.

Mélisende a écouté respectueusement leur récit, mais elle a trouvé qu'ils donnaient trop de détails, qu'ils étaient trop sûrs d'eux, trop confiants en leur mémoire… Bref, qu'il fallait éclaircir certains points ! À la grande stupeur d'Al-Yanis, elle a commencé à les interroger en arabe.

— Tu parles notre langue !? s'est-il écrié, bouche bée.

— Oui. C'est pour ainsi dire ma langue maternelle, puisque c'est dans cette langue que m'a élevée celle qui a remplacé ma mère : ma nourrice Aïcha.

Al-Yanis l'a fixée un long moment. Leurs deux regards se sont croisés. Une lueur indéfinissable a jailli alors au fond de leurs pupilles, un choc en retour des émotions de l'autre.

— Je veux que vous racontiez à la fille du chevalier Adhémar tout ce que vous savez ! a ordonné Al-Yanis aux chefs de tribu.

Ces derniers ont été unanimes : les Francs se sont battus comme des lions, tous… mais ils étaient inférieurs en nombre… ils ont péri les armes à la main, jusqu'au dernier… il n'y a pas eu de survivant.

Mélisende n'a pas insisté. Al-Yanis l'a conduite partout où sa curiosité la guidait. Il a tenu à ce qu'elle quitte la Fontaine de l'Esclave le cœur en paix.

Ce qu'elle a fait.

À l'aube du cinquième jour, il a pris la route du nord. Isham et Mélisende ont pris celle du sud, avec un message personnel du général Al-Yanis pour le roi Amaury.

L'esprit de Mélisende s'est habitué peu à peu à l'idée que la vie continuait, qu'il existait, sur ces terres inondées de soleil, des djebels porteurs de vie et non plus seulement de mort.

Elle s'est habituée aussi à son compagnon de chevauchée, lequel n'a eu ni mot ni regard pouvant trahir la mémoire du chevalier Arnaud.

Isham pointe son index vers Jérusalem :

— Regarde, Mélisende : là, c'est la Coupole du Rocher… tout au fond, à gauche, la mosquée Al-Aqsa… le quartier du Sépulcre est à droite. Nous allons entrer par la porte qui est devant nous, la porte nord, celle des Pèlerins.

Elle est frappée par son enthousiasme. Elle surprend aussi, dans son regard, une brillance qu'elle a déjà remarquée le soir, dans les bivouacs, lorsqu'il posait les yeux sur elle. Un éclat soutenu qui la rassurait.

— Tu es émue, n'est-ce pas ? poursuit-il en montrant Jérusalem du menton.

— Oui. Je suis croyante, c'est normal.

Il se tait, rapproche sa monture.

— Cela ne te pose pas de problème de voyager entourée de musulmans ?

— Aucunement. Je suis chrétienne par la force des choses, mais ma religion de cœur est l'islam. C'est dans cette religion que m'a élevée ma nourrice.

La stupéfaction d'Isham est dans chaque trait de son visage.

— Tu es musulmane ?

Elle hausse les épaules.

— Pour le moment, je suis surtout troublée. Je suis

enceinte, et la vue de Jérusalem, la ville où je suis née, me remue jusqu'au tréfonds de l'âme.

Il hoche la tête, lui aussi est troublé. Non pas par Jérusalem, qu'il connaît déjà, mais par Mélisende ! Au fil des chevauchées, il lui a découvert des qualités qui le fascinent : intelligence, subtilité, sang-froid, et une forme d'autorité naturelle qu'il est bien forcé d'admettre n'avoir jamais rencontrée chez les femmes de son entourage.

— Quand dois-tu rencontrer le roi Amaury ? s'enquiert-elle.

— Demain, je suis porteur d'une proposition de trêve avec les Banu-Kilâb. Pourquoi ?

Elle plisse ses paupières.

— Euh… pour rien, juste pour savoir.

Isham décèle l'ébauche d'un sourire autour de ses jolies lèvres et il est certain qu'une idée trotte dans sa tête.

La réception a lieu dans l'une des salles d'audience du palais, en présence du patriarche, des barons et des notables de Jérusalem.

Le roi Amaury, second fils de la reine Mélisende, accueille Isham et la veuve du chevalier Arnaud avec tous les honneurs dus à un prince arabe d'une part, à la protégée de la reine Aliénor d'autre part.

Amaury n'a que vingt-sept ans. Ses traits sont réguliers, son regard est bleu et ses cheveux blonds comme blé au soleil. Il pourrait être beau s'il n'était très gros. Obèse. Au point, dit-on, que les mamelles lui pendent jusqu'à la ceinture. Malgré sa disgrâce physique, il dégage une indéniable impression de majesté. De plus, il est intrépide au combat, et on lui reconnaît deux qualités : le coup d'œil des stratèges sur les champs de bataille, le tact et la subtilité des diplomates.

En cette année 1166, son regard est tourné vers l'Égypte.

Et c'est de l'Égypte qu'il discourt avec Isham. Ils parlent du Caire, des complots à la cour des califes, de la félonie du vizir Chawdar, des réticences de Nour-Ed-Dine à s'engager dans des expéditions égyptiennes… Au bout d'un moment, le roi plisse ses grands yeux bleus :

— Que pense ton oncle Al-Yanis de l'Égypte ?

— Mon oncle est dévoué corps et âme à Nour-Ed-Dine. Or celui-ci se désintéresse de l'Égypte. Donc mon oncle se désintéresse lui aussi de l'Égypte.

On apporte des boissons fraîches. Le roi tend une coupe à Isham, en saisit une deuxième sur le plateau et la tend à Mélisende.

— Sais-tu que je t'ai connue enfant ?

— Je l'ignorais, Majesté.

— Tu avais trois mois, j'avais six ans. Je m'en souviens, car à six ans on se souvient déjà de beaucoup de choses. Nous étions au printemps 1149. Avant son départ de Jérusalem, Aliénor est venue prendre congé de ma mère. Elle était accompagnée de ta nourrice, qui te portait dans ses bras. Aliénor voulait que ma mère te voie une dernière fois ; après tout, c'est elle qui avait inspiré ton nom. C'est ainsi que je t'ai connue, emmaillotée de frais. Je t'ai même chatouillé le nez et tu as ri.

Mélisende sourit.

Mais pas l'assistance… d'où s'élève un murmure sourd. Aucun des mots échangés entre le roi et ses invités n'a échappé aux barons, au patriarche, aux notables de Jérusalem. C'est la consternation. Ils viennent de découvrir l'identité de celle qui accompagne le prince Banu-Kilâb. Ils sont horrifiés. Adhémar de Gisors, preux chevalier et malheureux époux, est dans toutes les mémoires. Les souvenirs sont frais, l'amertume vive.

C'est la stupeur !

Les regards passent de Mélisende au jeune prince arabe.

La deuxième croisade a été un échec, et ce par la faute d'Aliénor, dont la débauche a poussé le roi Louis à faire les mauvais choix ! Et voilà que surgit d'un coup, au hasard d'une réception au palais, la fille du péché, l'enfant née des amours coupables entre l'amie d'Aliénor et l'ignoble Al-Yanis, bras droit de Nour-Ed-Dine ! Prélats et barons sont outrés, scandalisés.

Mélisende et Isham ne comprennent rien à ce murmure et n'en ont cure. Ils sont venus voir le roi, non sa cour. Le roi, lui, devine ce que la grogne de ses courtisans signifie, mais il décide d'en ignorer la bêtise.

Il a son idée sur Aliénor.

— Donc, reprend-il à l'adresse d'Isham, ton oncle se désintéresse de l'Égypte !

— C'est bien cela, Majesté. Son maître Nour-Ed-Dine, en raison de son âge avancé, n'est plus tenté par les expéditions lointaines.

Amaury sourit. Ce jeune homme a su trouver la réponse qui ne gêne aucune des parties : Nour-Ed-Dine craint surtout l'alliance franco-byzantine si par malheur il met les pieds au Caire. C'est pour cela qu'il a autorisé son second lieutenant, Chirkouh, à réunir deux mille cavaliers d'élite et à tenter, à sa place, l'aventure égyptienne.

— Sans doute, continue le roi, mais toi… tu es jeune ! On raconte que tu vas suivre Chirkouh.

Isham marque un temps d'arrêt. Comment le roi de Jérusalem a-t-il su ? C'est en grand secret que son ami d'enfance, Saladin, neveu de Chirkouh, lui a demandé de faire partie de l'expédition. Et il a accepté, cela va de soi.

Son visage n'exprime aucune émotion, mais ses yeux brillent. Le roi Amaury, qui sait lire dans le regard des Orientaux, a compris :

— Donc, tu fais partie des deux mille cavaliers d'élite !

— Vous avez vu juste, Majesté.

Ils reparlent de l'Égypte, des meilleures voies pour atteindre Le Caire.

— Le mieux est de suivre la route côtière, commente Isham, par Gaza, traverser ensuite le désert du Sinaï et faire halte à Balbeis.

Les barons écoutent sans perdre mot, car la campagne d'Égypte occupe toutes les conversations, surtout depuis que le roi veut mettre les nobles et les riches du royaume à contribution pour un dixième de leurs revenus !

Mélisende profite d'une diversion due à l'arrivée de nouvelles boissons fraîches pour s'approcher du roi.

— J'ai une faveur à vous demander, Majesté.

— C'est… c'est accordé d'avance ! fait Amaury, qui est frappé d'un léger bégaiement. De… de quoi s'agit-il ?

L'assistance dresse l'oreille. Maintenant qu'elle sait qui est cette femme – au demeurant fort belle –, elle a hâte d'en découdre avec les démons qui l'habitent.

Et d'abord de découvrir ce qu'un tel fruit du péché est venu faire à Jérusalem !

Pendant une fraction de seconde, Mélisende hésite. Elle sent confusément que les barons lui sont hostiles, qu'ils voient en elle Al-Yanis et Isabelle de Hautecour confondus en un visage unique, mais elle décide de faire fi des émois de ces gens.

Elle se tourne vers le roi :

— J'aimerais, fait-elle d'une voix claire, que vous autorisiez le prince Isham à m'accompagner jusqu'au couvent des Hospitalières, et ce malgré le fait que l'accès dudit couvent est interdit aux hommes. Je souhaite, en effet, me recueillir avec lui devant le tombeau de ma mère.

Le silence qui s'ensuit fait autant de bruit qu'un orage de juillet. Le regard des clercs et des barons jette des braises. Ils sont horrifiés.

Celui du patriarche calcule déjà les avantages qu'il pourra tirer de cette entorse aux règles de l'Église.

— Il en sera fait selon tes vœux, répond le roi.

15

Forteresse de Shadar, janvier 1167

Le château de Shadar se dresse sur un vaste plateau bordé d'un côté par un ravin profond, de l'autre par une paroi rocheuse. La place est imprenable. Le pont-levis de l'entrée fortifiée se lève, en cas de siège, sur un fossé infranchissable. De puissants remparts l'entourent, jalonnés de tours, dont une dépasse les autres par sa taille et sa hauteur : la Tour carrée. Des centaines de gens habitent la forteresse, hommes, femmes, enfants, une armée de servantes, d'écuyers, de domestiques, d'archers… Au fond de la vaste cour est le donjon. Imposant, imprenable. Derrière, les écuries, la basse-cour, les étables avec chameaux, chèvres, moutons, gazelles… et tous les auxiliaires de la chasse : belettes, rapaces sur leurs perchoirs, braques de Dalmatie, et même un guépard !

C'est dans la Tour carrée de ce château inexpugnable qu'Al-Yanis a tenu à installer Mélisende à son retour de Jérusalem. Car Mélisende a fini par accepter de venir faire ses couches à Shadar.

C'est par une douce fin d'après-midi, alors qu'ils

se promenaient sur les pentes du mont des Oliviers, qu'Isham a renouvelé – timidement et en langue arabe – l'invitation de son oncle. Comme elle ne répondait pas, il a recommencé, mais en langue franque. Le visage impénétrable de Mélisende n'a pas bougé : il visait les murailles de Jérusalem. Au bout d'un moment, elle s'est retournée et l'a fixé. Ses grands yeux verts ont reflété tant d'émotions enfouies qu'Isham en a été troublé.

— Alors ? a-t-il demandé, un peu gauchement.

— C'est oui. Je viens avec toi.

Ce que Mélisende n'a pas dit et qu'elle n'avouera jamais – car telle une huître qui se referme sur elle-même elle s'est promis de garder enfouis ses sentiments intimes –, c'est que ces longues chevauchées à travers la Palestine lui ont appris à connaître Isham, et qu'elle ne s'imagine plus, désormais, séparée de lui. Cette seule pensée provoque chez elle une impression de vide insurmontable. Et puis une force étrange, plus forte que la volonté de retourner en son château de Lourmy, la pousse vers Shadar.

Vers Al-Yanis.

Les mois ont passé.

Il fait nuit noire. Un vent violent souffle sur les chicanes. Des rafales glaciales qui s'engouffrent dans les meurtrières balayent les salles d'armes, ébranlent les coursives. Impassible, indifférente aux assauts de la bourrasque, la forteresse dort.

Soudain, un hurlement, des cris.

Quelques instants plus tard, une lanterne quitte la Tour carrée, emprunte le chemin de ronde, court… disparaît derrière un créneau. On entend alors des portes grincer. Quelqu'un grimpe les marches du donjon, frappe à la porte du maître des lieux.

— Venez vite ! Ils ont tué Mélisende !

L'émir se lève d'un bond, empoigne son sabre et se rue vers la Tour carrée. Mélisende gît dans une mare de sang. Elle est recouverte d'une couverture en poil de chameau, plusieurs fois lacérée. Al-Yanis s'accroupit, soulève un coin d'étoffe. Familier des champs de bataille, il peut, d'un simple coup d'œil, apprécier la gravité d'une plaie.

— Allez me chercher Gondisalve ! ordonne-t-il sans quitter Mélisende des yeux.

Gondisalve est un médecin chrétien originaire d'Al-Andalous, que l'émir a fait venir de Jérusalem à grands frais et qui abat grande besogne. Il est unanimement respecté et apprécié, pour son dévouement autant que pour son immense savoir. C'est lui qui, dix-huit ans plus tôt, a tenté de sauver la mère de Mélisende.

Le médecin arrive avec Nâsser, le fils d'Al-Yanis. L'émir remarque que son fils tremble, mais il met ces frissons sur le compte du froid. Gondisalve examine les blessures et a une mauvaise grimace. Il lève les yeux vers Al-Yanis.

— D'après l'orientation des entailles, ils étaient au moins deux.

Il sort de sa besace un tissu de lin, l'imbibe d'essences diverses et se met à éponger les plaies.

— Elles sont peu profondes. C'est la couverture en poil de chameau qui a sauvé la petite. Malheureusement, elle a perdu beaucoup de sang.

Il palpe son ventre, lève à nouveau les yeux :

— Elle ne va guère tarder à accoucher !

— Il faut me la sauver, Gondisalve. Je ne veux pas qu'elle meure !

***

Cette même nuit, deux mille cavaliers d'élite quittent Damas par la porte du Soudan. Dans le plus grand secret. Ils sont commandés par Chirkouh, lieutenant de Nour-Ed-Dine, un redoutable chef de guerre.

Chirkouh est petit, gros et borgne, mais son autorité est unanimement reconnue. Contrairement aux autres généraux, il est près de ses soldats. Le soir, à l'étape, il partage leur soupe, s'amuse de leurs plaisanteries, devient leur complice sans rien perdre de sa dignité. Ses hommes le vénèrent, il peut tout leur demander.

Son bras droit est Saladin, le fils de son frère aîné.

La troupe prend la route du désert, la plus courte, galope à fond de train. Son objectif est d'arriver au Caire dans les plus brefs délais, de surprendre le vizir Chawdar et de prendre le pouvoir au nom de Nour-Ed-Dine. Les deux mille cavaliers viennent de s'engager dans la vallée des Gazelles, en plein cœur du désert, lorsqu'une tempête de sable se lève par l'est et s'abat sur eux avec une violence inouïe. Ils font alors comme les Bédouins : ils s'emmitouflent dans leurs *abayas*[1], déroulent les turbans sur leurs visages et couchent leurs montures pour s'en faire un abri. Rapidement, un épais manteau de sable et de poussière les engloutit. Pelotonnés, genoux serrés, coudes au corps derrière leurs montures, ils se pressent les uns contre les autres et attendent.

1. Manteau ample en poil de chameau tissé.

La tempête ne faiblit que six jours plus tard. Ils reprennent alors la route avec ce qui reste de montures et de provisions ; ils sont exténués, desséchés, peinent à avancer. Chirkouh les harangue de sa voix puissante :

— Vous êtes le fer de lance de notre maître Nour-Ed-Dine, le bras armé du Très-Haut, sur vous repose le destin de la Syrie !

Les deux mille cavaliers d'élite puisent dans leurs réserves, empruntent les montures de rechange et atteignent les bords du Nil avec assez de forces pour lancer l'assaut.

Sauf qu'ils arrivent trop tard.

Informé des manigances de Chirkouh par ses espions syriens, le vizir Chawdar a eu le temps de contacter son allié le roi de Jérusalem pour lui demander de l'aide. Amaury a aussitôt réuni son armée, pris la route du littoral et volé au secours du vizir. Lorsque Chirkouh atteint le Nil, Amaury attend sur l'autre rive, lance au poing.

Nettement supérieurs en nombre, bénéficiant de l'appui de la population égyptienne, les chrétiens se gaussent des deux mille cavaliers de Chirkouh.

Mais le vieux Kurde est malin et son armée plus mobile que celle des Francs. Ses cavaliers sont disciplinés, conscients d'appartenir à une élite. Ils obéissent comme un seul homme. Ils promènent la lourde armée franque le long du Nil, imposent leurs champs de bataille, infligent de cuisantes défaites… De ruses en escarmouches, ils poussent Amaury jusqu'aux remparts d'Alexandrie.

Pendant toutes ces manœuvres, Chirkouh a noué des contacts secrets avec les Alexandrins. Ils lui ouvrent toutes grandes les portes de la ville et l'acclament en héros. Mais il ne perd pas de temps en célébrations inutiles : en accord avec les notables, il installe Saladin comme gouverneur de la place et repart guerroyer.

Amaury comptait affronter cette bande de Kurdes à découvert, sur un vaste champ de bataille où ses cavaliers recouverts de leurs armures auraient eu tout loisir de les écraser. À son grand dépit, ses espoirs partent en fumée. Et c'est une armée retranchée derrière de puissantes fortifications qui le défie. Il ne lui reste d'autre solution que de mettre le siège devant la ville.

Debout sur les remparts, emmitouflé dans son *abaya* car il sort d'une mauvaise fièvre, Saladin observe le camp chrétien : les Francs viennent d'installer une baliste[1] et deux mangonneaux[2] le long du rivage et procèdent à l'ajustage des tirs. Il montre à son ami Isham les servants qui s'affairent autour des énormes blocs de pierre.

— Ils règlent leurs machines. S'ils parviennent à ouvrir une brèche, c'en est fini de nous. Au premier assaut, ils emportent la ville.

Isham opine du menton. Puis il se met à caresser sa moustache :

— Peut-être pas !

— Comment cela ?

— Je viens de recevoir une lettre de Mélisende. Elle me dit que Nour-Ed-Dine avance vers Tibériade à la tête d'une forte armée.

---

1. Sorte d'arbalète géante (plusieurs mètres de long) utilisant l'action de deux leviers et de ressorts à torsion.

2. Catapulte particulièrement précise : elle pouvait se régler en hauteur et en distance. Le mangonneau faisait décrire au projectile une parabole très allongée, proche de la ligne horizontale.

— Une offensive sur le Jourdain ?

— Oui, c'est bien ce qu'elle me dit. Mon oncle attend à Damas avec des renforts.

Le visage de Saladin s'illumine.

— Morri[1] ne pourra jamais tenir deux fronts à la fois. S'il disperse ses forces pour moitié ici, pour moitié sur le Jourdain, il court à sa perte. Et il le sait. Non, il n'a pas le choix : l'Égypte ou le Jourdain, Alexandrie ou Jérusalem ! Voilà une excellente nouvelle ! Tu remercieras Mélisende.

— Ce sera fait dès ce soir. L'un de nos courriers part dans les trois jours.

— Au fait, comment va-t-elle ?

Le regard d'Isham s'illumine. Il en est toujours ainsi lorsqu'ils parlent de Mélisende. Il a mis Saladin au fait de la tentative d'assassinat dont elle a été victime et maints soirs, sous la tente, ils ont essayé de comprendre les mobiles de ce forfait. En vain. Ni l'un ni l'autre ne voient qui aurait pu trouver profit à ce crime.

Isham lui a fait part des courriers échangés avec elle pendant tous ces mois. Saladin sait par le détail qu'il lui a écrit des lettres enflammées, auxquelles elle a répondu par des mots d'abord sobres, mesurés, puis de plus en plus brûlants.

— Si je comprends bien, c'est avec notre campagne d'Égypte qu'est née votre passion ! enchaîne Saladin. Merci, oncle Chirkouh !

Isham sourit de contentement.

— D'après ce qu'elle m'écrit, le médecin Gondisalve est parvenu à cicatriser complètement ses plaies.

— Gondisalve ? J'ai entendu parler de lui.

1. Surnom donné par les musulmans au roi Amaury.

— C'est le meilleur médecin de toute la Syrie, je te le recommande pour soigner tes accès de fièvre.

Soudain, alors que des servants terminent d'armer une catapulte, on entend une sonnerie de trompette dans le camp chrétien. Saladin sursaute :

— Je rêve !

Isham a du mal à retenir sa joie.

— Non, cher ami, tu ne rêves pas. C'est bien une sonnerie de négociation. Tu as vu juste : Morri ne peut tenir deux fronts à la fois. C'est une offre de paix qui se profile à l'horizon !

Un roulement de tambour vient confirmer ses dires. Une grande agitation s'empare alors du camp chrétien.

Une heure plus tard, les assiégés, incrédules car ils sont à bout de forces, voient une délégation en tenue d'apparat, conduite par des templiers, se diriger vers la porte orientale de la ville. Isham reconnaît frère Gérard.

Saladin fait ouvrir la porte est et part avec Isham à la rencontre de la délégation franque.

Frère Gérard s'incline respectueusement devant les deux jeunes gens.

— Le roi Amaury me fait dire qu'il a reçu un message de Chirkouh.

Il observe l'effet de ses paroles sur le visage de Saladin. Comme il ne constate aucune réaction particulière, il poursuit :

— Ton oncle est prêt à quitter Alexandrie et l'Égypte. En conséquence, Amaury prend acte de la bonne volonté de Chirkouh et s'engage, lui aussi, à quitter le territoire égyptien dans les plus brefs délais.

La paix est signée sur-le-champ et Saladin rend Alexandrie.

On assiste alors à un spectacle insolite : les Francs

quittent le campement par petits groupes et visitent la ville – dont le célèbre phare –, tandis que les assiégés se rendent au camp chrétien.

Francs et musulmans fraternisent.

Amaury héberge Saladin dans la tente royale.

Pendant les jours qui suivent, les barons et seigneurs chrétiens fréquentent ce lieu et découvrent un prince dont ils apprécient la courtoisie et la noblesse de caractère. Saladin se lie d'amitié avec plusieurs d'entre eux, y compris avec des templiers, dont frère Gérard, avec qui il aura plusieurs entretiens.

Quinze jours plus tard, le roi met à sa disposition des navires pour transporter les blessés, et les deux armées quittent l'Égypte.

Les chrétiens rentrent à Jérusalem. Saladin à Damas.

Nous sommes le 5 septembre 1167.

Saladin, Rassembleur de l'Islam, terreur des chrétiens, aussi redouté que l'Antéchrist, n'oubliera jamais cet épisode de sa vie.

16

Un mois plus tard

Une belle journée d'automne. L'après-midi touche à sa fin. Serviteurs, servantes, palefreniers se pressent sur le chemin de ronde. Les uns chantent, les autres dansent. La mesnie[1] est en fête. Soudain un cri, suivi d'une clameur : « Ils arrivent ! »

Debout derrière la haute fenêtre de la Tour carrée, Mélisende scrute la caravane. Elle sourit. Nul besoin de voir son visage pour savoir qu'*il* est là. Elle le reconnaît à son port altier, à sa façon de se tenir en selle, aux regards qu'il jette dans sa direction. Elle agite un foulard bleu et blanc, couleurs de son fief de Lourmy. Il dégaine son sabre et le lève par-dessus son front.

Mélisende pleure. De bonheur.

Elle se tourne vers le berceau. Tristan pleure aussi, de faim.

Sa nourrice, une fille d'Antioche qui répond au joli

1. Au Moyen Âge, ce terme désigne tous les gens qui habitent dans le château, qu'ils soient ou non de la famille du maître.

nom d'Amapola, le prend dans ses bras et lui donne à téter. Dans chacune de ses lettres, Isham a martelé qu'il considère cet enfant comme le sien propre. N'est-il pas le fruit de la femme qu'il aime et de l'homme qui lui a sauvé la vie ?

Dans son dernier courrier, il lui annonce qu'il arrivera accompagné de Saladin, son ami très cher, et que ce prince plein d'avenir souhaite vivement la rencontrer : « Il veut t'entendre parler d'Aliénor, des rois et des reines d'Occident, des Templiers… » Isham ajoute qu'ils ont grande envie tous les deux de tirer au clair cette histoire d'agression dans la Tour carrée. Ils ne comprennent pas. Elle lui a répondu que son oncle Al-Yanis a déjà remué ciel et terre, qu'il n'a rien trouvé, que, selon toute vraisemblance, c'est l'œuvre d'un esclave chrétien. Mais qu'il est mort : on l'a trouvé au bas des remparts, le crâne défoncé, un couteau ensanglanté à la main.

Elle observe Amapola : de son corsage ouvert pend une plantureuse mamelle, lourde de bon lait. Collé au téton, le petit Tristan suce goulûment. Mélisende détourne le regard et fixe, par-delà la fenêtre, les courtines de la forteresse. Elle aussi est gorgée de bon lait, mais elle a refusé de donner le sein. Quelque chose l'a empêchée de prolonger au-delà des couches le contact physique avec cet enfant. À celles qui s'étonnaient de ne pas la voir allaiter, elle a répondu que Gondisalve le lui avait interdit, ce que le médecin andalou a confirmé. Celui-ci a très vite compris qu'un lourd tourment gisait dans le cœur de celle qu'il avait lui-même mise au monde dix-neuf ans plus tôt.

Mélisende se penche à la fenêtre et observe à nouveau la caravane. Les premiers cavaliers entament la montée vers la forteresse. Son cœur bat la chamade. Il cogne si fort qu'Amapola lève la tête et fronce les sourcils :

— Vous allez bien, madame ?

Elle répond par un sourire radieux.

— Oui, très bien.

Le bonheur de Mélisende est incommensurable. Non seulement son bien-aimé arrive, mais encore il l'a demandée en mariage. Or, ce mariage était son vœu le plus cher, le plus profond, le plus secret, entretenu lettre après lettre par des mots débordants de tendresse, enfiévrés de passion. Auxquels Isham a répondu par des lettres mêmement embrasées d'ivresse. Leur correspondance, malgré les aléas de la campagne d'Égypte, n'a jamais failli. Ils ont su trouver, l'une en Syrie, l'autre sur les bords du Nil, le bon émissaire au bon moment.

Chacune des lettres en provenance d'Égypte a drainé vers Mélisende un déluge ininterrompu de rêves, de couleurs, de flots impétueux... qui l'ont pénétrée, puis transportée hors d'elle, la soustrayant au présent, la ravissant en extase. Ces lettres ont réalisé l'unité brûlante entre son univers intérieur, fermé sur l'être aimé comme les pétales d'un bouton de rose, et la conscience que leur amour les ouvrait au monde comme rose éclose. Elle a lu et relu ces billets, les a embrassés, pressés contre son cœur...

Mais, par un curieux effet de l'éloignement, chaque fois qu'elle se déprenait des mots écrits, elle sentait qu'une main barbare, inhumaine et cruelle l'arrachait au corps de l'être aimé. À cet instant-là, le désir de le voir, de le serrer dans ses bras, s'emparait d'elle avec une force insoutenable et la mettait au supplice.

Au bout de quelques semaines, ce désir et ce manque sont devenus si lancinants qu'ils ont pris la dimension féroce d'une obsession. Qu'elle fût avec les autres femmes dans le donjon, dans la Tour carrée avec le petit Tristan, ou à chevaucher sur les territoires de Shadar en compagnie d'Al-Yanis, elle sentait qu'une double presse lui enserrait le cœur, douce et violente à la fois. Les deux mâchoires de ce mystérieux étau la ferraient par le dedans.

Habitée par Isham d'un côté, hantée par le vide de son absence de l'autre.

Depuis quelques jours, elle s'efforce, le soir, de reconstituer ses traits avant de s'endormir. Sans y parvenir. Elle a l'horrible impression que la même force diabolique qui la dépossédait du corps d'Isham quand elle finissait de lire ses lettres lui arrache à présent ses traits, les efface de sa mémoire, les coupe à ras comme l'on étrape du chaume. Alors elle s'y accroche, se représente à l'infini ses grands yeux noirs, son nez droit comme celui des statues grecques, sa barbe, ses cheveux… Sans cesse elle retouche les lignes, modifie une courbe, retranche ou ajoute de la matière selon les caprices de sa mémoire. Sa bouche, dont elle connaît pourtant la pulpe, suscite chez elle une angoisse indéfinissable. Elle aurait pu la dessiner, grande, charnue, aux lèvres délicieusement ourlées, et pourtant elle lui échappe, devient approximative dès qu'elle l'imagine pourvoyeuse de voluptés. Pis, elle l'empêche de reconstituer l'ensemble du visage ! Lorsque cela arrive, un tourbillon de panique s'empare de ses sens. Et, au fur et à mesure que les traits d'Isham se distordent, deviennent flous, un grand vide s'installe en elle.

Un soir, c'est le visage d'Arnaud qui, en se substituant à celui d'Isham, est venu combler ce vide. Elle s'est mise alors à transpirer, avec une angoisse soudaine qui est allée en croissant, assortie de tremblements. Et puis, d'un coup, Arnaud s'est mis à lui prodiguer des caresses, a voulu la prendre… Mais une force brutale venue du tréfonds, puissante comme un raz de marée, lui a opposé un veto implacable. Elle s'est mise alors à vomir, avec des spasmes incontrôlables. Le visage d'Arnaud s'est dissipé aussitôt, et avec lui son cortège d'angoisses.

À compter de ce jour, celui d'Isham est redevenu limpide, et il n'y a plus eu de place dans son cœur que pour lui.

Elle considère Amapola en train de ranger sa mamelle. Ses grands yeux verts deviennent des fentes. Parviendra-t-elle à aimer cet enfant comme elle aimera les enfants à venir, ceux de son bien-aimé ?

Qu'importe, Isham arrive, cela seul compte.

— Tu peux disposer, Amapola, fait-elle avec un brin de brusquerie. Va accueillir nos héros, ils le méritent !

Isham et Saladin franchissent le pont-levis sous les acclamations de la foule. Al-Yanis les fête et les reçoit comme un chef de guerre accueille des héros : fier et ravi de pouvoir rendre éloge. Il fait un discours de bienvenue dans lequel il célèbre les victoires de Saladin et lui prédit un destin incomparable. Après quoi, il accompagne ses hôtes dans la grande salle du château. Isham profite de l'agitation autour de son ami pour lui fausser compagnie.

Il fonce vers la Tour carrée, monte les marches deux à deux. Sa fatigue, d'un coup, disparaît. Sa cotte de mailles, son casque, son sabre deviennent aussi légers que plumes de héron ! La porte est entrouverte.

Mélisende est là, dos à la fenêtre.

Ses grands yeux verts le fixent jusqu'à l'âme. Elle est belle, désirable, ses épaules nues, délicieusement drapées de soie, lui sont aussi douces que les roses d'Ispahan.

Ils se jettent dans les bras l'un de l'autre, sans un mot. Il est des instants où les mots n'ont pas cours. Isham balance par-dessus épaules jambières et cotte de mailles, Mélisende fait s'envoler voiles et tunique.

Ils ne parlent qu'après. Longtemps après.

Le mariage est célébré trois jours plus tard, en présence de Saladin, qui reste à Shadar à la fois pour honorer le couple et pour profiter des eaux médicinales du lieu, que le médecin Gondisalve va utiliser pour soigner ses mauvaises fièvres.

Les trois jeunes gens se retrouvent tous les soirs dans la Tour carrée et discutent jusque tard dans la nuit. Saladin fait montre d'une extrême curiosité et d'une grande culture. Il veut tout savoir sur la cour d'Angleterre, sur ses rapports avec la cour de France, sur l'importance de l'Église, sur le développement inquiétant des commanderies templières en Europe, sur Aliénor, qu'il considère comme la plus grande souveraine de tout l'Occident.

Mélisende est ravie. Malgré son ressentiment, elle garde un souvenir ému de sa marraine. Elle répond aux questions par une si grande profusion de chiffres et de détails que Saladin en est ébahi. Il lui dit, en plaisantant :

— Si je deviens sultan, je te nomme sur-le-champ ma conseillère privée !

La fierté d'Isham est sans limites. Il ignorait non seulement que son épouse possédait une aussi vaste culture, mais encore qu'elle était aussi proche d'Aliénor.

Elle raconte les tiraillements entre le roi d'Angleterre et le roi de France et assure Saladin que, dans l'état actuel des choses, ni l'un ni l'autre n'ont les moyens de financer une expédition en Orient.

— Maintenant non, mais dans quelques années ?

Mélisende plisse les yeux. Les souvenirs affluent dans sa mémoire.

— Dans dix, quinze ans, les conditions seront différentes, et je ne serais pas étonnée que les Anglais débarquent en Palestine. Il faudra s'en méfier, car contrairement aux Français ils sont disciplinés et tout d'une pièce. Crois-moi, ils seront dangereux.

Saladin la dévisage :

— Comment sais-tu qu'ils vont débarquer ?

— L'un des fils d'Aliénor s'appelle Richard. Il est jeune, mais sa personnalité est déjà rude comme roc. Et d'une témérité à couper le souffle. C'est aussi le fils préféré d'Aliénor et, à mon avis, le futur roi d'Angleterre. Or, Aliénor n'a eu de cesse de lui parler de Jérusalem. Je l'ai observé lorsque Arnaud racontait ses exploits : il bouillait d'impatience de l'imiter.

Elle boit une gorgée d'eau de miel et passe le hanap à Saladin.

— Je connais très bien Richard, c'est un peu mon petit frère. À peine couronné, son premier souci, avant même de prendre femme, sera de prendre la croix.

— Dois-je le craindre ? fait Saladin en passant son hanap à Isham.

Mélisende pouffe de rire.

— Richard ? Il est comme toi, comme Isham. Si son adversaire lâche malencontreusement son épée, il commencera par descendre de cheval, la ramassera et la lui tendra. Ensuite seulement il reprendra le combat.

Isham et Saladin se regardent et s'esclaffent à leur tour. C'est un langage qu'ils comprennent. Au bout d'un moment, Saladin s'adresse à nouveau à Mélisende :

— Parle-moi des Templiers.

Le visage de Mélisende se tourne vers Isham, dont l'amitié pour frère Gérard est profonde et sincère, puis vers Saladin.

— Les Templiers seront tes plus redoutables ennemis, Youcef[1], mais aussi les plus loyaux. Les seuls que tu exécuteras sans haine. Qui sont-ils ? Ils viennent de toutes origines, mais ils obéissent comme un seul homme à la voix de leurs chefs, et nul n'est inférieur parmi eux. Ils honorent le meilleur, pas le plus noble. Cherchent-ils la richesse ? Non. Ils vivent sans avoir rien en propre. Cherchent-ils la gloire ? Non. La mort, le martyre sont au bout de leurs peines, leur récompense est leur salut. Oui, Youcef, ils seront tes plus redoutables ennemis.

C'est à regret que, dix jours plus tard, Saladin quitte Shadar.

---

1. Youcef était le nom de naissance de Saladin, mais l'histoire a retenu son surnom : Salah-Ed-Dine. Ses proches l'appelaient Youcef.

Isham lui a offert une mule pour transporter les potions de Gondisalve et des outres de cette eau médicinale de Shadar, si prisée en Syrie.

Avant de monter en selle, Saladin se rend une dernière fois à la Tour carrée. Mélisende est triste de le voir partir. Il la remercie de son hospitalité. Bien qu'il l'ait déjà comblée de cadeaux, il sort de sa sacoche un petit écrin en bois précieux serti d'argent.

— Tiens, c'est pour toi.

Et comme elle hésite :

— Tout le monde, en Syrie, connaît l'histoire du « collier de la colombe ». On raconte qu'Al-Yanis te l'aurait remis et que tu en serais, désormais, la gardienne. Or, il s'avère que moi aussi j'ai une esclave mongole. Elle s'appelle Nora, et vient de donner naissance à une fille, que j'ai nommée Shérazade. Par un curieux hasard – mais y a-t-il des hasards dans notre vie ici-bas ? – elle est née le même jour que ton fils Tristan. Lorsqu'elle l'a appris, Nora a beaucoup insisté pour que je t'offre ce collier de perles. Sans doute pour qu'il porte bonheur à ton fils… et à sa fille.

17

Sa dernière parole aura été un nom de femme

Mélisende baigne dans le bonheur : elle est de nouveau enceinte. De plus, Isham n'a de cœur et de regards que pour elle, Al-Yanis la comble de cadeaux, Saladin l'honore de son amitié.

Le jeune prince est revenu les voir plusieurs fois. Ils ont reparlé de l'Angleterre, du royaume de France, d'Amaury, des Templiers… Il leur a appris que, en récompense de ses services, Nour-Ed-Dine lui avait donné deux domaines magnifiques, l'un près d'Alep, l'autre dans le district de Kafr Tab, non loin de Shadar.

Pendant leurs longues soirées à la Tour carrée, il leur fait part de ses rêves : bâtir la Grande Syrie et, surtout, libérer Jérusalem. Chaque fois qu'il prononce le mot « Al-Qouds », Mélisende voit poindre dans ses yeux un éclat d'une troublante intensité. Jérusalem est plus pour lui qu'une ville à conquérir, c'est un symbole, le but suprême, l'âme de son âme. Au fil des conversations, elle découvre, derrière cette force qui le pousse vers Jérusalem, une spiritualité admirable, celle d'un mystique éclairé qu'elle a envie d'imiter.

Un soir, il regarde Mélisende et lui demande si, dans son cœur, elle est toujours chrétienne. Elle le fixe, sans parvenir à détourner les yeux.

— Honnêtement, je ne sais pas, Youcef. J'ai été élevée par ma nourrice dans les principes de l'islam, mais dans la cour d'Aliénor, tout me poussait vers la religion chrétienne. À vrai dire, je ne peux me défaire des doutes qui m'habitent : Jésus ? Mohamed ? Qui est le Dieu en trois personnes des chrétiens ? Qui est Allah ? Où est la vérité ?

Saladin la fixe à son tour, intensément.

— Écoute-moi bien, Mélisende : le Prophète Mohamed – que la paix soit sur lui – a été envoyé en porteur d'un message universel, en témoin, en annonciateur de la bonne nouvelle. Je dis bien Mohamed et non pas Jésus. Lorsque j'étais enfant, l'un de mes maîtres avait coutume de raconter cette parabole : « Il était une fois un magnifique buisson de roses dont les racines descendaient loin dans le sol. Ces racines étaient Abraham. Une rose se mit à pousser, et il fallut lui mettre un greffon pour qu'elle ne devînt pas sauvage. Ce greffon était Moïse. Un jour apparut sur ce greffon un bourgeon rouge, le plus parfait que l'on ait jamais vu. Ce bourgeon était Jésus. Puis le bourgeon s'ouvrit, et son éclosion donna une rose d'une beauté exceptionnelle. Cette rose, son parfum à nul autre pareil, c'était Mohamed. »

Il l'observe un moment en silence et ajoute :

— L'humanité a eu besoin de ce bourgeon pour recevoir cette rose exquise.

Mélisende le dévisage à son tour.

— Les esprits de bonne volonté ont parfois besoin d'un coup de pouce pour trouver la Voie.

À compter de ce jour, elle ouvrira définitivement son cœur à l'islam.

Elle accouche à l'automne. Des jumeaux. Un garçon qu'elle prénomme An-Nour – « lumière » – et une fille, Aïcha, en souvenir de sa nourrice.

Comme pour la naissance de Tristan, des événements étranges ont accompagné sa gésine. Quinze jours avant ses couches, deux voyageurs se sont présentés à Shadar et ont demandé l'hospitalité. L'un portait une cicatrice en travers de la joue, l'autre était manchot. Ils venaient d'Alep et se disaient en route pour Damas. Discrets, affables, pieux, ils se sont fondus dans le va-et-vient de la forteresse. Le lendemain soir est arrivé, à bride abattue, un émissaire de Saladin. Il a informé Isham que deux individus appartenant à la secte des ismaéliens de Syrie avaient été envoyés à Shadar avec de mauvaises intentions. « L'un d'eux est manchot, l'autre balafré, a-t-il expliqué. Leur cible est Mélisende. »

Isham s'est précipité avec ses gardes à la recherche des faux voyageurs. Mais ils avaient disparu. Quelqu'un a dit les avoir aperçus avec Nâsser, le fils d'Al-Yanis, qui jura ne jamais avoir parlé à ces fils de chacal. Le lendemain, on les a retrouvés au bas des murailles, la tête défoncée contre le roc.

Al-Yanis, qui n'a jamais oublié le spectacle de Mélisende baignant dans son sang, a été pris de panique. Il a diligenté immédiatement une enquête. Mais personne n'a rien vu, rien entendu. Prudent, il a choisi des hommes de confiance et les a postés, de nuit comme de jour, devant la Tour carrée.

Plus personne n'entendra parler des ismaéliens.

Les mois passent.

Un jour, la nouvelle se répand comme feu de broussailles : le roi de Jérusalem a attaqué Balbeis, la porte de l'Égypte, pillé la ville, massacré ses habitants et pris la route du Caire. Amaury a violé ses traités !

Isham est atterré : si les chrétiens occupent l'Égypte, c'est la Syrie tout entière qui est menacée ! Il prend congé de Mélisende, qui n'a pas le temps de réagir, monte en selle et court rejoindre Saladin dans sa propriété de Kafr Tab. Celui-ci lui apprend que le vizir Chawdar joue double jeu et il lui fait part des intentions de Chirkouh : réunir une armée au plus tôt, punir le vizir félon et chasser les envahisseurs d'Égypte une fois pour toutes.

Ils retournent ensemble à Shadar, où ils récupèrent les combattants disponibles, rassemblent chevaux de rechange et bêtes de somme pour les bagages. À Mélisende, qui se lamente de voir partir son époux, Saladin explique d'une voix calme :

— Si tu marches dans le jardin et te piques à une épine de rose, n'oublie pas de dire merci. L'épine peut te faire mal, mais elle t'est donnée de la même façon que te sont offerts les massifs de roses.

Mélisende ne répond pas. Elle sait qu'il a raison, mais ne peut s'empêcher d'affecter une mauvaise humeur têtue. Pourquoi faut-il que Saladin brise sans pitié leur bonheur tout neuf ? À vrai dire, elle a peur. Tant de malheurs l'ont déjà frappée qu'elle perçoit l'absence d'Isham sous les plus mauvais augures qui soient, sous les affres d'un spectre à l'affût. Oui, elle redoute un malheur, elle a peur de perdre son bien-aimé, sa vie, son Tout ! Au moment d'embrasser Saladin pour lui souhaiter bonne route, il y a tant de fiel dans son regard que son ami a un sourire d'amicale affection, mais aussi de mise en garde :

— Les chemins d'Allah sont insondables, Mélisende. Souviens-toi que la divine destinée de chacun est inscrite dans la source qui donne l'existence au monde. « Dieu décrète, nul ne peut faire obstacle à son jugement[1]. »

Et devant les larmes de son amie :

— Je te promets solennellement de veiller sur Isham et les tiens comme sur moi-même.

Ces mots ne font qu'aggraver son désarroi.

C'est par un matin de mai, au lever du soleil, que l'armée de Nour-Ed-Dine, sous le commandement de Chirkouh, quitte Damas.

Elle s'étend à perte de vue, une marée de casques, de lances, de sabres étincelants. Une clameur s'élève de cette multitude, une sorte de rugissement dont l'écho se perd dans les montagnes :

Djihad ! Djihad ! Djihad !

Lorsque le roi Amaury voit déferler, par un autre beau matin ensoleillé, cet océan d'oriflammes dans un roulement assourdissant de tambours, il est pris d'affolement. Il n'en croit pas ses yeux : comment a fait Chirkouh pour réunir une telle quantité de combattants ?

Il convoque ses barons à la hâte et prend la seule décision qui s'impose : renoncer au combat.

C'est l'un des paradoxes de cette époque en Orient : les armées ennemies peuvent s'entretuer, se massa-

1. Coran, chapitre XII, verset 41.

crer, s'égorger jusqu'au dernier combattant, mais elles peuvent aussi renoncer à se battre. Elles se croisent alors en bon ordre, à un jet de pierre l'une de l'autre, et chacune va son chemin.

C'est le cas ici.

Amaury fait demi-tour et retourne à Jérusalem, Chirkouh poursuit son chemin et rentre au Caire en libérateur.

Quelques jours plus tard arrive dans la tente de Chirkouh un eunuque du calife avec une robe d'apparat et des patentes donnant à l'officier la dignité de vizir. Chirkouh, qui s'y attendait, accepte le titre et commence aussitôt les réformes. Ce dont le pays avait grand besoin. Malheureusement, il ne restera pas longtemps vizir d'Égypte. Un soir de l'année 1169 – après un repas copieux, racontent les chroniques –, il prend un bain chaud et meurt d'étouffement.

C'est aussitôt le branle-bas sur les bords du Nil.

Émirs de Syrie et courtisans égyptiens s'épuisent en manigances, conspirent, ourdissent de sombres combines afin d'obtenir la succession du général borgne.

Saladin, lui, est effondré, car il aimait et admirait son oncle. Il se confie à Isham, qui partage son chagrin.

— Je songe sérieusement à rentrer en Syrie.

Isham le supplie de réfléchir :

— L'ordre est rétabli et les Francs ne sont pas près de revenir. Ne pars pas, l'Égypte a besoin de toi. Ne précipite pas ton choix !

Contre toute attente, à l'aube du quatrième jour, un eunuque du calife, suivi d'une escorte nombreuse, arrive devant la tente de Saladin. Il apporte en grande cérémonie les patentes de vizir et les insignes qui l'accompagnent : une étoffe de soie blanche, une tunique doublée d'écarlate et le turban blanc broché d'or. À ces insignes, l'eunuque ajoute une jument alezane dont la selle et la bride sont incrustées de pierres précieuses.

— Le calife vient de te désigner comme vizir, annonce-t-il.

Saladin refuse tout net.

— Je ne suis qu'un officier sans expérience, bien faible face à ces vieux renards du désert qui se nourrissent d'intrigues et de salamalecs. Autant je brigue honneur et justes causes, autant ils fouillent dans les tombeaux pour se repaître, comme les hyènes, de la chair des cadavres. Non, je ne suis pas de taille à leur tenir tête, encore moins à diriger l'Égypte.

L'eunuque est horrifié.

— Tu ne peux pas te soustraire à la volonté du calife ! C'est un crime de lèse-majesté !

Saladin se résigne. À la douleur de perdre Chirkouh s'ajoute la crainte de voir les amis d'hier et les courtisans égyptiens se dresser contre lui.

Ce qui ne manque pas d'arriver.

Les vieux émirs syriens sont furieux. Comment le calife a-t-il pu leur préférer ce blanc-bec sans expérience ? Les courtisans égyptiens, de leur côté, écument de rage, s'agitent. Un vent de conspiration souffle sur Le Caire, auquel succède bientôt le fracas des armes. La garde personnelle du calife, composée de cinquante mille gardes noirs et d'archers arméniens, attaque la résidence de Saladin.

La bataille fait rage, les cadavres jonchent le sol.

Sur ordre de Saladin, Isham prend la tête d'un détachement kurde pour partir à l'assaut d'une position tenue par les rebelles.

— Il me faut cette position coûte que coûte, lui explique Saladin, sans elle je suis perdu !

Isham part dans l'instant et lance l'attaque avec tant d'intelligence que l'affrontement des fers tourne en quelques heures à l'avantage de Saladin. Son bonheur est immense. Avec cette victoire, Isham offre à son ami un gage de son indéfectible amitié. Il songe aussi à ses enfants, à sa mie, aux prouesses qu'il racontera de retour à Shadar.

Cette mission, hélas, sera sa dernière.

Alors qu'il organise le transport des blessés, une flèche arménienne lui transperce le cou. Un soldat kurde, fils d'apothicaire et qui s'y connaît un peu en médecine, arrache délicatement le trait et comprime la plaie de son mieux, mais les forces du jeune Banu-Kilâb s'épuisent avec le flux de sang. Ses compagnons le ramènent au palais. Et c'est dans un immense chagrin que Saladin lui ferme les yeux.

La dernière parole d'Isham aura été un nom de femme :

Mélisende.

18

L'amie de Saladin

Neuf mois ont passé depuis que Saladin a maté la révolte noire. Entre-temps, le calife est mort et le jeune Kurde sans expérience est devenu le maître incontesté des pays du Nil. Certes, il est encore sous l'autorité de Nour-Ed-Dine, sultan de Syrie, mais son étoile, désormais, ne cessera de briller sur le ciel d'Orient.

En ce mois de redjeb 265 – avril 1170 –, depuis sa fenêtre de la Tour carrée, Mélisende observe au loin une maison de paysans, modeste mais pimpante – murs blanchis à la chaux, volets bleus –, derrière un épaulement de la colline. Les anciens l'ont toujours connue là, accolée à la roche, flanquée d'un bosquet de pins. Cent fois détruite par des hordes armées, cent fois reconstruite.

Ainsi en est-il de ma vie, songe-t-elle, détruite et chaque fois reconstruite !

Elle tient dans sa main le dernier courrier de Saladin. Il l'a invitée à le rejoindre au Caire. Elle relit certains passages :

Une coalition forte de la flotte byzantine et des armées de Jérusalem a voulu me déloger d'Égypte, mais les crues du Nil, la tempête, les pierres de nos catapultes et la volonté du Très-Haut en ont décidé autrement. Nous avons décimé l'armée infidèle. Comme le dit notre proverbe : « La brebis est allée chercher des cornes et elle est revenue sans oreilles ! »

Mon faqih[1] *porte-bonheur, Issa Al-Hakari, a récité ce verset du Coran que tu connais bien : « Allah a repoussé les incroyants si fiers de leur colère, de sorte qu'ils n'ont obtenu aucun avantage. »*

J'aimerais que tu me rejoignes au Caire. J'ai déjà trouvé le palais qui convient à ta beauté et au souvenir impérissable que je garde de notre cher Isham. Sa mort héroïque m'a bouleversé et je sais à quel point elle t'a brisée. Sache que mon amitié pour toi est sincère et à jamais indéfectible. Dès que tu seras décidée, je t'enverrai une escorte et demanderai à Morri les laissez-passer nécessaires. J'ai hâte de te revoir, de veiller sur toi et tes enfants.

Shérazade, la fille de Nora, l'esclave mongole dont je t'ai parlé et que j'aime tendrement, est malade. C'est une enfant chétive et délicate, comme je l'étais moi-même à son âge. Je prie Allah qu'Il me la guérisse.

Il termine en évoquant la prospérité de l'Égypte et ses récentes victoires sur les Francs à Damiette, puis par cette phrase : « J'ai ouï dire que le sourire a quitté ton visage. J'aimerais tant qu'il te revienne ! »

Il signe : Youcef.

---

1. Religieux, prêtre.

Mélisende l'a vivement remercié, mais elle a répondu qu'elle préfère rester à Shadar, où Al-Yanis l'entoure d'affection et où elle peut se consacrer à l'éducation de ses enfants. Elle précise dans sa lettre :

De plus, je pense que je te serai plus utile en Syrie qu'en Égypte. La volonté d'Allah n'a pas de limites. Et pour la gloire de l'islam, j'ai la certitude que c'est en Syrie que tu dois être, car tu es le « Rassembleur des croyants ». Une fois à Damas, avec l'appui de l'Égypte qui te fournira les renforts nécessaires, tu pourras avancer vers Jérusalem. C'est à ce moment-là que tu auras besoin de nous tes amis qui sommes sur place. J'espère, le moment venu – c'est-à-dire après la mort de Nour-Ed-Dine –, te rendre au centuple ce que tu fais pour moi et mes enfants.

Quant à Shérazade, si tu veux me l'envoyer, Gondisalve, qui est le meilleur médecin de toute la Syrie, saura nous la guérir !

La réponse de Saladin arrive deux mois plus tard. Elle se termine par ces mots : « Qu'Allah exauce tes vœux et réalise tes nobles espérances. »

Ils seront exaucés.

Nour-Ed-Dine meurt le 2 chawal 569 – 15 mai 1174.

Saladin sait que son heure est venue. Pendant que les émirs syriens se disputent la succession, il envoie des lettres à ses partisans à Damas, Homs, Alep… et leur demande de « grignoter de l'intérieur », de préparer les esprits. Il ne veut surtout pas arriver en usurpateur.

Mélisende établit des contacts, se démène.

Elle a convaincu Al-Yanis que Saladin est, par la volonté du Très-Haut, le « Sauveur », le « Rédempteur de Damas », l'héritier de Nour-Ed-Dine. D'abord réticent, soutenant le fils de son ancien maître, Al-Yanis a très vite compris le bien-fondé des espoirs de Mélisende. Il part pour Damas et prépare lui aussi le terrain.

Pendant ce temps, Mélisende contacte la sultane Asimat Khatoun, veuve de Nour-Ed-Dine. C'est une jeune femme intelligente, rompue aux intrigues de la politique, qui dispose de son propre réseau d'informateurs et sait manipuler les clans. Elle prend fait et cause pour Saladin[1].

Fort de tous ces soutiens et d'une puissante armée kurde, il fait une entrée triomphale en Syrie. Après avoir maté les derniers opposants, Saladin devient le maître absolu de la région, sultan d'Égypte et de Syrie.

Seuls deux bastions lui résistent : la ville d'Alep et la Mésopotamie.

---

1. Saladin épousera la sultane Asimat peu de temps après.

19

Six ans plus tard

Il fait sombre et froid. Un orage d'une violence inouïe s'abat sur le château de Shadar. La foudre a déjà frappé l'une des tours. Tristan et les jumeaux, précautionneusement postés à la fenêtre, frémissent à chaque coup de tonnerre, poussent des petits cris, se blottissent les uns contre les autres.

— Ne restez pas là ! leur crie Mélisende. C'est par là qu'entre la foudre.

Les trois enfants se ruent vers le fond de la pièce et se tassent dans un coin, un œil vers la fenêtre, l'autre vers leur mère. Aucun des trois n'oserait s'aviser de contrevenir aux ordres de Mélisende ! La discipline est de rigueur dans ce château grouillant de monde et où leur mère, bien que veuve, tient la gouverne. C'est à elle que l'émir Al-Yanis a confié, pendant ses longues campagnes aux côtés de Nour-Ed-Dine, puis de Saladin, la bonne marche de la mesnie. Et c'est elle, en particulier, qui conduit l'intendance.

L'orage s'éloigne aussi soudainement qu'il est venu. Ainsi en est-il dans ces terres d'Orient baignées de soleil. Un arc-en-ciel brille aussitôt au-dessus de l'Oronte. Les enfants repartent jouer, la vie reprend.

Le soir tombe lorsqu'un cavalier trempé jusqu'aux os franchit le pont-levis et demande à parler au maître des lieux.

Al-Yanis le voit arriver et le reconnaît. Il fait aussitôt mander Mélisende, qui sur-le-champ se hâte vers le donjon. Ils se retrouvent tous les trois près de la cheminée, où Al-Yanis a fait allumer le premier feu de la saison. Après les formules d'usage, le cavalier sort un papyrus de son *soulek*[1] et le tend à Mélisende.

— J'ai ordre de te remettre personnellement ce pli et de le détruire dès que tu en auras pris connaissance.

Elle le décachette et parcourt le texte une première fois. Puis elle lit à haute voix :

Chère Mélisende,

Nora, l'esclave mongole dont je t'ai tant parlé et que je chérissais tendrement, vient de mourir. Malak oul mawt[2] *l'a ramenée vers Celui qui connaît le monde invisible. Que Sa Volonté soit faite.*

C'est pour Shérazade que je m'inquiète. Elle a huit ans, comme ton aîné. Autant qu'il m'en souvienne, ils sont nés le même jour. Malheureusement, je crains qu'elle ne survive à cette épreuve. Elle est chétive, maigre, et encore plus affaiblie depuis que sa mère est tombée malade. Les médecins de Damas ne me donnent aucun espoir.

C'est pour cette raison que j'ai pensé à toi.

---

1. Sac en cuir dans lequel chaque soldat de Saladin mettait sa ration de combat.

2. L'ange de la mort.

Je te demande comme une faveur de la prendre quelque temps à Shadar, avec l'accord bien sûr de mon fidèle Al-Yanis. J'ai pleine confiance en votre médecin Gondisalve, qui est le meilleur de toute la Syrie. Et aussi dans les vertus de votre source, dont les eaux sont venues à bout de mes fièvres.

Je compte également en l'affection de tes enfants pour lui redonner goût à la vie. Farrouk, mon dévoué messager, te dira le reste de vive voix.

Ton Youcef.

Mélisende se tourne vers le jeune Kurde, qu'elle connaît bien car il fait partie d'Al-Salayah, la garde personnelle de Saladin.

— Le reste ? De quoi s'agit-il ?

— Youcef craint que ses ennemis, s'ils savent que Shérazade est ici, ne fomentent de mauvais desseins dans le but de lui nuire. Et aussi dans le but de te nuire à toi. Il m'a dit de te prévenir que ceux qui ont voulu ta mort, et dont il sait à présent le nom mais qu'il ne peut te dévoiler, sont toujours à l'affût.

Un silence lourd s'abat sur la pénombre de la pièce. Al-Yanis frémit : le souvenir de Mélisende baignant dans son sang ne l'a jamais quitté.

— Quand arrive-t-elle ?

— D'un moment à l'autre. L'escorte a pris du retard à cause de l'orage.

Al-Yanis se lève et fait signe à Mélisende de vérifier qu'aucun domestique n'écoute derrière la porte. Lorsqu'elle revient, il prend le papyrus, le jette dans la cheminée et souffle sur les braises.

— Dis à tes enfants de s'apprêter à recevoir une

cousine de Damas. Tu la logeras dans la même chambre qu'eux.

— Dois-je informer ton fils Nâsser ?

— Sous aucun prétexte ! S'il te pose des questions, dis-lui que Shérazade est la fille d'un de mes amis, qu'elle vient faire une cure dans les eaux de notre source. Invente, dis n'importe quoi.

Puis, à l'adresse du jeune Kurde :

— Y a-t-il d'autres personnes dans le secret ?

— Non, nous trois, c'est tout.

— Bien. Va dans les écuries, choisis des montures fraîches et dispose selon les consignes de ton maître.

Le palanquin, escorté par un détachement de cavaliers kurdes, arrive à la nuit tombée. Il fait froid. Des serviteurs munis de torches éclairent le pont-levis. Al-Yanis va à la rencontre des cavaliers et leur souhaite la bienvenue. Mélisende, pendant ce temps, s'approche du palanquin. Elle tire le rideau et fait signe à un serviteur d'éclairer. Elle se penche… et se fige : des yeux la dévisagent, d'une étonnante brûlure, dans un corps qui n'a que la peau et les os.

Mélisende a hérité d'Aliénor le goût des décisions rapides : elle prend Shérazade dans ses bras et fonce vers la Tour carrée.

Al-Yanis s'approche de Gondisalve, qui est venu, comme toute la mesnie, accueillir les cavaliers.

— C'est la fille de Charaf Al-Mashtoub, quelqu'un avec qui j'ai autrefois guerroyé aux côtés de Nour-Ed-Dine. La petite est gravement malade. Il est si désespéré qu'il a fait appel à Saladin, pour que celui-ci lui trouve un médecin. Notre sultan me l'envoie afin que tu l'examines.

Il parle haut. Assez pour que servantes et serviteurs entendent.

— Je monte la voir, répond Gondisalve.

Petit de taille, affable, avec un léger embonpoint, Gondisalve inspire confiance. C'est un médecin intègre, dévoué, qui soigne ses patients sans autre prétention que de soulager leurs maux. C'est aussi un chrétien sincère, profondément attaché aux principes de sa religion et respectueux des pratiques de ceux qu'il nomme ses « frères musulmans ». C'est à Cordoue, puis à l'École de Bagdad, chez les disciples d'Ibn Sinna[1], qu'il a appris la médecine.

Et c'est en Syrie qu'il déploie son art.

Lorsqu'il arrive au dernier étage de la Tour carrée, Mélisende a déjà installé Shérazade dans son lit. Les enfants dorment. Il examine la petite et secoue la tête.

— Seul un miracle peut la sauver ! Je verrai mieux demain, au grand jour, mais je pense que son mal vient des poumons.

Il fait signe à l'une des servantes :

— S'il te plaît, Meryem, apporte-nous de l'eau citronnée avec du miel.

Lorsque la servante arrive avec le breuvage, il fait asseoir la petite et lui donne à boire une gorgée. Les grands yeux noirs s'animent : elle boit, se lèche les lèvres, en redemande.

— Bon signe ! se réjouit Gondisalve.

Il la recouvre et lui caresse une joue.

— On va te laisser dormir, petit soleil. Demain, *Inch'Allah*, nous verrons ce qu'il y a lieu de faire.

---

1. Connu en Occident sous le nom d'Avicenne (980-1037).

20

Shérazade

Des moineaux piaillent sur les remparts. Il fait froid. La première chose que voit Tristan en se réveillant, c'est un regard : deux grands yeux noirs un peu bridés qui le fixent. Mais le visage est si maigre et la peau si ridée qu'il en est tout retourné : on dirait une vieille femme !

Il se lève et s'en approche.

— Comment t'appelles-tu ?

— J'ai envie de faire pipi !

— … !?

Sa surprise est de courte durée : Mélisende déteste qu'ils mouillent le lit ! Elle l'a même chargé de veiller à ce qu'An-Nour et Aïcha prennent leurs précautions avant d'aller se coucher !

Il lui tend la main.

— Viens, je vais te montrer.

— Je ne sais pas si j'arriverai à marcher.

Il considère son poignet et le trouve si maigre qu'il en a un serrement de cœur. Il lui passe un bras sous l'aisselle.

— Je vais t'aider, appuie-toi sur moi.

Elle se lève et prend appui sur ses épaules, il la guide vers les latrines, sises dans une tourelle un étage plus bas. La fillette est si faible, ses jambes sont si mal assurées qu'il est obligé de la tenir lorsqu'elle s'accroupit, et doit l'aider à se relever. Ils rebroussent chemin à petits pas, marquent des haltes.

— Comment t'appelles-tu ?

— Shérazade, et toi ?

— Tristan.

Ses grands yeux noirs le fixent.

— C'est la première fois que j'entends ce nom !

— Normal, il vient de chez les Francs. Mon père était chrétien.

— Ah ! Il habite ici ?

— Non, il est mort.

Le regard de la fillette se voile.

— Je suis triste pour toi. Moi, c'est ma mère, qui est morte.

Lorsqu'ils atteignent la chambre, elle est épuisée. An-Nour et Aïcha dorment toujours. Il l'aide à se recoucher et s'assoit sur le lit. Il lui prend la main.

— Et ton père à toi, il habite où ?

Elle se redresse et se penche à son oreille :

— Je vais te dire un secret, mais il faut que tu me jures de le garder pour toi.

— Je le jure !

— Il faut que ce soit sur le Coran.

— Je le jure sur le Coran et sur la croix.

— Non, sur le Coran suffit. Mon père est…

Une violente quinte de toux happe sa phrase. Tristan lui donne de petites tapes sur le dos, comme le fait sa mère lorsqu'ils avalent de travers. Mais la toux s'aggrave.

Elle étouffe.

Mélisende arrive en courant. Elle empoigne Shérazade, la retourne face contre terre. L'enfant vomit. Une flaque de sang. Elle lui essuie les lèvres avec un pan de sa tunique et la repose doucement sur le lit. An-Nour et Aïcha ouvrent des yeux apeurés.

— Va me chercher Gondisalve, cours ! fait Mélisende à l'adresse de Tristan.

Des servantes accourent en même temps que le médecin. Ce dernier examine l'enfant en hochant la tête.

— C'est bien ce que je pensais…

— Qu'est-ce qu'elle a ? s'inquiète Mélisende.

— Phtisie !

Un grand silence accueille ce mot.

Avec la lèpre et la peste, la phtisie est l'une des trois malédictions qui frappent l'Orient. Un mal terrible. Les vomissements de sang annoncent habituellement la fin.

— À Cordoue, nous soignons cette suppuration avec de la moisissure prélevée sur le bât des ânes. Nous avons obtenu de bons résultats. En tout cas, c'est tout ce que la médecine peut faire pour cette petite. Ce sera long, très long : plusieurs lunaisons !

***

L'hiver s'en va.

Shérazade a repris du poids, ses rides ont fini par s'estomper. Ses yeux, à présent, rient. Mais au prix de longs mois de repos au cours desquels Gondisalve lui a interdit de quitter sa chambre, sauf pour se rendre aux latrines. « Le lit ou le cimetière ! » a-t-il asséné à longueur de semaines. Elle se lève depuis trois jours. Le médecin lui a même permis de se promener une fois par jour dans la cour du château.

Pendant ces longs mois, Tristan ne l'a pratiquement pas quittée, de jour comme de nuit. Le jour parce qu'il a préféré lui tenir compagnie plutôt que partir jouer avec son frère et sa sœur, la nuit parce qu'ils partagent tous les quatre la même chambre. Une amitié touchante lie la petite Shérazade à l'aîné de Mélisende. Dès que Tristan apparaît, ses yeux s'illuminent. Quand il part, ils se voilent de gris. Au point que Mélisende en a pris souci.

— Que va-t-il se passer lorsqu'elle quittera Shadar pour retourner à Damas ? s'est-elle inquiétée devant Al-Yanis.

— Souhaitons qu'elle reste ! a-t-il soupiré.

— Bois ta potion ! ordonne Tristan.

— Non, je vais mieux. Elle est trop amère !

— Gondisalve a dit que tu dois continuer jusqu'à la lune de printemps. Donc, tu bois ta potion !

— Non !

— Dans ce cas, je ne te montre pas le guépard !

Elle souffle, ronchonne, mais finit par prendre la fiole pour la porter à ses lèvres. Cela fait des semaines qu'il est obligé, trois fois par jour, de s'armer de menaces pour lui faire boire ses potions – au demeurant fort amères ! Trois fois par jour elle souffle, rechigne et cède. C'est devenu un jeu.

Elle boit, s'essuie les lèvres avec sa manche et lui rend la fiole.

— Tu me montres le guépard ?

La veille, profitant de l'autorisation de Gondisalve, il lui a fait visiter l'animalerie et notamment tous ces auxiliaires de la chasse qui font la fierté de Shadar : faucons crécerelles, éperviers sur leurs perchoirs, belettes, braques de Dalmatie… Il a laissé le guépard, une magnifique bête apprivoisée, pour le lendemain.

— Chose promise, chose due ! On ira avec An-Nour et Aïcha.

Dans l'attente des jumeaux, ils s'assoient sur le bord du lit.

— Tu crois que je vais guérir ? demande Shérazade.

— Bien sûr !

— Ah ! C'est dommage.

— … ?

— Mais oui, réfléchis : si je guéris, mon père exigera que je retourne à Damas et on ne va plus se voir !

Tristan se tait. Il n'avait pas pensé à cette éventualité. Soudain il se rappelle qu'elle devait lui raconter quelque chose au sujet de son père.

— Avant que tu vomisses du sang, tu voulais me dire quelque chose à propos de ton père. C'était quoi ?

— Je n'ai plus le droit d'en parler.

— Ah bon ? Pourquoi ?

— Mélisende me l'a interdit. Je ne dois jamais parler de mon père. Avec personne, même pas avec toi.

— Tu en es sûre ? C'est quelqu'un de si important que ça ?

— Ben oui. C'est pour cela que ta mère ne veut pas que je dise son nom.

Ils se taisent. Tous les deux savent que, lorsque Mélisende donne un ordre, il faut s'y plier, sinon c'est la gifle assurée ! Tristan va jusqu'à la porte et s'assure qu'elle ne traîne pas dans les parages.

Par précaution, il baisse la voix :

— Écoute, Shérazade, toi et moi, on est comme An-Nour et Aïcha. Nous sommes nés le même jour, donc on est des jumeaux. Or, les jumeaux n'ont pas de secrets l'un pour l'autre, c'est comme ça !

Shérazade réfléchit. Elle a déjà remarqué qu'An-Nour et Aïcha se disent tout, ils ont même leurs mots à eux ! Elle plisse ses paupières.

— C'est vrai, ce que tu dis. Nous sommes nés le même jour, donc c'est comme si nous étions des jumeaux. Nous devons tout nous dire, comme An-Nour et Aïcha. C'est d'accord : pas de secrets !

— Les chevaliers appellent ça un « pacte sacré ».

— D'accord pour le pacte sacré.

Elle baisse la voix :

— Mais attention : Mélisende m'a dit que si je parle de mon père elle sera obligée de me renvoyer à Damas. Donc, il faut que tu me jures de ne rien dire !

— Je le jure !

— Sur le Coran.

— Je le jure sur le Coran et sur la croix.

— Non, je t'ai déjà dit que le Coran suffit.

Elle se penche à son oreille. Sa voix n'est plus que murmure :

— Je suis la fille de Saladin !

Il la regarde, manifestement troublé.

— Tu en es sûre ?

— Mais oui, pourquoi ?

— Parce que c'est très embêtant.

Elle écarquille les yeux.

— Ah bon, tu crois ? Je ne vois pas pourquoi le fait que je sois la fille de Saladin est embêtant.

— Réfléchis : ton père est le plus grand général de

Syrie et il n'arrête pas de battre les chrétiens ; même le roi de Jérusalem en a peur !

— Et alors ? Il est plus fort que les chrétiens, c'est normal, non ?

— Tout le problème est là : quand je serai grand, je vais combattre avec les chrétiens, forcément, puisque je suis chrétien ! Donc je vais me battre contre ton père.

Shérazade réfléchit une fois de plus. Elle ne voit pas pourquoi il serait obligé de combattre avec les chrétiens. Gondisalve est chrétien et il l'a soignée, alors qu'elle est musulmane ; donc Tristan, qui est chrétien, peut combattre avec son père qui est musulman.

— De toute façon, reprend-elle, il y a certainement des solutions, on verra quand on sera grands.

— Est-ce que tu as des frères ? demande Tristan, qui pense déjà à ses futurs beaux-frères.

— Oui, deux demi-frères. Ils ont un an de moins que moi. Mon père les emmène en Égypte le mois prochain pour voir la mer. Je devais partir moi aussi, mais je suis tombée malade.

— C'est un signe du ciel.

Elle serre très fort la main de Tristan. Elle ne voit pas très bien pourquoi ce serait un signe du ciel, mais il a certainement raison. Ils restent rêveurs, main dans la main, Tristan chevauchant vers de lointains champs de bataille, Shérazade voguant vers les côtes d'Égypte.

C'est une colombe qui les ramène dans la chambre. Elle vient de se poser sur le rebord de la fenêtre et les fixe de ses petits yeux noirs.

— Est-ce que tu as entendu parler du collier de la colombe ? demande Shérazade.

— Non, qu'est-ce que c'est ?

— Un collier magique. Il se trouve dans une boîte en bois qui enferme l'âme d'une esclave.

— L'âme d'une esclave ? Tu en es sûre ?

— C'est ma mère qui me l'a dit. D'après elle, c'est Mélisende qui l'a.

— Tu crois ?

— Oui. C'est sûr.

Elle retient toujours la main de Tristan.

— Je ne te l'ai jamais dit, mais ma mère n'était pas une princesse : c'était une esclave, elle aussi.

— Elle était d'où, ta mère ? Est-ce que c'était une esclave chrétienne ?

— Non, elle était mongole, c'est pour cela que j'ai les yeux un peu bridés.

Elle n'a pas le temps d'en dire plus. Mélisende entre dans la chambre accompagnée de Farrouk, le messager de Saladin ; son visage est tendu. Elle fixe Tristan, puis Shérazade.

— Prépare-toi, ma chérie. Il faut que tu partes pour Damas, ton père te réclame.

— Quand ça ?

— Maintenant. Ton père part demain pour l'Égypte et il veut te voir. Le palanquin est prêt.

Le désarroi des deux enfants est si poignant que Mélisende en est émue. Elle se tourne vers Farrouk.

— Tu es vraiment certain qu'elle doit partir maintenant ?

Il l'emmène à l'écart :

— Oui ! Les femmes du harem sont extrêmement remontées contre toi, et Youcef est inquiet. Il pense que le diable s'est glissé dans leurs cœurs. Si nous ne faisons pas diligence, il arrivera malheur à la petite.

— Remontées contre moi ? Je ne comprends pas.

— Tu es bien la seule à ignorer que tu es belle !

— Je suis veuve !

— Oui, bien sûr, veuve, donc… libre ! Les femmes du harem connaissent l'amitié que te porte Saladin. Pour elles, tu es une menace permanente. Or Shérazade est le lien insidieux qui te relie à lui, cela fait des semaines qu'elles en parlent. Elles n'ont eu de cesse de la faire revenir à Damas. De toi à moi, mieux vaut qu'il en soit ainsi : tu ne connais pas la mauvaiseté qui sommeille dans le cœur d'une femme jalouse !

21

Huit années ont passé

La mauvaiseté des femmes du harem aura été sans prise sur l'indéfectible complicité qui lie Mélisende et Saladin. Le sultan lui a confié des missions délicates à Jérusalem et à Antioche, qu'elle a remplies avec intelligence, discrétion et un total dévouement à sa personne. Elle agit dans l'ombre. Ils se sont vus à plusieurs reprises – mais toujours en grand secret –, à Damas, Bâniyas, Alep… Saladin occupe de grands pans de ciel bleu dans le cœur de Mélisende. Le sultan, de son côté, ne prend plus de décision grave sans la consulter.

Le point de mire de Saladin et de Mélisende est toujours Jérusalem. Dont le royaume a connu de grands bouleversements.

Mal soigné par ses médecins, le roi Amaury est mort de dysenterie à trente-neuf ans. Son fils Baudouin IV, âgé de treize ans, lui succède. Mais un drame épouvantable le guette : la lèpre.

Une maladie horrible : des pustules, des écailles envahissent son corps, des mutilations pestilentielles détruisent son visage, transforment ses membres en moignons… Dans les temps bibliques, la lèpre était une marque de la colère divine ; à l'époque du Christ, on la considérait comme une malédiction. Au Moyen Âge, on y voit surtout une menace pour la société. Les lépreux sont civilement morts, on leur interdit d'entrer dans les églises, de boire dans les fontaines, de toucher la corde d'un puits… Ils sont confinés hors des villes dans des léproseries – appelées « ladreries » – et les bien portants les obligent à signaler leur présence par un bruit de clochette ou de crécelle.

Si le jeune Baudouin n'avait pas été fils de roi, il aurait sans doute partagé leur sort, aurait été contraint d'agiter une crécelle pour annoncer son passage.

Mais il est fils de roi, et les rois sont au-dessus des lois !

Dès qu'il atteint sa seizième année – c'est-à-dire l'âge légal pour gouverner –, les barons du royaume font fi de la lèpre et l'acclament à l'unanimité. Et par l'un de ces miracles dont l'histoire garde le secret, il s'impose là où aucun autre souverain n'a réussi à poser sa marque : l'unité du royaume de Terre sainte derrière le roi de Jérusalem.

Plus incroyable encore, un duel courtois, parfois poignant, toujours loyal et chevaleresque, va l'opposer sans qu'il ne faillisse jamais au tout-puissant Saladin.

***

Château de Shadar, été 1184

Alors que le roi Baudouin se bat contre la lèpre en son palais de Jérusalem, un jeune cavalier kurde met prestement pied à terre, empoigne le havresac accroché au troussequin de sa selle et tend les rênes à un palefrenier. On s'empresse autour de lui.

— Annoncez-moi à Mélisende ! fait-il aux gens venus l'accueillir.

On s'exécute. Depuis le départ de la petite Shérazade, on l'aperçoit bon an, mal an, une ou deux fois, tantôt au mois de mai, tantôt à l'automne. On l'appelle Farrouk, mais nul n'est au fait ni de son véritable nom ni de l'objet de ses visites. Personne ne sait vraiment qui il est.

Deux détails intriguent les gens de Shadar. D'abord, il ne reste jamais au château : il voit Mélisende, change de monture et repart à fond d'étrier, au point qu'on a fini par le surnommer « Courant d'air » ! Ensuite, la semaine qui précède son arrivée, par temps de paix comme par temps de guerre, des templiers arrivent dans la forteresse, passent la nuit au château et repartent le lendemain à l'aube.

Qui sont-ils ? Que veulent-ils ? Qui est-il, ce Farrouk ? Qu'emporte-t-il dans son havresac ?

Pour l'heure, il s'incline devant Mélisende et lui remet un pli.

— Youcef demande une réponse immédiate.

Mélisende hoche la tête. Elle lit, relit le texte, puis brûle le billet.

— C'est d'accord. Dis-lui que je me ferai un plaisir d'accueillir Shérazade à sa convenance. Mes enfants et moi-même gardons un souvenir attendri de son passage chez nous.

— Il veut que tu répondes tout de suite par pigeon voyageur.

— Tout de suite ? C'est si urgent que cela ?

— Oui.

Elle prend un billet prédécoupé dans son écritoire et y inscrit quelques mots. Après quoi, elle l'enroule et l'attache minutieusement avec un fil en soie. Elle coupe le fil avec ses dents et fait signe à Farrouk de la suivre.

Ils arrivent dans une tourelle attenante à sa chambre. Le jeune Kurde jette un regard admiratif aux rangées de cages numérotées…

— *Mabrouk*[1], tu as fait du bon travail !

Mélisende esquisse ce qui pourrait ressembler à un sourire – depuis la mort de son second mari elle ne rit jamais – et prend un pigeon dans la cage numéro 1. Elle le caresse affectueusement, attache le rouleau de papyrus à l'une de ses pattes et le pose sur le rebord du fenestron. L'oiseau hésite, fait quelques pas, puis s'envole dans un battement d'ailes.

— Et voilà ! Youcef aura ma réponse avant le coucher du soleil.

Elle explique que Saladin vient de doubler les effectifs de toutes ses stations de pigeons voyageurs afin de connaître, heure par heure, ce qui se passe dans ses territoires, depuis le Caire jusqu'à Damas.

— Mon pigeonnier est l'un de ses principaux relais.

— Le principal ! corrige Farrouk, il me l'a confirmé.

Elle met des graines dans les cages. Brusquement, elle se tourne vers Farrouk :

— Pourquoi tant de mystère autour de Shérazade ?

— Pourquoi ? Depuis combien de temps ne l'as-tu pas revue ?

1. Félicitations.

— Je ne sais pas, cinq ou six ans… depuis mon dernier séjour à Damas.

— Eh bien, tu ne la reconnaîtras pas : elle est devenue l'une des plus belles femmes d'Orient. On en parle jusqu'à Bagdad.

Mélisende réfléchit, puis secoue la tête.

— D'accord, mettons que Shérazade soit aussi belle que tu le dis. Ce que je ne comprends pas, c'est pourquoi sa beauté nécessiterait autant de précautions.

Conformément à son habitude, Farrouk tend l'oreille, à l'affût du moindre bruit avant de répondre :

— Youcef compte la donner en mariage au sultan de Mésopotamie.

— Ah !

— De ce mariage dépend le devenir de la Grande Syrie.

Elle secoue la tête une seconde fois.

— Un choix habile que j'approuve et soutiens. Il témoigne une fois de plus de la grande perspicacité de Youcef. Mais je ne vois toujours pas où est le problème.

Il baisse la voix.

— Shérazade est en danger de mort. Le diable s'est glissé une fois de plus dans le harem. Il y a huit ans, les femmes étaient jalouses de ton amitié pour Youcef et avaient intrigué en conséquence. Cette fois, c'est d'elle qu'elles sont jalouses. Et c'est Chaïnez, la mère d'Al-Zaher[1], qui mène la cabale. Shérazade est d'autant plus exposée que sa mère n'est plus là pour la protéger. Il y a un mois, elle a été victime d'une tentative

1. Al-Zaher, troisième fils de Saladin, émir d'Alep de 1186 à 1216.

d'empoisonnement ; la semaine passée, les eunuques ont trouvé une vipère dans sa chambre !

Mélisende fait une mauvaise grimace.

— Youcef, poursuit Farrouk, est persuadé que le seul endroit de Syrie où Shérazade sera en sécurité, c'est chez toi. Il a une confiance aveugle en toi, il sait que tu prendras soin d'elle comme de ta propre fille.

— Ce en quoi il a raison.

Elle ferme la porte du pigeonnier et s'approche de son écritoire. Elle prend un courrier cacheté qu'elle tend au jeune Kurde.

— Donne-lui ça. Mes informateurs à Jérusalem pensent qu'une expédition se prépare contre les Lieux saints de l'islam. Qu'il avertisse vite son frère Adil en Égypte !

— Tu es sûre de tes informateurs ?

— Totalement sûre. C'est La Mecque qui est visée, le cœur de l'islam. Et c'est Brins d'Arnat, le seigneur de Kérak, qui fomente ce forfait.

Les traits de Farrouk se durcissent. Tout le monde connaît ce Brins d'Arnat[1]. Quelques mois plus tôt, rompant la trêve signée par le roi Baudouin avec ses voisins musulmans, il a attaqué une caravane de commerçants dans laquelle se trouvait la propre sœur de Saladin. Passant outre à l'indignation du roi Baudouin et à la fureur de Saladin, il a, de ses propres mains, exécuté la jeune femme.

---

1. C'est par ce nom que les musulmans désignaient Renaud de Châtillon, seigneur de Kérak, un aventurier sans foi ni loi, voleur de troupeaux et de caravanes, l'ange noir du royaume de Jérusalem. Saladin lui vouera une haine féroce.

Alors qu'il a déjà la main sur la poignée de la porte, Farrouk se tourne vers Mélisende :

— Comment vont tes enfants ? Shérazade m'a demandé de leurs nouvelles.

Elle s'approche de la fenêtre et montre un champ clos près du donjon, où s'entraînent des soldats.

— Dis à Shérazade qu'An-Nour et Tristan se préparent à rejoindre les unités en partance pour Mossoul[1]. Tristan a déjà dix-sept ans, An-Nour seize. Dis-lui aussi que ma fille Aïcha sera ravie de l'accueillir.

***

— En garde !

An-Nour et Tristan se positionnent face à face.

— Tristan ! crie Al-Yanis, cent fois je t'ai dit de tenir l'écu en avant et l'épée en retrait !

Tristan corrige sa position de mise en garde et tente de se concentrer sur l'assaut. Mais il n'arrive pas à poser son esprit. Mélisende vient de leur annoncer que Shérazade, la fille de Saladin, dont le souvenir est aussi vif dans son esprit qu'il l'était au lendemain de son départ, arrive ce jour à Shadar !

— Tristan, je t'ai dit de tenir l'épée en retrait ! répète Al-Yanis.

Cela fait bientôt deux mois que le vieil émir entraîne et conseille les deux frères. Avec la discipline de fer qui sied à de futurs chevaliers, il les fait travailler sans répit, deux fois par jour, au lever et au coucher du soleil, quel que soit le temps. Ni vent ni pluie,

1. Mossoul, deuxième ville d'Irak, sur les rives du Tigre, et capitale de la haute Mésopotamie.

ni froid ni soleil ne sauraient ralentir la cadence des assauts. Il les a fait enrôler dans l'un des *telab*[1] que les Banu-Kilâb ont mis au service de Saladin.

— Et rappelez-vous qu'il faut réfléchir, avant de frapper. Les coups que vous assenez sans réflexion finissent tôt ou tard par se retourner contre vous. Souvenez-vous aussi que la bataille étourdit les combattants. L'étourderie de l'adversaire est donc une arme dont vous devez vous servir.

Les deux frères s'observent, s'étudient.

— Allez-y, lance Al-Yanis.

Ils se ruent l'un contre l'autre. An-Nour attaque le premier. Il porte plusieurs coups d'estoc, ouvre la voie. Tristan réagit en écartant la lame, mais son esprit, absorbé par Shérazade, n'est pas suffisamment prompt. Il perd l'équilibre et se retrouve au sol, l'épée de son frère contre sa gorge.

— Tristan, tu ne m'as pas écouté ! s'emporte Al-Yanis. Tu as subi l'assaut sans chercher la contre-attaque, tu t'es contenté de parer les coups. Combien de fois dois-je te répéter que cette technique de combat mène à la défaite ?

Il tire son sabre et se positionne au centre de l'enclos.

— Regarde-moi et retiens une fois pour toutes comment il faut procéder.

Il se tient immobile, sabre au poing.

— Attaque-moi ! crie-t-il à An-Nour.

Le jeune homme se jette sur le vieux guerrier de toute la force de sa jeunesse, épée d'un côté, écu de l'autre. Mais, en dépit de son agilité, il se retrouve,

1. Escadrons.

au bout de quelques passes, avec la pointe d'un sabre contre sa gorge.

A-Yanis maintient l'appui.

— Tout est là, mes enfants, dans la position de l'épée lors de l'engagement. J'ai vu An-Nour se jeter sur moi trop vite, sans coordonner les mouvements de son bouclier et ceux de son épée. J'ai dirigé mon sabre vers les parties découvertes, ce qui m'a permis de mener une contre-attaque quasi instantanée.

Ses paroles sont interrompues par la corne du guetteur : trois coups longs. Cela veut dire qu'un détachement armé est en vue.

— Allez voir de quoi il s'agit, fait Al-Yanis en rengainant son sabre.

Tristan et An-Nour posent leurs armes, s'inclinent respectueusement et se ruent vers le chemin de ronde.

Un détachement d'une cinquantaine de cavaliers arrive par l'est. Ils portent tous des tuniques jaunes[1] et sont précédés par un porte-étendard dont le cheval, harnaché d'or, est chargé de grelots et de pompons.

— *Al-Salayah ! Al-Salayah*[2] *!* s'écrie Tristan au comble de l'excitation.

An-Nour montre un palanquin entre une double haie de cavaliers.

— C'est le palanquin de Shérazade !

Ils dévalent les marches du chemin de ronde deux à deux et sautent sur la grande cour du château. Mélisende et Aïcha sont déjà là.

Le détachement d'Al-Salayah arrive dans un martèlement de sabots. C'est la première fois qu'un cortège

1. Couleur de Saladin.
2. Nom de la garde personnelle de Saladin.

d'une telle magnificence pénètre dans la forteresse. Étendards et fanions sont frappés de l'aigle de Saladin, ailes déployées, symbole de victoire.

Mélisende et Aïcha s'approchent du palanquin. Elles tirent le rideau comme le veut l'usage lorsqu'on reçoit un hôte, mais elles demeurent interdites : l'habitacle est vide ! Elles se regardent, perplexes. Mélisende se remémore les précautions prises par son ami Youcef, se dit qu'il a imaginé une fausse escorte, que sa fille arrivera secrètement plus tard…

C'est alors qu'une ravissante cavalière saute de cheval.

— Je te salue, tante Mélisende, je te salue aussi, Aïcha ! Vous ne pouvez imaginer comme je suis heureuse d'être à nouveau parmi vous !

Mélisende n'en croit pas ses yeux : la petite fille chétive, maigre, famélique, a fait place à une jeune femme d'une beauté éblouissante : grande, mince, regard noir. Ses yeux, délicieusement bridés, ont l'éclat des matins d'été. Ils rient. Lorsqu'elle embrasse Aïcha, ils scrutent la foule venue l'accueillir. Mélisende fronce les sourcils : le regard de cette fille, vif comme braise, cherche quelqu'un, c'est évident ! Elle se sent soudain mal à l'aise. Elle se dirige vers le chef d'Al-Salayah, qu'elle connaît bien, afin de l'accueillir comme il se doit selon son rang, mais elle se promet d'avoir un œil sur la situation.

— Où est-il ? fait Shérazade à l'oreille d'Aïcha.

An-Nour et Tristan s'avancent côte à côte, un peu intimidés. Ils ne savent, ni l'un ni l'autre, que faire de leurs mains.

— Te souviens-tu de mes frères ? demande Aïcha.

Ils sont sales, mais c'est parce qu'ils s'entraînent au combat.

Shérazade les dévisage à tour de rôle, saisie de stupeur.

— Ce que vous avez changé ! Je ne sais presque plus qui est qui ! Vous partez à Kérak, m'a-t-on dit ?

— Oui, répond An-Nour. Nous allons participer au siège de la forteresse.

Elle regarde Tristan.

— Toi aussi, tu pars ?

— Bien sûr ! Bientôt toute la Syrie parlera de nos exploits !

— Surtout des miens ! prend soin de corriger An-Nour.

Shérazade sourit, se penche à l'oreille d'Aïcha :

— Je veux bien qu'ils soient sales, mais ce qu'ils sont beaux !

— Qu'est-ce qu'elle a dit ? demande An-Nour.

— Que vous êtes sales ! Et je confirme. Je me demande d'ailleurs comment vous allez faire pour conquérir Alep, avec toute cette crasse sur vos armures !

— Aïcha, tu es encore en retard d'une guerre ! s'écrie son frère jumeau, qui ne manque jamais une occasion de lui chercher bisbille. Alep, ma chère sœur, c'était l'an dernier, cette année, l'objectif est Kérak.

— Vous n'avez pas changé ! commente Shérazade en pouffant de rire.

— Après Kérak, nous partons en Mésopotamie, enchaîne Tristan le cœur en joie. Si nous parvenons à soumettre la Mésopotamie, Saladin aura atteint son objectif le plus cher : l'unification de la Grande Syrie.

Les yeux de Shérazade, d'un coup, se voilent de

tristesse. De toute évidence, Tristan ignore par quel moyen son père compte annexer la Mésopotamie !

Elle le fixe et rencogne ses larmes avec tant d'effort qu'An-Nour et Aïcha en sont troublés. Ils se tournent machinalement vers leur mère qui, tout en conversant avec le chef d'Al-Salayah, a le regard vissé sur leur groupe.

Les yeux de Mélisende fulminent.

Tristan et Shérazade se rapprochent l'un de l'autre, s'effleurent, se touchent de la pulpe de leurs doigts, donnent libre cours à leurs souvenirs… Ils débordent d'un tel bonheur qu'An-Nour et Aïcha en sont troublés une seconde fois.

C'est alors que surgit Mélisende. Si brusquement que les jumeaux sursautent. Sans préambule, elle prend le bras de la princesse.

— Tu es promise au sultan de Mésopotamie, un grand honneur pour nous tous et un bonheur sans précédent pour la Syrie.

— Qu'est-ce que tu as dit, mère ? sursaute Aïcha. Shérazade se marie ?

— Oui, elle se marie.

Elle se tourne vers An-Nour.

— Avec la prise d'Alep, Saladin est devenu le souverain le plus puissant d'Orient. Personne ne peut aligner une armée telle que la sienne, même pas l'empereur de Byzance ! Depuis ce fameux dix-septième jour du mois de çafar 579[1], on dit la *khotba*[2] à son nom du Nil jusqu'au Tigre, de La Mecque aux confins de la Syrie.

1. 11 juin 1183, date de la prise d'Alep.
2. Prière du vendredi.

Elle plisse alors les yeux et fixe Tristan. Son regard n'est ni bon ni méchant, ni vif ni éteint, il est simplement froid.

— Seule la Mésopotamie nous échappe encore. Mais son rattachement n'est plus qu'une question de semaines. Avec le mariage de Shérazade, les terres de l'Euphrate vont rejoindre le giron naturel de la Grande Syrie sans coup férir.

Il y a un silence aussi lourd que les boulets des catapultes. Shérazade se mord les lèvres, Tristan est livide.

— Comme vous le savez, reprend Mélisende, nos traditions exigent que la mariée évite la compagnie des hommes pendant les semaines qui précèdent son mariage, elle ne doit même pas fréquenter les hommes de la famille.

— Mais non, tante Mélisende ! bondit Shérazade. Rien, dans nos traditions, ne m'interdit de parler avec Tristan et An-Nour !

Le regard de Mélisende flamboie pour de bon. Elle se tourne vers sa fille.

— Aïcha, conduis Shérazade à la chambre que je lui ai fait préparer.

22

Le soleil se couche.

Le départ d'An-Nour et de Tristan est imminent. Les deux frères s'affrontent une dernière fois sur le sable de l'enclos. Dissimulées derrière le mâchicoulis[1] de la Tour carrée, Shérazade et Aïcha les observent.

— Tu ne peux pas savoir comme je suis triste de les voir partir ! soupire celle-ci, je vais rester bien seule !

— Je sais ! Vous êtes très proches, n'est-ce pas ?

— Oui, c'est parce que nous sommes orphelins de père tous les trois. Et puis parce que notre mère nous a élevés très durement. Tu l'as remarqué, jamais un sourire, jamais une caresse. Tout petits, nous avons appris à nous entraider, c'était la meilleure façon de lui échapper.

— Tu as de la chance. Moi je ne peux échapper qu'à mes belles-mères. Je n'ai que des demi-frères.

— Beaucoup ?

— Oui, rien que des garçons[2].

1. Partie en saillie au sommet des murs. Le mâchicoulis comporte des parties pleines (merlons) séparées par des ouvertures (créneaux) pour les tirs verticaux.

2. À sa mort, Saladin laissera dix-sept fils et une fille.

Les combattants, soudain, chargent avec une grande violence. Le cliquetis de leurs armes arrive jusqu'au sommet de la tour. Shérazade a les yeux rivés sur l'enclos. Aïcha pose une main sur son bras.

— Tu n'as jamais oublié Tristan, n'est-ce pas ?

Au lieu de répondre, Shérazade serre les mâchoires. Puis, elle montre l'enclos du menton :

— J'ai peur pour eux. Ici, ce n'est que du faux, à Kérak ce sera du vrai. Et les Francs sont impitoyables.

— Tu ne réponds pas à ma question.

Elle se tourne vers son amie, ses traits, d'un coup, deviennent durs.

— Cela me sert à quoi, de répondre ? Tu le sais aussi bien que moi : mon père m'a promise au sultan de Mésopotamie !

— Dont tu ne connais même pas le nom !

Shérazade se raidit. Elle fixe les deux frères ; deux larmes roulent sur ses joues.

— C'est un mariage politique, rien ne pourra l'arrêter, même pas ta mère. De toute façon, elle soutient ce projet, je me demande d'ailleurs si elle n'en est pas l'instigatrice ! Tu n'as pas remarqué qu'elle s'est arrangée pour que jamais je ne me trouve seule avec Tristan ?

— Oui, bien sûr…

Un cri monte du champ d'entraînement.

An-Nour vient de frapper un coup imparable, l'adversaire est à sa merci. Soudain, il lève les yeux vers le sommet de la tour et, pendant une fraction de seconde, il aperçoit les deux jeunes filles. Images et souvenirs défilent alors dans sa tête à la vitesse de l'éclair : son frère tient la main de la petite Shérazade. Maigre, squelettique, elle ne respire, ne mange, ne survit que par lui ! Le cœur d'An-Nour se serre à l'idée de voir son frère humilié, jeté au sol sous les yeux de celle qu'il n'a jamais cessé d'aimer.

Cela va très vite. Au lieu d'attaquer, il serre la garde à l'aide de son bouclier, qu'il dirige pour parer, et positionne son avant-bras en biais dans le but de dévier la lame adverse. Arrive alors ce qui devait arriver : il se retrouve au sol, l'épée de Tristan contre sa gorge. Par-delà la lame, il aperçoit entre deux merlons Shérazade qui applaudit de toutes ses forces. Ses cris de joie ruissellent comme douce musique jusqu'aux oreilles d'An-Nour. Il ferme les yeux et sourit.

— C'est bien, Tristan, se réjouit Al-Yanis : je vois que tu as enfin compris, je te félicite.

Les deux frères quittent l'enclos ensemble. Arrivés au pied de la tour, An-Nour lève les yeux.

— J'ai une idée : notre mère n'est pas là, elle est dans le donjon avec les femmes de Nâsser, elles préparent le repas de départ. Par contre, Shérazade est là-haut, je l'ai aperçue tout à l'heure. C'est le moment ou jamais. Vas-y, je monte la garde ici.

Tristan lève la tête, hésite… Il brûle d'envie de se retrouver seul avec Shérazade, mais sa mère lui a clairement dit que la fille de Saladin n'est plus la petite fille qu'il a connue, qu'elle va se marier et qu'il serait dommageable pour elle, pour son père, pour la famille… qu'on les voie seuls tous les deux. « Je veillerai avec la plus extrême rigueur à ce que cela n'arrive jamais ! lui a-t-elle signifié. Et gare à toi si tu enfreins mes ordres ! Autre chose : cela doit rester entre toi et moi. Que je n'apprenne pas que tu en as parlé à An-Nour ou à ta sœur ! » Bien entendu, son premier souci a été de rapporter ces mots à son frère.

— Vas-y ! insiste An-Nour.

Le visage hostile de sa mère s'évanouit d'un coup, le doute disparaît.

Il se rue vers l'escalier de pierre, monte les marches deux à deux, et c'est à bout de souffle qu'il déboule sur la terrasse. En l'apercevant, les yeux de Shérazade s'illuminent.

Ceux d'Aïcha jettent des étincelles.

— Aïcha, mande-t-il, est-ce que tu peux nous laisser seuls un moment ?

Elle lui jette un regard sévère.

— Sois gentille, attends dehors et monte la garde. Si des servantes arrivent, préviens-nous.

Elle hausse les épaules et part en maugréant.

Shérazade les a laissés se chamailler sans rien dire. Elle a trop attendu ce moment pour s'embarrasser des craintes d'Aïcha, pourtant justifiées : le spectre de Mélisende est omniprésent à la Tour carrée. Mais qu'importe Mélisende ! Pour la première fois depuis son arrivée, elle a Tristan tout à elle, comme lorsqu'ils étaient enfants ! Son cœur bat la chamade.

Dès qu'ils sont seuls, elle lui prend la main.

— Tu te bats comme un lion ! J'ai tout vu, surtout lorsque tu as surpris An-Nour. Tu es vraiment le meilleur, et je suis très, très fière de toi.

Tristan veut répondre, mais, contre toute attente, les mots se bloquent dans sa gorge. Aucun son ne sort. Pis, ses joues s'empourprent. Shérazade hausse un sourcil, puis s'esclaffe :

— Je t'intimide à ce point ?

— …

Elle le regarde fixement.

— Pour de bon, je t'intimide ?

Ses yeux rayonnent d'un éclat si brûlant que leurs braises finissent par enflammer le cœur de Tristan.

— Oui, mon amour ! s'exclame-t-il d'un coup.

La phrase a jailli si brusquement qu'il faut quelques instants à Shérazade pour réaliser sa portée. Tristan lui-même hésite à se persuader de l'avoir prononcée. Ils se regardent comme hypnotisés. Point n'est besoin de mots. Tout ce qu'ils ont vécu et ressenti quand ils étaient enfants déferle d'un coup, par vagues, comme les eaux d'une mer déchaînée. Ils partagent comme autrefois, d'un simple clignement des paupières, les mêmes pensées, la même fièvre, le même flot d'émotions.

— Moi aussi je t'aime, Tristan. Plus que jamais, plus que tout au monde !

— Depuis que tu es partie, pas un jour, pas une nuit, je n'ai cessé de penser à toi.

Elle lui embrasse la main, la presse très fort contre sa poitrine, comme elle avait coutume de le faire lorsqu'elle était malade.

— Comment va-t-on faire ? Mon père m'a promise au sultan de Mésopotamie !

Il y a un grand silence au sommet de la Tour carrée, bercé par la brise. Au bout d'un moment, de sa main libre, Tristan lui caresse une joue.

— Je pars à la guerre et je vais me battre comme un lion, pour de vrai ! Je veux que ton père entende parler de moi. Quand je reviendrai, couvert de gloire, ma mère ira le voir et demandera tout naturellement ta main.

Elle secoue la tête, son regard s'assombrit.

— Tu ne connais pas mon père. Je fais partie d'un projet. Il veut étendre son autorité jusqu'en

Mésopotamie, sans coup férir. Très honnêtement, je ne le crois pas capable de sacrifier les frontières de la Grande Syrie aux émois de sa fille, même si c'est ta mère qui le demande. Et Dieu sait s'il a de l'estime pour ta mère ! D'ailleurs, je ne comprends pas pourquoi il ne l'a pas prise pour épouse : Chamsa, sa première femme, a toujours été obèse, et la sultane Asimat est moins jolie que Mélisende !

Elle se tait, réfléchit.

— Quand est-ce que tu pars ?

— Dans six jours.

— Il nous faut trouver une solution d'ici là. Avant toute chose, nous devons chercher le moyen de rester en contact quand tu seras en campagne. Mais sans attirer l'attention. L'idéal serait de trouver un messager discret, quelqu'un qui transporte nos lettres sans se faire remarquer, un peu comme Farrouk. Mais ce n'est pas la peine de rêver, c'est impossible. Les espions de mon père auront tôt fait de le repérer, avant même qu'il ne quitte le campement !

— Il y a peut-être une solution.

— Laquelle ?

— Les pigeons voyageurs.

Elle le regarde, surprise. Pourquoi pas, songe-t-elle, c'est un moyen de communication rapide et sûr... Mais, où trouver les pigeons ? Comme s'il avait deviné sa pensée, il lui explique qu'Al-Yanis l'a chargé d'inclure, dans la caravane qui transporte les bagages, une douzaine de pigeons voyageurs. Malade et ne pouvant voyager, Al-Yanis veut être périodiquement informé des événements.

— Je vais t'envoyer des billets codés à des dates précises. Demande à ma mère de t'initier à la technique des pigeons voyageurs, elle en sera ravie et n'y verra que du feu. Il te suffira ensuite d'attendre discrètement mes pigeons, aux dates dont nous aurons convenu d'avance.

Elle hésite.

— Qui commande votre escadron ?

— Nâsser, le fils d'Al-Yanis, pourquoi ? Comme je t'ai dit, notre oncle est malade, alors il a confié le commandement à son fils.

— Je n'aime pas ce Nâsser. Il me regarde d'une façon bizarre. Je sais reconnaître le regard de ceux qui me fixent parce qu'ils me trouvent belle, de ceux qui m'observent parce que je suis la fille de Saladin, de ceux qui admirent ma façon de m'habiller, de me coiffer… Lui, il me regarde d'une façon bizarre. Cela ne correspond à rien. Il est aussi retors que la renouée !

Elle prend sa main et l'embrasse à nouveau.

— C'est dangereux, Tristan. Si mon père découvre que tu m'écris, il te tue !

— Mourir pour toi serait un doux bonheur.

— Ne dis pas de bêtises, je préfère te savoir en vie !

Elle réfléchit.

— Cela dit, on peut utiliser le code qu'on avait inventé quand on était petits, souviens-toi.

Il s'en souvient. Mélisende les avait initiés aux rudiments du codage chez les Byzantins et ils avaient passé l'hiver à s'adresser des messages codés, qu'ils compliquaient à plaisir.

— Donc, on invente un code, poursuit-elle, mais attention, il faut que tu sois très, très prudent !

— Je suis prêt à prendre tous les risques.

Brusquement, deux rides barrent le front de la princesse kurde.

— Dis-moi, Tristan, si après avoir attaqué ce scélérat de Brins d'Arnat mon père assiège Jérusalem, que va-t-il se passer ? Je veux dire : que vas-tu faire ?

— Mais… me battre ! Pourquoi cette question ?

— Parce que, lorsque nous étions petits, tu m'as dit : « Quand je serai chevalier, je refuserai de combattre le roi de Jérusalem ! »

— C'est pour toi que je vais me battre, mon amour, qu'importe que l'ennemi soit chrétien ou musulman !

Elle l'enlace tendrement et pose un baiser sur ses lèvres. Puis elle va jusqu'au palier et demande si tout va bien. Aïcha lui répond qu'ils sont fous et qu'elle est folle de les laisser faire. Shérazade lui fait un clin d'œil et referme.

— Il n'y a personne, mon amour !

Ils se jettent alors dans les bras l'un de l'autre, s'embrassent, se serrent avec frénésie, mêlent leurs larmes.

De bonheur.

D'angoisse.

— Je t'aime, Tristan, je n'ai jamais cessé de t'aimer.

23

Shadar, lever du jour, sommet de la Tour carrée

Accoudées à un créneau, Shérazade et Aïcha observent la longue caravane de mules, de chameaux, de muletiers, de chameliers… qui s'étire à perte de vue. Elle précède les quatre cents cavaliers Banu-Kilâb. Casqués de fer, lance au poing, bouclier au cou, ils quittent Shadar sous les youyous et les acclamations de la foule.

Le dernier cavalier vient de franchir le pont-levis. Le roulement des tambours, profond, lancinant, s'éloigne. À la tête de cet impressionnant cortège : Nâsser Ibn Al-Yanis.

De taille moyenne, plutôt épais, Nâsser est assez bien fourni en muscles, mais il ne s'est jamais trop illustré sur les champs de bataille. Sournois, rusé, il s'est toujours faufilé au sec. Pour les hommes du château, c'est une anguille en eau trouble, pour les femmes, un être vil et perfide sur qui montent, le long des cuisses, des crapauds et des serpents. À la surprise générale, il a lui-même sollicité le commandement de cette unité. Al-Yanis a hésité avant d'accepter, car il n'a jamais eu confiance en son fils, qu'il trouve tortueux dans ses choix et peu doué pour la conduite des hommes ; mais il a fini par céder, espérant que la réputation du nom ferait le reste. Il a donné pour consigne à Tristan et An-Nour de le seconder de leur bravoure.

C'est lui que Shérazade montre du doigt.

— Regarde, il parade coupé de ses troupes. Ce n'est pas bien : un chef doit toujours chevaucher avec ses hommes, c'est mon père qui me l'a dit.

— Je ne sais pas ce qu'il devrait faire, ce que je sais, c'est que je ne l'aime pas.

— Moi non plus : il déteste Tristan, et cela suffit pour que je l'exècre.

— En fait, il nous déteste tous les trois, même s'il nous fait des sourires mielleux lorsque notre mère est dans les parages. Il est faux comme Judas. Tu ne trouves pas qu'il a des yeux de fouine ?

— Maintenant que tu le dis…

— Des yeux de fouine ? fait une voix derrière elles.

Elles se retournent : Al-Yanis arrive accompagné de Mélisende.

— Il n'y a pas meilleur endroit qu'ici pour admirer nos troupes ! lance-t-il d'un ton enjoué. De qui parlez-vous ?

Shérazade croise le regard de Mélisende et devine qu'elle a compris. Il faut vite tirer Aïcha d'embarras.

— Nous parlions de l'un des tambours. Nous trouvons qu'il a un drôle de regard. Tu sais, oncle Al-Yanis, nous sommes bien obligées de plaisanter sur tout et n'importe quoi pour cacher notre peine.

— Vous n'avez pas à être tristes, coupe Mélisende avec une pointe d'humeur. Malgré son jeune âge, An-

Nour est déjà un chevalier accompli. Il nous reviendra couvert de gloire.

Shérazade est sur le point de répondre : « Et Tristan ? » Mais Aïcha lui pince le bras. Elle se tait.

Al-Yanis et Mélisende longent le mâchicoulis et se postent à l'un des angles de la tour. Les gens de Shadar sont toujours massés sur les chemins de ronde, mais la troupe est déjà loin et le roulement des tambours n'est plus que bourdonnement sourd.

Shérazade observe Mélisende du coin de l'œil. Quelque chose lui échappe : pourquoi Mélisende n'a-t-elle parlé que d'An-Nour ? Pourquoi Al-Yanis n'a-t-il pas corrigé en relevant la vaillance de Tristan ? Elle se tourne vers Aïcha, qui hausse les épaules. Elle ressent un picotement désagréable au creux de l'estomac. Pourquoi ce malaise soudain ?

Deux jours plus tôt, elle a demandé à Mélisende de l'initier à l'élevage des pigeons voyageurs, mais au lieu d'accepter avec enthousiasme, comme Tristan l'avait escompté, elle l'a dévisagée avec de la dureté dans les yeux : « Je verrai, je vais réfléchir. »

Pourquoi aurait-elle besoin de réfléchir ? Que signifie cet excès de prudence ? Se doute-t-elle de quelque chose ? Si oui, va-t-elle surveiller les courriers ? Que se passera-t-il, si elle intercepte l'une des lettres de Tristan ? Son père lui a laissé entendre que Mélisende dirige un réseau d'espions, le plus important du royaume ! Or les espions communiquent par lettres codées. Mélisende va-t-elle décrypter les leurs ? N'est-ce pas elle qui les a initiés aux rudiments du codage chez les Byzantins !

De grosses gouttes perlent sur le front de Shérazade, son dos est trempé. Le malaise forcit, devient tourment.

Trop tard, c'est trop tard ! Elle n'a plus aucun autre moyen de communiquer avec Tristan.

Elle observe à nouveau Mélisende. Son père lui en a toujours parlé en termes élogieux, chaleureux, parfois si doux et affectueux qu'elle en est à se demander si Mélisende n'est pas son épouse secrète. Si tel est le cas, celle-ci ne sera jamais de leur côté ! Tout en l'observant, des bribes de phrases lui reviennent en mémoire : « Elle me soutient car elle croit en moi. Elle considère les territoires occupés par les Francs comme devant revenir naturellement à l'Islam. Son aide financière inconditionnelle m'est précieuse. »

Son aide financière ? Quelle aide ? Si Mélisende donne de l'argent à son père, d'où vient cet argent ? Pour une raison qu'elle n'arrive pas à cerner, cette question, d'un coup, devient primordiale. Oui, d'où provient l'aide financière qu'apporte Mélisende à son père ?

Shérazade est ainsi faite : elle a horreur des questions sans réponses. Il lui faut tirer cette histoire au clair. D'où vient l'argent de Mélisende ? Elle se retourne et, à sa grande surprise, constate qu'Al-Yanis a une main posée sur l'épaule de Mélisende, un geste affectueux dont la signification, d'un coup, lui échappe. En Orient, aucun homme ne pose la main sur l'épaule d'une femme ! À moins, bien entendu, qu'il ne s'agisse d'un frère, de l'époux, du... père !

D'autres bribes de phrases lui reviennent en mémoire : « Fidélité de Mélisende à l'islam... à ses racines... Le secret de Mélisende est dans le Sinaï... » Saladin avait répété trois fois le mot « racines » et deux fois le mot « Sinaï » ! De quelles racines parlait-il ? Pourquoi le Sinaï ?

Trop de questions sont sans réponses. Elle fait signe à Aïcha de la suivre et s'approche d'Al-Yanis, qu'elle salue respectueusement de la tête, puis se tourne vers Mélisende.

— J'ai une question à te poser, tante Mélisende.

— Je t'écoute.

— Mon père m'a dit que c'est grâce à toi qu'il a pu mener à bien certaines opérations militaires, notamment en Égypte et au Yémen. Ton aide financière lui a été précieuse, m'a-t-il confié. Excuse ma curiosité : est-ce que tu finances aussi la présente expédition ?

Mélisende regarde Al-Yanis, qui hoche la tête.

— Tu es la fille de Saladin et future sultane de Mésopotamie. Ta curiosité est donc légitime. Oui, j'ai financé la campagne du Yémen et plusieurs campagnes d'Égypte. Quant à la présente expédition, une moitié des frais touchant l'escadron Banu-Kilâb est à ma charge, l'autre moitié est à la charge d'Al-Yanis.

— Je ne comprends pas. Comment est-ce possible ? Les revenus de Shadar appartiennent à Al-Yanis. Quant à la part d'Isham, elle te permet à peine de vivre, toi et tes enfants…

Mélisende ne sourit jamais, mais il lui arrive de concéder un rictus bienveillant. C'est le cas après la question de Shérazade.

— Mes revenus ne viennent pas de Shadar, mais des fiefs, propriétés et domaines que je possède dans le royaume de France. J'en prélève toujours une quote-part que je destine à ton père. C'est ma contribution à la gloire de l'islam et à la reconquête des Lieux saints.

Elle regarde Al-Yanis, qui hoche la tête une seconde fois.

— Il s'agit surtout des revenus en provenance de

mon fief de Lourmy, dans le sud du royaume, et de ceux que je tiens de par mes parents à Gisors et à Angers, dans le Nord. Les remises d'argent à ton père ont lieu deux fois l'an.

— Par Farrouk, n'est-ce pas ? demande Aïcha.

Mélisende la foudroie du regard. De toute évidence, sa fille n'a pas à s'immiscer dans la conversation.

— Oui, c'est à lui que je confie mon tribut volontaire à Saladin.

Il y a un court silence. Aïcha est mal à l'aise. Elle vient de trouver l'explication du mystère qui taraude les habitants de Shadar depuis dix ans, mais elle aurait préféré une autre explication. Pourquoi sa mère garde-t-elle de tels secrets ? Pourquoi leur avoir occulté l'existence de ces revenus familiaux dans le royaume de France ?

Shérazade est perplexe.

— Une question me tracasse, tante Mélisende : avec tous les dangers qui guettent les porteurs d'argent, par terre aussi bien que par mer, je ne vois pas comment tu peux faire acheminer de grosses sommes d'argent deux fois l'an, à des dates régulières, depuis le royaume de France jusqu'à Shadar.

Al-Yanis part d'un éclat de rire. Un rire franc que Shérazade affectionne, bien différent des grimaces mielleuses de ce chacal de Nâsser et de l'austère rigidité de Mélisende.

— C'est fort simple, mon enfant : l'argent en provenance du royaume de France n'a jamais quitté la France.

Les jouvencelles se regardent.

— Je ne comprends pas, dit Aïcha.

— Tu as encore beaucoup de choses à apprendre, petit soleil.

Shérazade est frappée par la façon qu'a Al-Yanis de dire « petit soleil ».

— Moi non plus, je ne comprends pas, avoue-t-elle réellement intriguée.

— Eh bien, voilà : les Templiers ont mis au point une technique de transfert d'argent sans transport de monnaie. C'est-à-dire que l'argent nous arrive du royaume de France non pas en traversant la mer dans un coffre, mais par un simple jeu d'écritures.

Il se tourne vers Shérazade.

— Le montant des rentes que la reine Aliénor verse à Mélisende et les revenus de ses nombreuses propriétés sont remis au Temple de Paris. Le Temple de Jérusalem, informé par lettre du montant, le remet en deux fois, déduction faite des commissions prélevées à Paris et à Jérusalem. Les deux établissements s'arrangent ensuite entre eux pour le transfert[1].

— Mais alors, les templiers qui viennent à Shadar quelques jours avant Farrouk, c'est pour convoyer l'argent depuis Jérusalem ? s'enquiert Aïcha.

— Oui, c'est bien cela.

Une colombe vient se poser sur un merlon et les fixe. Mélisende s'en approche.

— C'est un pigeon en provenance d'Égypte, mais il n'a pas de message, le billet s'est probablement détaché pendant le trajet.

---

1. Les Templiers avaient mis au point des techniques bancaires consistant à transférer de l'argent sans transfert d'espèces, par simple jeu d'écritures. Ils le faisaient pour leur propre compte, mais aussi pour rendre service à des tiers, moyennant commission.

Elle explique que les pigeons font habituellement halte au sommet de la tour avant de rejoindre le pigeonnier. Et, à l'adresse de Shérazade :

— L'armée de ton père est en route pour Kérak, j'en ai reçu confirmation ce matin. Notre escadron a reçu l'ordre de rejoindre le gros des troupes à l'est de Tibériade.

24

Château de Kérak

Le 15 de rebi 580 (début juillet 1184) Saladin prend la route du désert, entouré d'une mer de lances et de bannières. Il veut briser ce scélérat de Brins d'Arnat, l'assassin de sa sœur, ce personnage ignoble et parjure, abject profanateur des lieux saints de l'islam ! Son nid d'aigle, réputé inexpugnable, se trouve sur le plateau de Moab, à une trentaine de lieues de Jérusalem. Un fort contingent de Kurdes, spécialisé dans les assauts de montagne, prend position au pied des murailles, bientôt suivi de plusieurs unités de sapeurs et deux batteries d'armes de siège. À la mi-juillet, les troupes sont en ordre de siège et les catapultes commencent à pilonner la forteresse. Fin juillet arrivent des renforts en provenance d'Égypte et de Djézireh. Les assauts se succèdent avec une redoutable périodicité, sans répit, de nuit comme de jour.

Les assiégés commencent à faiblir.

Tout est prêt pour l'engagement final.

***

Shérazade et Aïcha sont à l'affût : elles surveillent les tourterelles qui se posent sur les merlons de la Tour carrée. À leur grand désespoir, toutes s'envolent à leur approche.

— À cette allure, c'est ma mère qui va récupérer les lettres ! fulmine Aïcha. C'est un désastre ! Comment va-t-on faire ?

— Je ne sais pas. Mélisende m'a interdit l'entrée du pigeonnier. Elle dit que ça donne des maladies. Mais c'est un prétexte, je suis persuadée qu'elle se doute de quelque chose.

— Je le pense aussi. L'autre jour, lorsque Tristan t'a fait ses adieux, elle vous a jeté un regard plein de suspicion, un mauvais regard, comme si elle en voulait à mon frère de t'embrasser. C'est triste à dire, mais ma mère a des préférences, pour moi et surtout pour An-Nour. Parfois, je me demande si elle ne déteste pas Tristan.

— C'est parce qu'il est chrétien.

— Gondisalve aussi est chrétien. Ce n'est pas une raison.

— Sans doute, mais ta mère est sous l'influence des cheikhs soufis[1], qui sont fort intolérants. D'après moi, elle voudrait que Tristan se convertisse à l'islam.

— Ce qu'il ne fera jamais.

— Je sais.

Elles se taisent, suivent du regard un épervier qui tourne au-dessus du poulailler. Un garde décoche une flèche depuis le chemin de ronde, mais le rapace a déjà piqué vers les poules.

---

1. Soufisme : mouvement ascétique et mystique de l'islam né au VIIIe siècle, particulièrement influent à Damas au XIIe siècle.

— Voilà pourquoi les tourterelles s'envolent ! peste Shérazade.

L'épervier repart avec un poussin dans ses serres, poursuivi par les cris des gardes et des servantes.

— Pour en revenir à ma mère, elle est de plus en plus rigide ! Même moi, je dois me voiler dès qu'un homme arrive, alors qu'avant elle ne disait rien. Mettons que ton père change d'avis, qu'il ne te promette plus au sultan de Mésopotamie, je pense que, même dans ce cas, si Tristan reste chrétien, vous ne pourrez jamais vous marier. Ma mère s'y opposera.

— Il est hors de question que Tristan se convertisse à l'islam, ou que je me convertisse au christianisme !

— C'est bien beau, de dire cela, mais dans les faits, concrètement, comment allez-vous faire ? Tu ne vois pas que tout le monde est contre vous ? Bien sûr, An-Nour et moi allons vous soutenir, mais cela ne suffira jamais !

— Nous allons quitter la Syrie.

Aïcha écarquille les yeux.

— Quitter la Syrie ?

— Mais oui. Tristan hérite en droit des fiefs de son père. Notre décision est prise. Si ta mère et mon père refusent de nous marier, nous allons quitter la Syrie, demander l'aide de la reine Aliénor et prendre possession des terres qui nous reviennent.

— Quelles terres ?

— Je ne sais pas, les siennes ! Il a des fiefs dans le royaume de France qui lui reviennent de par son père, non ? Mais bon, nous n'en sommes pas là.

Elle s'approche d'un autre pigeon, en pure perte. Elle s'énerve.

— De toute façon, ta mère ne pourra jamais lire les lettres de Tristan, notre code est impossible à décrypter.

Deux étages plus bas, Mélisende déroule les derniers courriers en provenance du sud : un pli de Saladin, un autre de Nâsser pour Al-Yanis, un troisième de ses espions à Jérusalem… Elle secoue la tête, intriguée : aucun message à l'intention de Shérazade ! Qu'est-ce que cela cache ? La servante qu'elle a chargée d'écouter aux portes lui a pourtant explicitement appris que ces deux-là allaient communiquer par pigeon voyageur, lui précisant même les dates. Il va falloir qu'elle mette un terme à ce manège, et ce dans les plus brefs délais. L'enjeu est trop important. Les derniers messages de Youcef sont clairs : l'avenir de la Grande Syrie passe par l'Euphrate. Or, Shérazade est la clef de voûte de ce projet grandiose. Il faut hâter ce mariage !

Elle range les courriers dans des tiroirs soigneusement numérotés et claque le dernier avec rage. Et cet imbécile de Tristan qui vient se mettre en travers ! Personne n'est au-dessus de Youcef et des intérêts de l'islam, même pas son fils ! Elle prend un billet prédécoupé, un calame, et rédige un texte à l'intention de Saladin. Advienne que pourra !

***

An-Nour met un pied à l'étrier.

— Donc, tu ne viens pas !

— Non.

— Tu as tort, Tristan.

Saladin a confié à An-Nour une mission délicate auprès du roi d'Arménie et lui a donné tout pouvoir.

Il peut choisir qui bon lui semble pour l'accompagner. Il a pensé à Tristan évidemment, d'abord parce qu'il est son frère, ensuite parce qu'il est chrétien.

— Je te remercie, An-Nour, mais je ne saurais accepter.

Tristan dirige un chantier de sape dans le secteur sud, le plus dangereux, et craint, s'il accepte cette offre, que les hommes croient à de la lâcheté de sa part.

— Et puis… enfin… tu le sais, il me faut rester, à cause des pigeons.

Subitement maussade, An-Nour a du mal à contenir son humeur. Son frère ne vit plus que pour ces maudites lettres qu'il envoie à Shérazade ! Maudites lettres et damnés pigeons ! Sans compter qu'entre deux courriers il se comporte en écervelé : il guette les dangers et dès qu'il en déniche un, il s'y engouffre tête la première comme un mort de faim. Soi-disant pour montrer sa bravoure à Saladin, qui de toute façon n'en saura jamais rien ! Comme le dit un proverbe syrien, il ferait mieux de mesurer la profondeur de l'eau avant de s'y jeter !

Deux jours plus tôt, un tunnel s'est effondré dans le secteur sud, ensevelissant tous les hommes. Aucun survivant. Nâsser a désigné Tristan pour commander l'équipe de relève. Celui-ci a accepté sans une once d'hésitation !

— Je veux que Saladin puisse investir Kérak par la brèche que je vais ouvrir dans la muraille, a-t-il expliqué à son frère.

— Tu es fou. Je dirais même pire : un âne !

An-Nour monte en selle sans parvenir à dérider son front.

— Tu es mon aîné et je te dois respect mais, je le répète, tu as tort de ne pas m'accompagner.

Il se penche :

— Sois quand même prudent, Tristan. Nâsser te déteste. Il est capable, dans l'unique but de te supprimer, de provoquer un éboulement lorsque tu seras à l'intérieur du tunnel !

Tristan montre la petite croix qu'il a discrètement cousue sur sa cotte de mailles.

— Le Christ me protégera.

An-Nour lève les yeux au ciel.

— Tu es encore plus fou que je ne pensais ! Enlève-moi ça, et vite ! Tu veux quoi, finir chez Diab-Ed-Dine ?

Tout le monde connaît Diab-Ed-Dine. C'est à lui que Saladin confie les opposants, traîtres et espions lorsqu'il veut les faire parler. Ses techniques de torture, connues dans toute la Syrie, sont d'une redoutable efficacité. Au cœur du dispositif : son chien. Un gros fauve, moitié chien, moitié loup, qu'il attache au milieu de la geôle. En général, les prisonniers réclament à parler dès qu'il retrousse ses babines, rares sont ceux qui résistent au-delà des premiers coups de crocs. Lorsque cela arrive, Diab-Ed-Dine ordonne à ses aides d'attacher le prisonnier sur une planche. Il fait ostensiblement aiguiser un couteau de barbier et l'approche des parties mâles du prisonnier. Si ce dernier s'entête, s'il refuse de dénouer sa langue, il tranche d'un coup sec l'un des attributs, celui de droite, parce qu'il est plus bas situé. Il le montre ensuite au prisonnier pour qu'il en ait une dernière vue et le jette au chien.

Qui l'engloutit.

Les hommes de troupe appellent cela « la part du chien ». Tout le monde connaît « la part du chien » !

An-Nour baisse la voix :

— Bien entendu, tu vas encore envoyer une lettre à Shérazade !?

— Oui. Le billet est prêt, le pigeon aussi.

— C'est dangereux, Tristan, je me fais du souci. Si jamais quelqu'un découvre votre combine, tu es un homme mort !

— Pars tranquille, mon frère. Nous avons pris nos précautions.

— Que Dieu t'entende ! Sois prudent tout de même.

Il talonne sa monture et part sans se retourner.

Tapi derrière une tenture, Nâsser savoure sa clairvoyance. Le fruit est mûr. Trois de ses hommes sont déjà à l'affût : ils n'attendent qu'un signe. Le piège va inexorablement se refermer sur ce fils de bâtarde. Nâsser a un rictus de jubilation. La voie est libre.

Tout est parti d'un heureux hasard, signe qu'Allah est avec lui, et non avec cet idolâtre – n'a-t-il pas osé coudre une croix sur sa cotte de mailles ? Oui, par un hasard providentiel, ses hommes ont intercepté l'un des pigeons lâchés par le fils de la bâtarde, et ont récupéré le courrier. À sa grande stupéfaction, il s'agissait d'un message codé ! Il n'est pas encore parvenu à le déchiffrer, mais il n'a aucun doute sur la destinataire de ce billet. Il a payé très cher serviteurs et servantes pour qu'ils l'informent des moindres faits et gestes à la Tour carrée. Or, par des bribes de conversations ainsi recueillies, il a su que Shérazade et ce fils de chienne allaient s'écrire.

La vengeance qu'il prépare est à la mesure du préjudice subi depuis que Mélisende la bâtarde est arrivée à Shadar ! Cette charogne a usurpé la place qui lui revenait de droit ; elle aura tout pris, y compris la Tour carrée ! Pendant ce temps, lui, l'héritier légitime, a dû se contenter, avec ses femmes, d'un simple étage dans le donjon ! Pour couronner le tout, les fils de la bâtarde récoltent louanges et bienfaits, bénéficient de séances d'entraînement au combat, sont promus lieutenants de l'expédition sans coup férir !

Rira bien qui rira le dernier.

Le cœur en tristesse, car c'est la première fois de sa vie qu'il quitte son frère, Tristan se dirige vers la tente où sont entreposées les cages des tourterelles. Prudent, il regarde discrètement à droite et à gauche, s'assure que personne ne l'a suivi, et pousse la tenture. Les tourterelles destinées à Shadar se trouvent dans la cage numéro 2. Il a demandé au serviteur en charge de la station de mettre une colombe de côté, de la nourrir d'abondance, car elle va parcourir plusieurs centaines de lieues. L'oiseau est bien là, dans une cage individuelle, prêt à partir. Cependant Tristan a l'impression que son plumage est d'une teinte un peu plus claire que la veille… Il a dû mal voir !

Il tire un morceau de papyrus d'une poche de sa tunique, l'enroule délicatement et l'attache à l'une des pattes du pigeon. Il s'apprête à relâcher le messager par l'une des ouvertures de la tente, lorsqu'une impression soudaine de danger met ses sens en éveil. Il ignore de quoi il s'agit, mais il sent qu'il faut faire vite ! Il desserre la pression sur les ailes, lève les bras…

Il n'a pas le temps d'en faire plus : trois hommes se jettent sur lui et s'emparent de la colombe.

Derrière eux, sourire en coin, le fils d'Al-Yanis.

25

Le soleil se lève. Comme tous les matins, Saladin inspecte les engins mis en batterie. Ses charpentiers ont monté huit mangonneaux. Ce sont des machines de siège aux dimensions gigantesques, qui projettent d'énormes blocs de pierre[1]. Leurs effets sont dévastateurs : ils ébrèchent les merlons, décapitent les tours, éventrent les toits… Des machines infernales.

Les jours des assiégés sont comptés.

Pendant que des servants règlent le contrepoids afin d'améliorer la précision du tir, Saladin relit le billet de Mélisende :

Cher Youcef,

Mes espions en poste à Jérusalem ont observé un mouvement de troupes suspect. Le nom de Kérak est sur toutes les lèvres. Tout porte à croire que les chrétiens préparent une contre-attaque.

Bien entendu, je ne me fais aucun souci : tu vaincras !

---

1. Certains de ces boulets de pierre pouvaient peser jusqu'à cent kilos.

Ils ne savent pas que tu as reçu des renforts en provenance de l'Euphrate !

À ce propos, il faut accélérer le mariage entre ta fille et le prince Muhammad Al-Mashtoub, sultan de Mésopotamie. Tu pourras alors rassembler la plus grande armée musulmane de tous les temps, tailler les chrétiens en pièces et ramener Jérusalem à l'Islam !

Elle termine par cette phrase laconique : « Dans l'intérêt de l'Islam, éloigne mon fils Tristan de Kérak ! »

Il range le billet dans la poche de sa tunique. Que veut-elle dire ? Pourquoi éloigner ce jeune homme, au demeurant discipliné et téméraire, de Kérak ?

Il approche d'une catapulte dont la poulie a lâché, lorsqu'un de ses gardes lui annonce que Nâsser Ibn Al-Yanis, commandant des Banu-Kilâb, souhaite lui soumettre une affaire importante.

Il n'aime pas ce Nâsser. Autant il admire son père Al-Yanis, qu'il a côtoyé sur les champs de bataille, autant il déteste son fils, qu'il trouve couard et sournois. Un margotin sans envergure.

— Qu'il vienne, jette-t-il de mauvaise grâce.

Nâsser s'incline profondément. Il tient une tourterelle à la main, prisonnière d'un filet. Derrière lui, poignets entravés par de gros liens, sous la surveillance de deux hommes armés, Tristan, le fils aîné de Mélisende.

Saladin fronce les sourcils. Depuis que le pouvoir lui a ouvert les yeux sur la duplicité de son entourage, il se méfie de tout et de tous. Mais pas de Mélisende. « Dans l'intérêt de l'Islam, éloigne mon fils de Kérak ! » Que signifie cette arrestation incongrue ?

— Qu'est-ce que tu veux ? lance-t-il.

— Que la bénédiction d'Allah soit sur toi, Youcef Ibn Nedjem Ed-Din Ayyoub. Ma mission est pénible. Il m'en coûte d'avoir à…

— Dépêche-toi !

Nâsser serre le pigeon contre sa tunique.

— Voilà, noble seigneur, mes hommes viennent de découvrir que le fils de Mélisende nous trahit.

Saladin le fixe. Aucun muscle de son visage n'a bougé, toutes ses émotions passent par son regard. Un regard dur. Il ne voit pas comment Tristan aurait pu trahir la mémoire de son père, un chevalier loyal dont il a lui-même constaté, autrefois, la vaillance légendaire. Ni trahir Mélisende, son amie fidèle. Non, il ne voit pas comment Tristan aurait pu trahir la mémoire de l'un et la fidélité de l'autre !

— Qu'est-ce qui te fait dire cela ?

— Ce félon envoie des messages codés à l'ennemi, à Brins d'Arnat.

Il montre le pigeon qu'il tient à la main.

— Il utilise pour cela les colombes de mon père.

Saladin se raidit. La seule évocation de ce scélérat de Brins d'Arnat lui fait monter le sang aux joues.

— C'est une accusation grave. Montre-moi ce message codé.

Nâsser lui tend un feuillet délicatement enroulé. Saladin reconnaît l'un de ces billets en papyrus utilisés par Mélisende depuis une dizaine d'années. Il le déroule : il s'agit bien d'un texte codé, tout à fait comparable à ceux utilisés par les espions. Il fait signe aux gardes de lui amener Tristan, ce qu'ils font sans ménagement. Ils jettent le jeune homme à ses pieds.

— Dis-moi ce que cela signifie, et vite ! Je n'ai pas de temps à perdre.

Tristan sent, d'un coup, la terre s'ouvrir sous ses pieds. Que peut-il répondre à Saladin ? S'il dit la vérité, s'il avoue que cette lettre est destinée à Shérazade, l'outrage fait au maître de Syrie sera si grand qu'on lui tranchera la tête sur-le-champ. Un moindre mal en comparaison des souffrances qui attendent sa bien-aimée : enfermée à vie dans une forteresse, battue, peut-être même empoisonnée ! Sans compter que sa mère, suspectée de complicité, perdra à jamais la confiance du sultan ! Non, il ne peut pas, il ne doit pas parler. Que faire alors ? Mentir ? Dire, pour sauver Shérazade, qu'il a trahi son camp ? Il ne peut se résoudre à une telle abomination. Une seule voie s'ouvre à lui.

Le silence.

— Je t'ai posé une question ! hurle Saladin.

Au grand étonnement de l'assistance, Tristan se tait.

Saladin se tourne alors vers le commandant des Banu-Kilâb.

— Comment sais-tu que ce message est destiné à Brins d'Arnat ?

— Le pigeon que j'ai entre les mains, et qui portait le message que je t'ai remis, ne fait pas partie de la station de mon père.

Un silence soudain, lourd de menaces.

— Es-tu sûr de ce que tu avances ?

— Absolument, noble seigneur. Mes hommes ont remarqué que, lorsque ce traître lâchait ses précédents pigeons, ils partaient tous non pas vers le nord, en direction de Shadar, mais vers le château de Kérak. Le pigeon se pose chaque fois sur le donjon ennemi, attend, puis un Franc vient le récupérer. De cela, mes hommes peuvent témoigner.

Saladin se tourne vers les deux accompagnateurs de Nâsser, qui confirment.

— Si Allah mérite qu'on le craigne, poursuit le fils d'Al-Yanis, si la miséricorde est son partage[1], ce traître ne mérite aucune pitié. J'ai voulu le prendre la main dans le sac, et je lui ai tendu un piège. Il était sur le point de commettre son troisième forfait, lorsque le Très-Haut m'a permis de le confondre.

Un grand silence à nouveau. Personne n'entend le choc des blocs de pierre sur les murailles, ni les cris des assiégés ni ceux des serviteurs en charge des catapultes. On n'entend que le silence de Saladin.

— Donne-moi cet oiseau ! ordonne-t-il d'un ton sec.

Nâsser le lui tend.

Saladin prend la colombe, ôte le filet qui lui enserre les ailes et la relâche dans la direction opposée au château. Son visage, habituellement impassible, ébauche un sourire de soulagement lorsque la colombe s'élance, dans un puissant roulement d'ailes, vers le nord. Brusquement, elle fait demi-tour, contourne les mangonneaux et cingle vers la forteresse.

Tous les regards la suivent. Elle se pose sur les merlons du grand donjon. Quelqu'un arrive, un Franc. Loin de s'enfuir, le pigeon se laisse docilement attraper.

Saladin baisse alors les yeux vers Tristan – qui gît toujours à genoux – et le gifle par deux fois. Puis, à l'adresse de Nâsser :

— Confie ce traître à Diab-Ed-Dine. Je veux tout savoir sur le contenu de ses messages.

1. Coran, chapitre LXXIV, verset 55.

26

Quatre mois ont passé, Kérak est sur le point de tomber.

Les premiers flocons volettent sur les hauteurs.

Debout sur un promontoire, entouré de ses chefs de guerre, Saladin scrute le plateau de Moab. Des renforts chrétiens arrivent par l'ouest. Pas moins de douze mille cavaliers. Mélisende avait donc raison : Jérusalem refuse de laisser tomber Kérak ! Les Francs s'arrêtent à quelques lieues et prennent position. À leur tête, derrière ce qu'ils nomment la relique de la Vraie Croix, il reconnaît la litière du « Roi lépreux ».

Il sait par Mélisende que Baudouin a perdu ses membres un à un, que son visage est une plaie horrible, pestilentielle, qu'il est aveugle, qu'il porte un masque pour ne pas effrayer son entourage…

L'un de ses officiers lui parle, mais il ne l'entend pas. Il imagine le jeune roi enfermé dans son palanquin, des serviteurs y brûlant de l'encens à longueur de journée… Il constate, saisi de stupeur, que ce jeune infirme est capable, malgré l'effroyable délabrement de ses chairs et le déséquilibre des forces, de prendre la tête de son armée et de voler au secours de l'un de ses sujets !

Il observe le palanquin en silence. Sa haine contre Brins d'Arnat est infinie, sans fond, mais sa considération envers le roi de Jérusalem est incomparablement plus forte : au point d'avoir solennellement promis de porter son deuil.

Il se tourne vers son armée.

Tenus en ordre de bataille depuis le matin, ses escadrons n'attendent qu'un signe de sa part. Tout est prêt pour monter à l'attaque. Grâce aux renforts arrivés d'Égypte et de Djézireh, il dispose de vingt mille cavaliers et autant de fantassins : trois fois plus de combattants que le camp adverse. Certes les Francs lui sont supérieurs en armures, mais leurs montures sont mal protégées, leurs cavaliers ne pourront pas grand-chose contre ses archers.

Il monte en selle.

Son destrier et ceux de ses officiers piaffent d'impatience. Ce sont des chevaux de guerre, ils ont senti l'odeur du champ de bataille ! Les écuyers tirent sur le mors.

Un dernier regard vers la litière : il n'a pas le choix. Non, il n'engagera pas le combat. En cas de victoire, il ne se pardonnerait jamais d'avoir humilié ce roi inexorablement malade, que la mort guette.

— On lève le camp ! ordonne-t-il à ses lieutenants.

Les généraux se regardent. Ils ne comprennent pas ce brusque changement de stratégie, la victoire est là, à portée de main ! Que se passe-t-il ? Saladin aurait-il perdu la tête ? Il y a un murmure de protestation. Le sultan se contente d'un regard froid : on ne discute pas ses ordres ! Au grand désespoir de ses hommes, il fait démanteler les mangonneaux, charger les bivouacs et donner l'ordre de départ.

Avant de reprendre la route de Damas, il lance un regard méprisant à Brins d'Arnat, qui le nargue depuis les remparts.

— Allah m'est témoin que je reviendrai ! Pour cent musulmans martyrs, j'exterminerai mille des tiens !

***

Quelques jours après le retour à Damas, alors que les escadrons égyptiens et ceux de Djézireh sont déjà sur leur chemin de retour, arrive en provenance d'Arménie la petite délégation conduite par An-Nour. La première chose que le jeune homme apprend en posant pied à terre est l'arrestation de son frère.

C'est avec une grande peine dans la voix que ses amis lui annoncent l'innommable : l'humiliation, la torture, Diab-Ed-Dine…

La part du chien !

Saladin le reçoit le lendemain. Mais sans témoins, hormis sa garde kurde, qui ne le quitte jamais. Après les formules d'usage et quelques questions sur sa mission en pays d'Arménie, il regarde An-Nour droit dans les yeux.

— Ton frère a trahi ! Mes lieutenants, ton oncle Nâsser, moi-même, nous avons tous vu la colombe s'envoler vers le donjon ennemi.

An-Nour se tait, il est incapable de prononcer le moindre mot. Lorsque sa gorge se desserre, il lève des yeux humides :

— Il n'a pas trahi, noble seigneur. Je vous demande,

par l'amitié qui vous liait à Isham mon père, de me croire. Tristan est innocent.

Saladin a un geste agacé de la main.

— Pourquoi, dans ce cas, n'a-t-il pas parlé ? Pourquoi a-t-il noué sa langue ? Son silence n'est-il pas un aveu ?

An-Nour se tait lui aussi. Que peut-il répondre ? Il n'a pas le droit, pour sauver Tristan, de trahir Shérazade !

— J'aurais pu faire exécuter ton frère, mais l'amitié que j'ai pour Mélisende me l'a interdit.

Saladin ôte son manteau fourré de peau de loup et le tend à un garde.

— Est-ce que ta mère t'a parlé de la bataille de Harim ?

— Euh… non, jamais.

Saladin hausse un sourcil.

— Elle ne vous a jamais parlé de la reine Aliénor, non plus ?

— Non, jamais.

— J'ai bien peur qu'avec les années et l'influence des extrémistes soufis l'esprit de Mélisende ne s'embourbe. Je respecte la pratique du *dhikr*[1], mais je déteste l'enraidissement. Ce n'est point bon. Bref, ta mère ne vous a jamais raconté ce qui s'est passé à la bataille de Harim !?

— Non, noble seigneur.

Le maître de la Grande Syrie soupire profondément.

— Oui, elle a eu tort de vous cacher ce grand fait d'armes, tout comme de passer sous silence qu'elle est

1. Exercice spirituel que les soufis privilégient, il consiste à invoquer Allah en répétant son nom de manière rythmée.

amie de la reine d'Angleterre. Je ne manquerai pas de lui en faire reproche. Mais bon, elle sait ce qu'elle fait. Bref, ce jour-là, notre armée a remporté une victoire décisive. Je n'étais encore que simple soldat et je me battais non loin de ton père. Soudain, son cheval a reçu un carreau d'arbalète et s'est effondré, entraînant ton père sous lui et brisant son épée dans la chute. Je me suis précipité à son secours. J'ai mis pied à terre et j'ai tenté de le dégager, car le destrier n'était que blessé et risquait à chaque instant de l'écraser. Est arrivé alors un chevalier franc de grande taille, arme au clair. Tout portait à croire qu'il allait, d'un puissant coup d'épée, nous trancher la tête à tous les deux. Je ne pouvais rien faire, puisque j'étais désarmé ! Eh bien, sais-tu ce qu'a fait ce chevalier chrétien ?

— Non, je n'en ai aucune idée.

— Il a rengainé son épée ! Puis, à ma grande surprise, il a sauté de cheval et a commencé à m'aider. À tous les deux, nous avons sorti Isham sain et sauf de sous la monture. Ensuite de quoi, le chevalier chrétien nous a dit, en langue franque : « Que Dieu vous protège ! » Nous l'avons aidé à remonter en selle, car son armure était lourde, et il a poursuivi le combat.

— C'est une bien belle histoire. Qui était ce preux chevalier ?

Saladin le fixe.

— Ne me dis pas que tu ignores cela aussi ! Il s'appelait Arnaud, Arnaud de Fos. C'était le père de Tristan.

An-Nour est sans voix. Trop de choses lui échappent. Pourquoi sa mère n'a-t-elle jamais rapporté ce fait d'armes, pourquoi lui a-t-elle occulté ce face-à-face poignant entre son père et celui de Tristan ?

Saladin fait un pas jusqu'à la baie, promène son regard sur les jardins de Damas, puis s'adosse à la fenêtre.

— Écoute-moi bien : je vais te fournir une escorte et tu partiras à Saint-Jean-d'Acre. Tu remettras ton frère aux Templiers, ils sont prévenus. Ils ont d'excellents médecins chez eux, ils sauront le soigner.

An-Nour a un instant d'hébétude. A-t-il bien compris ? Il reste les mains pendantes, la tête vide.

— Ta mère me disait un jour que les Templiers étaient mes ennemis les plus redoutables, mais aussi les plus loyaux. Comme très souvent dans ses propos, ta mère avait raison.

Une tourterelle roucoule dans le jardin. Saladin la cherche des yeux. D'autres roucoulements arrivent par l'autre baie.

— Je marie Shérazade au sultan de Mésopotamie, poursuit-il, un homme pieux et valeureux. Le mariage aura lieu après le ramadan.

Le visage d'An-Nour s'embrume.

Saladin se retourne et fait signe à l'un de ses gardes, qui lui rapporte son manteau fourré de loup. Il le jette sur ses épaules, puis regarde le jeune homme droit dans les yeux.

— Tu transmettras ce message à ton frère : « Saladin t'interdit, à jamais, de remettre les pieds en Syrie. »

Il pose une main sur l'épaule du garçon.

— Dis-lui aussi de partir pour l'Occident, ce serait mieux pour tout le monde. Je sais par ta mère qu'il hérite de plusieurs fiefs dans le royaume des Francs. Pourquoi n'en prendrait-il pas possession ? Il peut aussi devenir templier, ce serait une excellente et sage décision. Je ne connais pas de combattants plus intègres, loyaux et méritants que les templiers.

An-Nour lève des yeux interrogateurs.

— Je sais, tu te demandes pourquoi, dans ce cas, je les fais exécuter jusqu'au dernier lorsque mes hommes les font prisonniers.

— En effet.

— Parce que leur discipline, leur mépris de la vie et leur certitude que la mort au combat les rapproche de Dieu nous les rendent redoutables. Je ne peux pas me permettre de les épargner. Dis-toi bien que pour un templier que je fais exécuter, ce sont dix soldats francs que j'élimine !

Après un silence :

— Oui, ton frère a toutes les qualités requises pour devenir templier.

27

Monastère fortifié de Franquevaux, près d'Arles

Trois années ont passé.

Il fait froid, le ciel est bas. Des flocons tournoient au-dessus des marais. Un cheval hennit, d'autres piaffent en rongeant leur mors. Emmitouflés de leurs manteaux fourrés de laine, droits sur leurs selles au milieu de la cour, des templiers observent le jeune chevalier récemment adoubé par la reine d'Angleterre. Tête nue, genou en terre, il prend congé de l'abbé Hildegrand.

— Que le Dieu tout-puissant et sa mère sainte Marie guident tes pas jusqu'en Terre de Promission, prie l'abbé en traçant une croix sur le front du chevalier.

— Amen ! répondent les templiers en chœur.

Le chevalier se lève et embrasse respectueusement la main de l'abbé.

— Je vous remercie, messire. Ces dix jours de prière et de réflexion dans votre communauté m'ont apporté grand bienfait et avantage.

Après ces mots, il saute en selle.

La petite troupe quitte le monastère sous les flocons

et prend la route de la commanderie de Saint-Gilles, à deux lieues de Franquevaux. Dès qu'ils sont en vue, les frères en charge du guet entrouvrent les ventaux. Il n'y a pas de pont-levis, mais l'entrée est lourdement fortifiée ; nulle troupe malintentionnée ne peut la forcer. De toute façon, qui oserait s'attaquer à une commanderie templière ? Les trois cavaliers mettent pied à terre et confient leurs montures aux palefreniers.

La cour grouille de monde : bouviers qui charrient du fourrage, bûcherons occupés à débiter un chêne, hommes de peine transportant des chaudrons fumants… Tous ont la croix rouge cousue sur le cœur, tous accueillent ce chevalier venu d'Angleterre avec un jovial sourire de bienvenue.

Une buse l'observe depuis la croix qui domine la flèche de la chapelle. Tristan de Fos – tel est le nom de ce chevalier – lève les yeux et croise son regard. Un regard ami dont les reflets embrasent ses pupilles. Ici, en terre de France, les buses ont mauvaise réputation, mais chez lui, en Syrie, ce sont des oiseaux bienveillants. Celui-ci va-t-il lui porter bonheur ? Il le souhaite du tréfonds de l'âme, car ce jour d'hui, après mûre réflexion et moult conseils avisés, il va être officiellement admis dans le saint ordre du Temple.

Sa décision est prise, irrévocable : « Je serai templier. »

La buse quitte son perchoir et se pose sur un jeune cèdre ramené du Liban par des croisés quatre-vingt-dix ans plus tôt, sans doute au retour de la première croisade. Tristan a un frisson : cette buse a quitté la croix pour le cèdre. Qu'est-ce que cela signifie ?

Lui viennent en mémoire les heurs et malheurs, bienfaits et malfaisances qui ont tavelé son départ de Syrie. Une vague rugissante se brise sur son bas-ventre. Jamais il n'oubliera le moment béni où son frère An-Nour est venu le sortir du cachot. Ni ses premiers mots : « Tu es libre, Tristan, nous filons à Saint-Jean-d'Acre ! »

L'aube après la nuit, le soleil après la tempête.

Ils sont partis de Damas dans l'heure, mais il a dû marcher à pied, tant la monte en selle était éprouvante à cause de l'infection qui lui pourrissait l'entrejambe : une masse sanguinolente de pus et de caillots. Finalement, c'est à dos de chameau, dont l'assise est plus confortable, qu'il a fait le trajet. Une centaine de lieues dans un froid glacial.

Ils sont passés près de Shadar, et c'est avec un immense chagrin qu'il s'est remémoré les siens. An-Nour lui a fait comprendre que leur mère refusait de lui pardonner.

— Elle dit que tu as trahi sa confiance ! Dans son esprit, tu as bafoué l'honneur de la famille. J'aurais pu tenter de la ramener à la raison, de l'informer, mais elle aurait tout raconté à Saladin. Je n'ai pas voulu courir ce risque. Car tout le problème est là : pour notre mère, Saladin prime sur ses enfants.

Tristan a opiné du menton, mais il n'a osé commenter. Malgré tous les griefs qui lui déchirent le cœur, il n'éprouve, à l'encontre de sa mère, ni dépit ni courroux. Nulle rancœur ne vient troubler ses nuits. Et si l'amertume prend parfois le dessus, il la muselle aussitôt ; il fait en sorte que ses traits n'en laissent jamais rien paraître.

Ils ont bivouaqué près de la frontière d'Antioche et veillé jusque tard, le cœur gros, agité de tristesse, car cette soirée, ils le savent, est la dernière qu'ils passeront ensemble. Le lendemain, à l'aube, une escorte de templiers, conduite par le propre commandeur de Saint-Jean-d'Acre, frère Abélard de Troyes, se présentera dans le campement sarrasin.

Frère Abélard, apparenté par sa mère aux comtes de Champagne, est un moine-chevalier de petite taille, mais bien charpenté, avec des bras vigoureux, puissants, faits pour tenir l'épée – et ils la tiennent à bon escient. Bien qu'il piaffe comme son cheval dès qu'il sent l'odeur du champ de bataille, il maîtrise sa fougue, ainsi que tout templier se doit de le faire. Ce qui frappe le plus, chez ce moine petit et pas franchement beau, est son air affable. Il respire la bonté comme d'autres transpirent la rosserie.

C'est à lui que, selon les ordres de Saladin, An-Nour « livre » son frère.

Une autre vie débute ce jour-là pour Tristan.

Les templiers le soignent tant et si bien qu'au printemps l'infection a déserté ses plaies. Son entrejambe est guéri. À Pâques, frère Abélard est nommé lieutenant des Templiers de France et ses nouvelles fonctions exigent qu'il s'embarque pour Marseille dans les plus brefs délais. Comme il s'est lié d'amitié avec Tristan et qu'il entrevoit chez lui des qualités de cœur et d'esprit pouvant en faire un bon templier, il lui propose de l'accompagner.

Tristan répond par un vif élan de joie.

— Réfléchis, mon jeune ami, tempère frère Abélard. Prends conseil auprès de Notre-Seigneur et de Dame sainte Marie, car de ce voyage peut dépendre le cours de ta vie. Je ne veux pas d'empressement inutile :

les emportements du cœur contrarient la raison. Je te donne… disons… jusqu'à demain après matines.

Tristan promet de réfléchir, mais le royaume de France est déjà dans sa visée, à cause de la nécessité où il se trouve de prendre choix de sa route. Il a maintes fois ressassé dans sa tête les propos de Saladin, qu'An-Nour lui a transmis fidèlement, mot pour mot. Doit-il, comme le suggère le sultan, faire valoir ses droits aux fiefs qui lui échoient de par sa mère en terre de France ? Ou bien tout quitter et s'engager comme moine-soldat chez les Templiers ? Que faire ? Quelle voie choisir ?

Il ne sait.

À vrai dire, le poids des décisions à prendre est si lourd qu'il ploie sous le fardeau. Et il n'a personne à qui se confier. Seul An-Nour pourrait le comprendre et le conseiller, mais il est loin. Ou sa sœur Aïcha, mais elle est loin, elle aussi. De plus c'est une femme, et les résolutions à honorer sont du ressort des hommes.

Prendre possession d'un fief ? Devenir templier ?

Non, il n'arrive toujours pas à faire choix d'une voie. De plus, dès que la pensée de ce dilemme l'assaille, il bute sur des brisants, des écueils bouillonnants d'où jaillit le visage de Shérazade. Avec une force et une violence inouïes, la houle s'engouffre en lui, s'infiltre dans les recoins, tourbillonne dans une spirale chargée de bourrasque. Au cœur de chaque spire gît le regard divinement noir, délicieusement bridé, de celle qu'il ne pourra jamais oublier, qu'il sait définitivement et irrémédiablement perdue.

Et comme pour aviver sa blessure, les templiers ne parlent, depuis l'hiver, que de la sultane de Mésopotamie. Ils disent que le mariage du sultan avec la fille de Saladin – que l'on nomme déjà « Perle de Bagdad » – bouleverse l'échiquier de la région, que cette alliance constitue une menace dont ni la reine de Jérusalem ni les barons ne parviennent à mesurer l'ampleur.

Tristan n'a jamais pris part à ces discussions, commentaires et avis. Les mots étaient trop lourds à porter.

La proposition de frère Abélard arrive donc à point nommé. Oui, il ferait mieux de s'éloigner de Shérazade, de traverser la mer, de mettre entre lui et son aimée la masse infinie des flots.

Le lendemain, après matines, il s'approche du nouveau lieutenant des Templiers, s'incline respectueusement et donne sa réponse :

— C'est avec une grande joie, doux frère, que je vous accompagnerai dans le royaume de France.

Le regard du lieutenant des Templiers s'éclaire d'apaisement.

Ils prennent une nef du Temple à Saint-Jean-d'Acre et débarquent à Marseille par un matin de mai 1184.

À peine sont-ils arrivés à la commanderie – qui est sise en regard de l'abbaye Saint-Victor – qu'on remet à frère Abélard un courrier de Paris. Il le lit, puis lève un regard navré vers Tristan :

— Mon cher ami, je ne pourrai guère m'attarder en ces terres de Provence : on m'attend en Angleterre, où je me dois de rencontrer la reine Aliénor.

Il enroule la lettre et la rentre dans l'une des poches de sa tunique. Après un moment de silence, il se tourne vers Tristan :

— Mais, au fait… et si la volonté du Seigneur

passait par cette lettre ? Si c'était un signe du ciel ? Pourquoi ne m'accompagnerais-tu pas en Angleterre ?

Tristan sent un doux frisson lui courir sur la peau. « La reine Aliénor est une amie de notre mère, lui a dit An-Nour. J'ignore pourquoi mère nous a occulté ce fait, mais c'est ainsi, je le tiens de Saladin lui-même. Si tu vas en Occident, fais en sorte de la rencontrer. Aliénor détient sûrement la clef des questions que nous nous posons sur notre famille. »

La réponse de Tristan fuse sans retard ni ambages :

— C'est un grand honneur que vous me faites là, frère Abélard !

Celui-ci, avec un large sourire d'aise, pose une main sur son épaule.

— Nous partons demain, après messe basse.

Ils chevauchent jusqu'à la commanderie d'Arles, remontent le Rhône, prennent la route de Paris… Frère Abélard lui fait connaître, commanderie après commanderie, les grands principes qui règlent la vie monastique des Templiers : la prière, l'amour des chevaux, l'entraînement au combat… À aucun moment, cependant, il ne le pousse à devenir templier. Et les frères qu'il côtoie ne l'incitent pas davantage à prendre habit. Tous l'entourent de fraternelle affection. Il découvre, au fil des étapes, qu'une nouvelle famille lui tend les bras, qu'un accueil doux et bienveillant lui est fait à chaque commanderie, que tous ces frères le considèrent d'emblée et chèrement comme l'un des leurs. Après tant de rejets, de souffrances, de détresse, la bonté désintéressée des templiers est un baume salutaire qui panse plaies et désarroi.

L'appel de Dieu passerait-il par la voie des frères soldats ?

Ils arrivent en Angleterre au début de l'année 1185.

Tristan apprend par les barons que des turbulences ont secoué le royaume ces dernières années : le roi a fait assassiner son ami et conseiller Thomas Beckett, archevêque de Canterbury ; puis s'est entiché d'une certaine Rosemonde, délaissant Aliénor. On lui rapporte que la reine s'est vengée en soulevant le Poitou, son fief, et que le roi l'a fait arrêter et enfermer dans une tour.

Mais les années ont passé. Rosemonde est morte et le roi a fait libérer Aliénor.

Le vent a tourné et, comme souvent dans ces contrées du Nord, il est porteur d'orage. À la bourrasque venant du large succède une bise froide, instable, chargée de boue, dont l'âcre morsure ronge le royaume par le dedans.

Le ver est dans le fruit.

Selon l'ordre de succession, le trône d'Angleterre échoit à Richard, le fils préféré d'Aliénor, mais les faveurs paternelles vont à Jean sans Terre, son cadet, un être fourbe, dépourvu de piété, qui se courrouce à longueur d'heures et qui a le regard torve et cruel.

Les partisans d'Aliénor et de Richard d'un côté, du roi Henri et de Jean sans Terre de l'autre, fourbissent leurs armes. De sombres nuages planent sur la Tamise.

Aliénor reçoit le lieutenant des Templiers et le jeune Tristan dans son palais de Westminster. Son émotion est si forte en apercevant le fils de Mélisende que ses yeux s'embrument. Malgré sa rudesse et l'âpre sévérité du protocole royal, elle serre Tristan un long moment dans ses bras et donne libre cours à son agitation intérieure. Après s'être discrètement essuyé une joue, elle présente Tristan à son fils Richard, qui gratifie le jeune Syrien d'une puissante tape sur le dos.

— C'est donc toi, le rejeton de ce fieffé tyran de Mélisende ? Sais-tu qu'elle m'a enfermé une journée entière dans un donjon de l'île de Wight ?

— Je l'ignorais, sire.

— Je le jure par saint Pancrace ! D'ailleurs, elle m'a interdit aussi de jurer ! Mais je ne pouvais pas m'en passer, de ta mère ; si j'avais pu l'épouser, je l'aurais fait ! J'espère la revoir un jour proche, lorsque je partirai régler leur compte aux Sarrasins. J'ai hâte de me mesurer à votre Saladin !

Tristan va pour répondre que sa mère est l'amie de Saladin, mais il se tait.

— On m'a dit qu'elle s'est faite musulmane et qu'elle connaît Saladin. Est-ce exact ?

— Euh… oui, sire, c'est exact.

— À la bonne heure ! Voilà une bien excellente nouvelle !

Et il accompagne ses dires d'autres tapes sur le dos.

— Il me tarde de les rencontrer, ces deux-là ! Saladin est-il aussi redoutable qu'on le dit ?

— C'est le monarque le plus puissant de tout l'Orient, sire. Aucune armée n'est en mesure de lui tenir tête.

Richard part d'un tonitruant éclat de rire, auquel font écho les gausseries des chevaliers présents.

— Je suis un mauvais raillard, je sais, lance-t-il de sa voix tonnante où ne perce d'ailleurs nulle velléité d'excuse, mais si votre Saladin aveulit les gens d'Orient, chez moi il a l'effet de cette eau-de-vie bien raide qui ragaillardit langues et cœurs : il me ravigote ! Bref, tu diras à ta mère que Richard, celui du donjon, est bien décidé à défier son ami Saladin.

Tristan sourit. Nul doute que Saladin aura – enfin ! – un adversaire à sa mesure.

Quelques jours avant le départ de Tristan de Londres, Aliénor le convoque dans ses appartements privés. Elle a appris, par frère Abélard, qu'il compte rallier l'ordre du Temple et a décidé de l'adouber chevalier. Mais auparavant, elle veut lui parler, s'entretenir un moment avec lui. Ses années de mécompte lui ont appris à scruter l'âme humaine et elle a deviné qu'un grand secret gît dans le cœur de ce jeune homme dont elle a tant aimé la mère.

Ils sont seuls, assis de part et d'autre d'une table basse devant la cheminée.

— Ton cœur souffre et je le sens ! commence Aliénor.

Tristan regarde la souveraine, surpris, puis baisse les yeux.

— J'ai été la confidente de ta grand-mère Isabelle de Hautecour et il n'y a jamais eu, dans le cœur de Mélisende, secret qu'il me fût donné d'ignorer. Tu peux tout me dire.

Il ferme les yeux. Lorsqu'il les rouvre, il croise le regard de la reine. Un regard bon.

— Raconte, fait-elle avec une grande douceur dans la voix.

Et Tristan raconte.

Tout. Sa mère, Shérazade, « la part du chien »…

Quand il a fini, Aliénor lui enserre les mains.

— Je connais Mélisende comme moi-même. Elle souffre de te savoir loin. Et si elle t'a rejeté, c'est sous l'effet de la colère. À aucun moment elle ne doute de ta loyauté. La religion ? De mon point de vue, le fait qu'elle soit musulmane et toi chrétien n'y est pour rien.

— Pourquoi tant de cruauté, alors ? Dans son cœur, il n'y a point d'autre place que pour le djihad, rien ne compte hormis Saladin et la libération de Jérusalem.

Aliénor le dévisage un long moment en silence.

— J'ignore ce que l'esprit de Mélisende mijote, en revanche je n'ai aucun doute sur la nature des braises que son cœur abrite.

— Parfois je me demande si ma mère a seulement un cœur ! Jamais sa bouche n'a consenti un sourire, tout juste si elle s'arrachait d'un bonsoir lorsqu'elle nous quittait pour aller dormir. Je ne parle pas d'embrasser ! Elle en a perdu l'habitude depuis longtemps.

Aliénor secoue la tête.

— Tu as tort, Tristan. Mélisende est le fruit de l'amour. Je t'ai dit la connaître comme moi-même, mieux que toi en tout cas, et je peux t'assurer qu'elle souffre.

Elle attend un moment puis, son regard dans celui de Tristan :

— Donc, tu vas brûler tes vaisseaux et devenir templier !

— Euh...Oui, Majesté.

Elle fronce les sourcils :

— Et Shérazade ?

Il ne répond pas.

— Évidemment, pas de réponse ! Il y a des silences plus éloquents encore que les mots ! Sache qu'elle non plus ne t'oubliera pas. Jamais ! Es-tu véritablement sûr de vouloir devenir templier ?

Tristan sourit.

— Oui, Majesté.

Elle hoche la tête.

— Réfléchis, mon garçon, car Shérazade te reviendra. Saladin l'a mariée à un jeune prince et elle est sultane de Mésopotamie ? Soit. Mais l'amour est plus fort que les royaumes, j'en sais quelque chose ! Elle te reviendra, cela ne fait aucun doute, et ce jour-là il te faudra choisir !

Alors que Tristan la fixe, interdit, elle se lève et agite une clochette. Arrive en toute hâte un serviteur porteur d'un long coffret en bois, semblable à ceux que l'on utilise pour le transport d'armes de prix.

— Pose-le sur la table basse.

Dès que le serviteur a refermé la porte, elle ouvre le coffret.

— Est-ce que tu connais cette épée ?

— Non, Majesté. C'est la première fois que je la vois.

— Prends-la et dis-moi ce qui est écrit sur la garde.

Il saisit l'arme et lève des yeux surpris.

— C'est une inscription en arabe, Majesté.

— Je sais, qu'est-ce qu'elle dit ?

— *Ali-en-Nour !* Dans notre langue, cela signifie : « Que sur moi soit la lumière ! » Très franchement, je n'avais jamais fait le rapprochement entre cette expression et le nom de Votre Majesté.

— Cela ne m'étonne pas : il ne viendrait à l'esprit de personne d'associer le nom de la reine d'Angleterre à une expression arabe ! Quelqu'un pourtant y a pensé, au point qu'il a fait graver mon nom en arabe sur un merveilleux coffret et sur la garde de cette épée. Tu connais l'émir Al-Yanis ?

— Al-Yanis !? Vous connaissez Al-Yanis ?

— Oui, nous nous sommes rencontrés à Antioche et nous gardons l'un pour l'autre plus que de l'amitié : de l'affection.

— De l'affection ? fait Tristan, surpris. Vous éprouvez de l'affection pour un émir de chez nous ?

— Oui. Pourquoi ? Est-il interdit à la reine d'Angleterre d'éprouver de l'affection pour un Sarrasin ? J'ai beaucoup vécu, et je me targue d'avoir aussi beaucoup aimé ! Mais bon, passons.

Elle lui montre la lame.

— Il y a une date, n'est-ce pas ?

— En effet : *6 januarius 1148.*

Aliénor raconte alors à Tristan l'histoire d'Adhémar de Gisors, qui s'est comporté en héros lors de la bataille du mont Cadmos, et qui a disparu peu avant le siège de Damas, près du Puits de Jacob. Comme Tristan ne fait aucun écho au récit, elle fronce les sourcils :

— Ne me dis pas que Mélisende ne vous a jamais parlé d'Adhémar de Gisors !

— Non, Majesté, jamais. C'est la première fois que j'entends ce nom.

Aliénor lève les yeux au ciel et souffle bruyamment. Tristan en déduit que sa mère a passé sous silence des faits importants, et que la reine désapprouve cela. Y aurait-il, dans sa famille, des secrets que nul ne doit connaître en Syrie ?

— Excusez mon audace, Majesté, mais en quoi… je veux dire… quel rapport y a-t-il entre Adhémar de Gisors et ma famille ?

Elle le dévisage.

— C'est à peine croyable : Mélisende ne t'a rien dit !? Il ne faudrait quand même pas que le soleil d'Orient lui blanchisse la cervelle !

Elle se tourne vers la Tamise et regarde la campagne anglaise. Au bout d'un moment, elle pivote sur ses talons, le fixe et a ces simples mots :

— Adhémar de Gisors était ton grand-père. C'était l'époux d'une amie très chère, dont je n'ai toujours pas fait le deuil : Isabelle de Hautecour, ta grand-mère.

Elle se tait. S'enferme un long moment dans ses pensées et finit par hausser les épaules :

— C'est peut-être mieux ainsi. Quoi qu'il en soit, cette épée te revient de droit. Je te l'offre. C'est avec elle que je vais t'adouber avant ton départ pour la France.

Tristan, une ride de souci sur le front, s'incline respectueusement.

— Je vous remercie, Majesté, mais une question me tracasse : puisque mon grand-père a disparu, comment cette arme est-elle arrivée jusqu'à vous ?

— Le plus simplement du monde. J'avais demandé à Al-Yanis de la récupérer par tous les moyens. Il l'a retrouvée et me l'a fait parvenir par un preux chevalier dont le nom ne t'est pas inconnu : Arnaud de Fos.

Comme Tristan ne réagit pas, là non plus, Aliénor fronce les sourcils.

— J'espère que Mélisende t'a parlé de ton père, au moins !

— Non, Majesté, jamais. Tout ce que je sais de lui, je l'ai appris par des tiers, dont votre fils Richard, et depuis fort peu de temps.

Il observe la reine, dont le regard est chargé de colère.

— Décidément, elle n'a pas changé. Butée comme une mule !

Elle prend l'épée et la lui tend.

— Qu'importe Mélisende. Garde cette arme comme ton bien le plus précieux. Et ce, jusqu'à ton dernier souffle. Honore-la comme ton grand-père Adhémar l'a honorée.

Tristan la prend, hésite.

— Pourquoi ce vacillement ? s'étonne Aliénor, qui n'aime pas les atermoiements lorsqu'elle donne un ordre.

— Parce que la règle des Templiers interdit le port d'armes ornées de peintures ou de gravures. Or, celle-ci porte gravures, en latin et en arabe, et, qui plus est, un nom de femme !

Aliénor rejette l'objection d'un revers de main.

— J'en ai référé à frère Abélard de Troyes, dont le cousin a épousé ma fille Marie[1]. Rien ne s'oppose à ce que tu honores, par cette épée, le preux chevalier qui a sauvé le roi de France à la bataille du mont Cadmos. Frère Abélard est au fait de cet exploit. C'est d'ailleurs lui qui va t'accueillir dans le saint ordre du Temple.

Elle le dévisage :

— Es-tu sûr de vouloir toujours entrer chez les Templiers ?

— Oui, totalement sûr.

Elle hoche la tête, réfléchit, puis lui prend la main.

— Soit. Mais une question me tracasse : pour-

1. Marie (1145-1198), fille d'Aliénor et de Louis VII, épouse Henri de Champagne, comte de Troyes, en 1146.

quoi ? Oui, pourquoi veux-tu devenir templier alors que tu as vécu toute ta vie chez les musulmans, que tes racines sont en Syrie, parmi les ennemis des frères du Temple ?

— L'appel de Dieu, Majesté. *Nida Rabi !* comme nous disons en arabe.

Elle inspire profondément.

— Tu es bien le fils de Mélisende pour répondre une ânerie pareille ! Nous verrons bien, de l'appel de Dieu ou de celui de Shérazade, lequel va l'emporter !

28

Commanderie de Saint-Gilles, aux portes de la Camargue

La communauté est en fête.

Des dizaines de chandelles brûlent autour de l'autel. Tristan regarde, ému, les chevaliers debout de part et d'autre de frère Abélard. Tous portent le manteau blanc frappé de la croix pattée, rouge sang. Leur tunique blanche est serrée à la taille par une ceinture de cuir noir. Tous ont le crâne ras et la barbe longue. Tristan s'avance d'un pas solennel vers ces hommes qui vont, dans quelques instants, devenir ses compagnons d'armes et de prière.

Pour la vie.

Dans sa tête et dans son cœur, ces frères de substitution ne remplacent pas An-Nour et Aïcha, mais ils comblent le vide immense laissé par son expulsion de Syrie. Et ce gouffre demeuré béant qui porte nom Shérazade !

Les Templiers vont-ils battre en brèche ce bastion qui le mine ? Vont-ils brider les tourments que l'absente a déchaînés ? C'est à elle, à Shérazade, qu'il pense lorsqu'il arrive devant l'autel.

En une fraction de seconde, alors qu'il est sur le point de renoncer au monde, aux femmes, à l'amour... lui viennent en mémoire les humiliations, souffrances, mutilations subies en Syrie, puis la perte irrémédiable de l'être auquel il tient le plus au monde, avant sa mère, sa sœur, et même son frère ! Aura-t-il le courage d'y renoncer... pour la vie ?

Alors que frère Abélard lui tend les bras, comme le veut la règle, un rayon de soleil pointe dans son cœur, allumé par la reine Aliénor. Il lui est devenu clair, après son entretien à la Tour de Londres, que tout n'est pas perdu, que Shérazade reste vivante, indéfectiblement présente en lui : il est en elle comme elle est en lui !

Il met genou en terre et baisse la tête. Comment survivre aux tornades qui ne manqueront pas de le secouer ? Comment guérir du mal qui ne tardera pas à le ronger ? La réponse est dans les bras ouverts de frère Abélard : l'amour se substituant à l'amour, l'amour de Dieu en lieu et place de l'abîme creusé par l'absente ! La révélation s'impose à lui sans bruit, comme les fragrances de printemps dans les jardins de Syrie : face à l'absolu de l'amour perdu, seul peut exister l'absolu de l'amour de Dieu.

Un absolu qui va prendre corps dans le partage du quotidien de ses frères templiers, commanderie après commanderie.

Nida Rabi ! L'appel de Dieu.

L'appel des Templiers.

Lorsqu'il lève la tête, il croise le regard de frère Abélard.

— Ta Voie passe par le Temple, semble-t-il lui crier. Elle EST le Temple !

Il soutient son regard. Soudain, ses émois lui échappent, il sent des larmes sourdre de sous ses paupières. Le visage de Shérazade jaillit de partout et de nulle part. Tristan est pris de panique, tourne la tête, désemparé, vers ses nouveaux frères… dont l'éclat plus soutenu des regards le couvre de bonté. Les vagues de douceur qui déferlent sur lui le rassurent. Peu à peu apaisement et sérénité remplacent affolement et agitation.

Le visage de Shérazade disparaît.

Lorsqu'il ferme les yeux, sa prière est sincère : « Seigneur, donne-moi la force de ne jamais trahir mes vœux ! »

Il baisse la tête devant frère Abélard, comme le veut le rituel immuable mis au point par saint Bernard, et prononce la phrase rituelle :

— Sire, je vous prie et vous requiers, pour Dieu et pour Notre-Dame, de m'accueillir en votre compagnie et de me donner part aux bienfaits de la maison.

Frère Abélard répond par ces paroles que tous les templiers de toutes les époques et dans tous les pays ont entendues avant d'entrer dans l'Ordre :

— Beau frère, vous requérez bien grande chose, car de notre ordre vous ne voyez que l'écorce qui est au-dehors. Vous nous voyez avoir de beaux chevaux et de beaux harnais, et bien boire et bien manger, et avoir de belles robes. Mais vous ne savez pas les rudes commandements qui sont par-dedans : car vous, qui êtes sire de vous-même, vous devenez serf d'autrui. Car à grand-peine ferez-vous jamais ce que vous voudrez : si vous voulez être à Acre, on vous enverra en terre de Tripoli ou d'Antioche, ou d'Arménie. Et si vous voulez dormir, on vous fera veiller ; et si vous voulez quelquefois veiller, on vous commandera d'aller dans votre lit. Quand vous serez à table et que vous voudrez manger, l'on vous commandera d'aller où l'on voudra, et vous ne saurez jamais où. Or regardez, beau doux frère, si vous pourrez bien souffrir toutes ces duretés.

— Oc[1], sire, je les souffrirai toutes s'il plaît à Dieu.

Frère Abélard marque un silence, puis :

— Voulez-vous être, tous les jours de votre vie désormais, serf et esclave de la maison ?

— Oc, s'il plaît à Dieu, sire.

Par ces questions et beaucoup d'autres, Tristan promet de vivre chastement dans son corps, de n'avoir rien en propre tous les jours de sa vie, d'observer les bons usages et les bonnes coutumes de la maison des Templiers, d'aider à conquérir, avec la force et le pouvoir de Dieu, la sainte terre de Jérusalem…

Après avoir énuméré les multiples obligations du postulant comme frère du Temple, Abélard de Troyes termine par cette phrase :

— Et ainsi nous vous promettons du pain et de l'eau et la pauvre robe de la maison, et beaucoup de peine et de travail.

Il prend alors une cape toute blanche, brodée de la croix rouge, et la met sur les épaules de Tristan. Ensuite de quoi il le fait lever et le baise sur la bouche, qui est le baiser d'hommage féodal.

La cérémonie est terminée.

La cloche de la commanderie sonne à petits coups. Des tintements assourdis par la neige qui tombe dru. Ils annoncent la venue d'un nouveau frère dans le saint ordre du Temple.

La buse perchée au sommet du cèdre prend son envol et disparaît.

---

1. « Oui » : on disait « oc » en Languedoc et « oïl » dans le Nord.

29

Plateau du Larzac, mars 1186

C'est le printemps. La garrigue est tapissée d'herbe fraîche, de thym, de romarin…

Ce matin, une troupe d'une trentaine de templiers arrive à La Couvertoirade par la route de Clermont. Ils viennent de Paris. Chemin faisant, dans chaque commanderie d'autres frères – chevaliers ou sergents – les ont rejoints, en partance comme eux pour la Terre sainte. Leur mission est d'escorter jusqu'à Marseille une centaine de chevaux de guerre, dont une douzaine d'étalons, élevés sur le plateau du Larzac.

La troupe fait halte à la lavogne, dépression naturelle que les hommes ont rendue étanche afin qu'elle serve d'abreuvoir alimenté par l'eau de pluie.

Pendant que les chevaux se désaltèrent, le commandeur raconte à Tristan, venu les accueillir au nom du lieutenant de France, que Saladin prépare une grande offensive et que le grand maître Gérard de Ridefort bat le rappel.

— Ridefort mande que toutes les forces disponibles en Occident aillent lui prêter main-forte, le temps presse ! fait-il avec une grande vigueur de voix. La Terre de Promission est menacée par un infidèle qui n'aura de cesse de conquérir Jérusalem !

Tristan hoche la tête, mais ne répond pas. Il n'aime pas parler de Saladin. À vrai dire, il n'en parle jamais : dès que quelqu'un fait allusion à ses faits et gestes, il change de sujet. En l'occurrence, il laisse le commandeur deviser tout son soûl et, une fois que celui-ci a fini, évoque sans transition les effectifs en partance pour Saint-Jean-d'Acre.

— Six frères attendent à Sainte-Eulalie-de-Cernon, une dizaine à Montpellier, autant à Arles et à Saint-Gilles, d'autres à Aix et à Marseille… Des combattants frais qui ne demandent qu'à se battre.

Le commandeur rayonne de contentement. Ces chiffres montrent que les Templiers sont en pleine expansion, que l'Ordre regorge de vocations !

Pendant qu'ils parlent, un jeune templier resserre le harnachement du cheval d'un frère à la peau fort ridée. Comme Tristan s'étonne de son grand âge, le commandeur lui dit que ce templier a passé ses jeunes années à guerroyer en Terre de Promission et qu'il n'a d'autre visée que d'y mourir.

— Nonobstant sa vieillesse, nos supérieurs l'ont autorisé à partir, commente-t-il. Y a-t-il, pour un templier, récompense plus douce que de mourir au combat sur ces terres où Notre-Seigneur et sa mère Dame sainte Marie ont vécu ?

Il resserre l'un de ses étriers et se tourne vers Tristan :

— Souviens-toi de ceci, beau frère : le martyre est la seule gloire que nous, templiers, puissions revendiquer en tant qu'humaines créatures !

C'est avec ces paroles dépourvues de haine et beaucoup d'autres que Tristan chevauche sur la route du sud. Une chevauchée sans encombre. Aucun bandit ou seigneur en mal de rapine n'est assez fou pour s'attaquer à une troupe de templiers ! Tristan est heureux. Non seulement il voyage en sûreté, acclamé par les paysans et voyageurs qu'il croise, mais de plus cette route mène à Marseille, le port d'où il embarquera vers son pays, ses racines, sa terre… la Syrie !

Ils font un détour vers Carpentras, passent par Malemort…

À la vue du mont Ventoux, les rêves de Tristan vont vers le djebel Cheikh[1], la montagne de son enfance. Maintenant que le jour du départ approche, tout est prétexte à nourrir son impatience. Les ânes qu'il croise, les champs d'oliviers, les perdreaux qu'il lève dans les buissons à l'orée du chemin, les vignobles… tout lui rappelle la Syrie. Encore deux lunes, et les villes d'Orient, leurs palmiers, leurs châteaux inondés de soleil, le Jourdain, Jérusalem… seront à lui !

Lorsqu'il arrive à Marseille, les palmiers cèdent la place à une armada de vaisseaux de guerre. Il y a là des galères énormes de cent vingt pieds de long, des galiotes, galères plus petites naviguant à la rame et à la voile, des barbotes au faible tirant d'eau, aux pavois renforcés de plaques de fer…

Les templiers, au nombre de deux cent cinquante, s'embarquent dans deux nefs appelées « salandres », qui mesurent cent pieds de long, portent deux mâts et hissent jusqu'à six voiles.

---

1. Mont Hermon, montagne de l'Anti-Liban (2 814 mètres).

Tristan lève la tête, stupéfait, vers le mât de proue : pas moins de quatre-vingt-dix pieds de haut ! Puis il observe les écuyers en train d'embarquer les chevaux : ils les font monter dans des nefs-huissières[1], ou navires-écuries. Dans le flanc de ces bateaux s'ouvre une porte à charnière, qui se rabat sur le quai à la manière d'un pont-levis et permet l'embarquement des bêtes.

Toutes ces nefs battent pavillon de l'Ordre !

La flotte lève l'ancre le lundi de Pâques et fait route vers Saint-Jean-d'Acre. Pendant que la nef s'éloigne de la côte, Tristan pose sa dextre sur le pommeau de son épée, ferme les yeux et prie.

Allah… Seigneur Jésus-Christ… Pourquoi faut-il que nos mains se crispent sur nos armes dès qu'il nous prend envie de prier ?

***

Pendant ce temps, à Jérusalem…

Le 16 mars 1185, après dix ans de règne, Baudouin, le Roi lépreux, rend son âme à Dieu. Il n'a que vingt-quatre ans. Son duel avec Saladin prend fin. Sous ses plaies et sa pestilence gisaient le raffinement d'un prince, le cœur d'un chevalier, l'intelligence d'un stratège et la bravoure d'un preux. La ferveur populaire clame qu'il avait l'âme d'un saint. Chrétiens et musulmans honorent sa mémoire.

Et comme promis, Saladin porte son deuil.

On l'ensevelit dans la crypte du Saint-Sépulcre, près de Godefroy de Bouillon. Sans perdre de temps,

1. De huis : porte.

comme le veut la tradition, le patriarche de Jérusalem couronne son successeur, lequel, dans l'ordre de succession, est le neveu de feu le roi : Baudouin V, alors âgé de cinq ans, que l'on surnomme affectueusement « Baudouinet ».

C'est le fils de Sybille de Jérusalem – la sœur du Roi lépreux – et de Guillaume Longue Épée, décrit par ses contemporains comme « le plus haut homme qui fut au monde », un personnage de grande bonté, de vive intelligence et de forte expérience dans le métier des armes. Mais Guillaume est mort quelques années plus tôt et Sybille a épousé en secondes noces un chevalier sans envergure, falot, indécis : Guy de Lusignan.

Prévoyant, Baudouin a pris soin, avant de mourir, de nommer un régent. Son choix s'est porté sur un homme pondéré et sage, partisan convaincu de la cohabitation avec les musulmans : Raymond de Tripoli, prince de Tibériade, que tout le monde surnomme Tibérias.

Le nouveau régent commence son mandat par un geste fort : il signe une trêve de quatre ans avec Saladin. En effet, il y a grande sécheresse en Terre sainte, les récoltes sont insuffisantes et le pays risque disette. Or, les plaines de Syrie abondent en froment. Afin de permettre les échanges entre les deux pays, Tibérias ne voit d'autre solution qu'une cessation temporaire des hostilités. Saladin partage son point de vue.

Barons et peuple de Terre sainte soufflent. Après tant de soubresauts, de déboires, c'est clairement une ère nouvelle qui pointe son nez du côté de Damas. Tous acceptent et soutiennent Tibérias.

Tous, fors Sybille de Jérusalem.

Car la sœur du défunt roi prétend elle aussi à la

couronne. Mais les lois du royaume sont ainsi faites que, si elle est bien l'héritière en droite ligne, elle ne peut ceindre le précieux emblème que par la voie des mâles : pour devenir reine, il faut d'abord que son époux soit proclamé roi.

Ce à quoi elle s'affaire.

Or Guy de Lusignan est un être faible, sans volonté, ce qu'ont très vite compris les aventuriers qui gravitent autour du couple. L'arrivée au trône d'un roi veule et mou, facile à manipuler, est une aubaine. Ils supputent avec force agitation les avantages, bienfaits et privilèges qu'ils pourront lui soutirer.

La cour grouille d'intrigues.

Deux personnages, surtout, ourdissent les menées : Renaud de Châtillon, seigneur de Kérak, et Gérard de Ridefort, grand maître des Templiers.

Renaud de Châtillon, le tristement célèbre Brins d'Arnat des musulmans, est un homme sans aveu, félon, couard et ambitieux. Habité par d'infâmes projets, il sait tout le bénéfice qu'il pourra tirer de l'insignifiance de Guy. Il frétille à l'idée de hisser Sybille et son époux sur une monture dont il tiendra le mors.

Le cas de Gérard de Ridefort est différent. S'il soutient le couple princier, ce n'est pas pour en tirer bénéfice, il est déjà grand maître du Temple, mais pour empêcher Tibérias de devenir roi.

Pourquoi ? Que cherche-t-il ? Qui est-il ?

Ridefort est l'une des énigmes de cette époque.

Originaire de Flandre, il accoste à Saint-Jean-d'Acre par un matin de printemps, libre d'engagements, jeune et plein de projets. Il n'est pas encore templier. S'il est là, c'est pour faire fortune, non pour prendre la croix. Avec cette nuance que sa passion excite : faire fortune pour s'élever à la première place. Le moyen qu'il se donne est celui utilisé par tous les aventuriers qui arrivent en Terre sainte : guerroyer aux côtés du plus offrant, se couvrir de gloire et conclure ses hauts faits par un mariage à la hauteur de ses ambitions : en clair, avec une noble héritière lui ouvrant la succession d'un fief.

À peine arrivé, il se met au service de Raymond de Tripoli, prince de Tibériade, le fameux Tibérias. Il se fait tant remarquer par ses exploits que Tibérias lui promet, en récompense de ses prouesses, une héritière conforme à ses ambitions : « Si l'un de mes vassaux rend l'âme sans laisser de mâles, je penserai d'abord à toi. Tu as ma parole. »

Ridefort est comblé. Il est donc à l'affût d'un trépas heureux.

Un jour, le seigneur d'un fief nommé Boutron trépasse sans laisser d'héritier mâle. Or sa fille unique est en âge de se marier. Ridefort se rue chez Tibérias et lui rappelle sa promesse. Ce dernier se gratte la tête, hésite… Promesse mise à part, ce fief peut lui rapporter beaucoup d'argent. Il se montre évasif, promet du bout des lèvres. Au dernier moment, il cède la mariée à un riche marchand italien, qui lui offre ni plus ni moins que le poids de l'héritière en or.

La colère de Ridefort est sans fond. Son affidation à Tibérias se transforme en haine féroce. Une exécration qui ne connaîtra plus de limites. Il quitte la ville et promet de s'employer, sans trêve ni repos, à venger l'affront.

Lorsque, quelques années plus tard, il faudra choisir entre Tibérias et Guy de Lusignan, le choix sera vite fait.

Quelque temps après l'épisode de Boutron, Ridefort entre chez les Templiers. Pourquoi, comment ? A-t-il été touché par la grâce ? Rêve-t-il d'utiliser le Temple pour nourrir son ambition ? Nul ne sait. Toujours est-il que, d'une manière ou d'une autre, il gravit les échelons avec une célérité sans précédent.

Et par un cheminement dont l'histoire ne dit mot, les Templiers le nomment, en 1185, grand maître de l'Ordre.

Il est à ce poste depuis deux ans lorsque le petit « Baudouinet », de santé fragile, passe lui aussi de vie à trépas. Le royaume de Jérusalem n'a plus de roi.

Le peuple et les barons veulent Tibérias.

Renaud de Châtillon, Gérard de Ridefort, le patriarche de Jérusalem et les aventuriers soutiennent Sybille et Guy de Lusignan.

Qui, du bon sens ou des menées de ruse, va emporter la mise ?

Forçant les saints usages, le patriarche remet la couronne à Sybille, laquelle la pose elle-même sur la tête de son époux. Guy de Lusignan est proclamé roi de Jérusalem.

Et Tibérias définitivement écarté du trône.

Gérard de Ridefort savoure sa vengeance. On raconte que, au sortir de la cérémonie, il triomphe par ces mots : « Cette couronne vaut bien le mariage de Boutron ! »

30

Château templier de Safed, près du lac de Tibériade

Les premiers froids s'abattent sur le djebel Cheikh.

La colonne templière, sous les ordres de frère Tristan, vient d'effectuer une sortie en territoire syrien. Gérard de Ridefort lui a donné pour mission de harceler l'ennemi afin d'amener Saladin à concentrer ses troupes dans le secteur. Tristan ne voit pas l'intérêt de pousser Saladin vers Tibériade ; il ne comprend pas davantage pourquoi Ridefort fait jouer aux templiers un rôle exclusivement militaire. Mais il a fait vœu d'obéissance et Gérard de Ridefort est le grand maître de l'Ordre.

C'est en quittant le territoire syrien que l'ennemi a livré bataille.

Au sortir d'un défilé.

Un *telab*[1] kurde, commandé par un émir de presque sept pieds de haut, les attendait en formation de combat. Le choc a été d'une extrême violence. Au

1. Unité de base de l'armée de Saladin. Chaque telab était commandé par un émir, avait son clairon, son étendard et ses oriflammes propres.

plus fort de l'engagement, le géant kurde a abattu sa *khetaf*[1] sur le heaume de Tristan. L'énorme hache de fer a glissé sur le casque et heurté l'épaule, fendant la cotte de mailles sur un bon empan et entamant la chair.

Bien qu'assommé par le choc, Tristan a eu le temps d'armer sa dextre. Ce faisant, il s'est remémoré les mots d'Al-Yanis : « L'étourderie de l'adversaire est une arme dont tu dois apprendre à te servir ! » Pendant l'infime fraction de seconde précédant l'allonge, il a réalisé que le cavalier kurde, étourdi de vanterie, ne protégeait plus son flanc gauche. « Exécute les coups en gardant toute ta présence d'esprit ! » répétait Al-Yanis.

Si fait.

Tristan a visé, frappé d'estoc et planté son arme dans le flanc gauche du géant, qu'il a transpercé de part en part, le tuant sur le coup.

L'affrontement aura été meurtrier : un chevalier, trois sergents et cinq archers tués. Les Turcs, quant à eux, ont perdu vingt-sept des leurs.

Tristan ne parvient pas à faire le tri de ses émotions. Il a chevauché en territoire syrien, sa patrie, et a sévi contre les siens ! Cette pensée l'obsède. Certes, il s'est comporté saintement, a obéi scrupuleusement aux ordres, levé son arme à bon escient… comme le veut la règle. Mais il a occis des frères syriens ! Au plus fort de la bataille, il a pensé à An-Nour. Qu'adviendra-t-il de notre complicité, de nos souvenirs… si, par la volonté du Très-Haut nous devons nous affronter de la pointe de nos lances ?

---

1. Hache de combat toute en fer.

Ils approchent du château templier.

Un cri, puis le mugissement d'une trompe. Les guetteurs postés sur les chemins de ronde crient de faire diligence. « La troupe arrive ! » Gardes et servants du pont-levis s'activent, tirent sur les treuils. L'énorme tablier de bois glisse sur ses rainures, craque, grince, s'abat sur l'entablement. Un claquement grave et sec.

Tristan avance le premier. Son manteau est tant rougi de sang qu'on ne distingue plus la croix brodée de pourpre. Son heaume est bossué par les masses d'armes : il ne ressemble plus guère au ci-devant chapel de fer. Derrière lui viennent les sergents, mal en point eux aussi. Ils tirent des moreaux fortement ensellés sur lesquels gisent les morts et les blessés.

Les frères attachés à l'infirmerie se précipitent sur la troupe, prennent en charge les blessés puis, conformément à la règle, déposent les morts sur les marches de la chapelle.

Tristan prend appui sur l'arçon de sa selle, mais son épaule blessée lui fait mal. Il n'arrive pas à descendre. Il fait signe à son écuyer, qui vient prestement à son aide. Dès que Tristan a mis pied à terre, l'écuyer le soulage de son heaume et prend les rênes de son destrier.

Avant de faire soigner plaies et meurtrissures, Tristan se rend à la chapelle. Il veut remercier Dieu et Notre-Dame de lui avoir donné victoire. Une fois devant l'autel, il met genou à terre. Mais les émois de la journée ont été si violents qu'aucune prière ne sort. Son esprit s'évade, quitte ses frères templiers, retrouve An-Nour, Aïcha, Mélisende… *Mère, pourquoi m'as-tu abandonné ? Pourquoi m'avoir refusé tout signe de vie ?*

Soudain, un visage efface tous les autres.

Tristan se signe, comme pour bouter le diable, mais loin de disparaître, le visage prend vie :

— Tu es blessé à l'épaule, murmure la voix de Shérazade, il faut que je te soigne !

— Non, laisse, le frère chirurgien prendra cure de mes plaies.

— Je ne veux pas qu'ils te touchent ! Moi seule ai droit sur ton corps !

Elle prend une aiguille en or, du fil de soie et coud la plaie avec tant d'adresse qu'il ne ressent plus de douleur. Un doux picotement lui parcourt l'épaule. Puis elle nettoie la plaie avec de la charpie imbibée d'essences de rose.

Un élancement douloureux met fin à la vision. Shérazade, le fil de soie, les essences s'évanouissent. Le chapelain vient de poser une main sur son épaule.

— Frère Tristan, notre maître général vous mande de monter le voir sans tarder. Il vous attend dans les appartements du commandeur.

Tristan se signe et quitte la chapelle.

Debout près de la fenêtre, Gérard de Ridefort lui fait signe d'entrer. Son regard est accusateur.

— Vous avez perdu neuf des nôtres !

Tristan ne baisse pas la tête. La faute la plus grave que puisse commettre un templier est bien de conduire ses frères à la défaite par légèreté ou mésintelligence de l'assaut, mais il n'y a eu de sa part ni étourderie ni manquement aux règles de combat.

— Dieu m'est témoin, seigneur maître, que les nôtres ont abattu l'ennemi au plus beau qu'ils ont pu autour du gonfanon. Nul n'est sorti du rang que je lui ai assigné et ceux qui sont morts l'ont fait en rendant grâces de leur martyre.

Gérard de Ridefort le dévisage. Il y a chez Tristan de Fos des instincts combatifs, fougueux, qui ne lui déplaisent point. Certes son sang est vif et il rue sous le harnais, mais il finit toujours par se plier à la stricte discipline de l'ordre. Ce sont les frères de cette trempe qui emportent l'assaut sur les champs de bataille !

— Remerciez tout de même Notre-Seigneur, car avec son aide et celle de Dame sainte Marie, vous avez servi grandement la cause de notre royaume de Jérusalem.

— C'est pour les remercier l'un et l'autre que je me suis rendu à la chapelle avant de confier mes plaies au frère infirmier.

Un cheval hennit. Ridefort va à la fenêtre et se penche : le frère infirmier soigne un destrier blessé au cou.

Ridefort revient et tend un hanap de vin à Tristan :

— Tenez, cet excellent vin de Jaffa ragaillardit le cœur et ranime les os moulus.

Il se penche sur son épaule.

— Blessé ?

— Oui, un coup de *khetaf* assez puissant pour fendre le crâne d'un bœuf. Le Kurde qui l'empoignait m'a défoncé le heaume et fendu le haubert.

Ridefort observe la plaie :

— Simple égratignure. Lève ton bras !

Tristan est surpris par ce tutoiement soudain, car Ridefort ne tutoie habituellement que ses pairs.

— Je ne peux, seigneur maître.

— Eh bien, force ! On n'entre pas dans une femme

avec une verge molle. Tu es un guerrier, mets de l'acier dans ton sang !

Tristan reçoit ces propos comme une gifle, mais il se tait. Il force sur son bras, qui bouge de quelques pouces.

— Voilà qui est mieux ! Les nerfs ne sont pas touchés, dans trois jours, il n'y paraîtra plus.

Il s'approche de la table et prend un rouleau de papyrus.

— Tu as vécu en Syrie et tu connais l'ennemi par le dedans. Il me tarde de prendre ton avis. Combien d'années as-tu passées à Shadar ?

— Depuis ma naissance, seigneur maître.

— Bien, cela nous fait une vingtaine d'années. Connais-tu Saladin ?

Tristan fronce les sourcils. Que sait le maître de l'Ordre sur ses malheurs ? Il n'en a parlé à personne, jamais ! Hormis frère Abélard de Troyes – qui lui a fermement recommandé de se taire –, personne n'est au courant. « Onques ne parle de cette navrure[1] ! » lui a-t-il répété.

— Je t'ai posé une question, s'impatiente le maître général.

Tristan n'aime pas Gérard de Ridefort, qu'il trouve arrogant et faux, mais il a fait vœu d'obéissance et le maître de l'Ordre est l'autorité suprême après Dieu et le pape.

— Oui, sire maître, je connais Saladin.

— Parfait, dis-moi à présent si tu le connais personnellement.

Tristan hésite. Où veut-il en venir ? Ridefort serait-il

1. Ne parle jamais de cette blessure !

au courant des liens que sa mère et le « Rassembleur de l'Islam » ont tissé depuis vingt ans ? Pourquoi pas, après tout, puisque des templiers venaient tous les ans à Shadar…

Ayant surpris son hésitation, Ridefort durcit la voix :

— Méfie-toi, doux frère[1]. Jusqu'ici, Dieu m'est témoin que je n'ai jamais cédé devant l'infidèle ni reculé devant qui que ce soit. Tiens-toi pour dit que, quand je donne un ordre, j'exige qu'on l'exécute ! Alors ?

Tristan hésite encore. Finalement, il se résout à épousseter ses souvenirs.

— Au plus loin que porte ma mémoire, ma mère et Saladin étaient amis.

— C'est bien ce qu'on m'a dit. Autre chose : connais-tu ses enfants ?

Tristan sursaute. Sa réponse jaillit comme le vermillon du sang d'une plaie :

— Non, seigneur maître, je ne connais pas ses enfants.

Ridefort étale le rouleau de papyrus sur la table du commandeur.

— Peu importe. Saladin vient de réorganiser ses territoires. Il a mis des hommes sûrs aux premiers postes, et d'abord ses fils. Approche et dis-moi ce que tu en penses.

Tristan se penche sur la carte. Le nom d'El-Afdal, frère cadet de Shérazade, recouvre la région de Damas, celui d'Uthman celle du Caire, Al-Zaher est sur Alep… Cent fois Shérazade a prononcé ces noms. Des pen-

1. C'est par « doux frère » ou encore par « beau frère » que les templiers s'adressent les uns aux autres.

sées s'insinuent dangereusement dans son esprit. Il les écarte.

Gérard de Ridefort pointe son doigt sur la Mésopotamie.

— La clef de la puissance de Saladin est là ! Sans la Mésopotamie, l'ami de ta mère est aussi vulnérable qu'un cavalier sans armure. Tous les princes d'Asie Mineure, d'Azerbaïdjan, de Perse, d'Arménie, de Médie… ont le regard tourné vers les rives du Tigre et de l'Euphrate.

Il dévisage Tristan.

— Connais-tu la sultane de Mésopotamie ?

Tristan pâlit.

— Je sais qu'elle a passé plusieurs mois dans le château de Shadar, poursuit Ridefort. Comment est-elle ?

Les joues de Tristan rosissent tant d'un coup que le maître se fend d'un tonitruant éclat de rire :

— Je ne te demande pas si elle est belle. Elle l'est ! Les poètes la surnomment la « Perle de Bagdad » et les connaisseurs affirment qu'elle a plus qu'il n'en faut pour contenter un homme ! Mais de cela je n'ai cure. Belle ou laide, peu me chaut : ce qui m'intéresse est de savoir si elle peut devenir notre alliée !

Tristan, soudain, prend raison de la perfidie qui sommeille dans les questions du maître. Ridefort lui demande, ni plus ni moins, de livrer Shérazade, de retourner contre elle et contre son père les confidences qu'il en a reçues… La trahir ! Il est horrifié. Sa réponse fuse dans l'instant, cristalline comme le jet d'eau dans les jardins de Bagdad :

— Je connais la princesse, seigneur maître, et je peux affirmer sans retard ni ambages que jamais elle ne trahira Saladin ! Shérazade est et restera d'une indéfectible fidélité à son père.

Gérard de Ridefort hausse un sourcil et affiche un rictus moqueur. Sans quitter Tristan des yeux, il sort une lettre de la poche de sa tunique.

— Il faut croire que tu connais mal la sultane de Mésopotamie ! Elle est bel et bien en train de trahir son père. Au fait, je te signale qu'elle est veuve depuis deux ans.

— Veuve ? sursaute Tristan.

— Oui, veuve ! Tu l'ignorais ? Elle est donc notre seule interlocutrice.

Et il lui tend le pli. Un frisson parcourt le dos de Tristan qui reconnaît l'écriture.

« À Gérard de Ridefort, Maître général du Temple », est-il écrit en belle calligraphie franque.

— Tu reconnais l'écriture, n'est-ce pas ? ironise Ridefort d'une voix où perce la provocation.

Tristan est pris de panique. Que signifie cette lettre ? Par quel incroyable détour Shérazade en est-elle venue à prendre contact avec les Templiers ? Les souvenirs se bousculent, il la revoit, l'entend parler… Non, c'est impossible, veuve ou pas, Shérazade ne peut pas avoir trahi son père ! Ridefort prêche le faux pour savoir le vrai, il ne faut surtout pas tomber dans son piège !

Il lève respectueusement les yeux vers lui :

— Je sais que la fille de Saladin parle et écrit couramment notre langue, finit-il par répondre. Pour le reste, je ne sais pas… À vrai dire, j'ignore tout de la princesse Shérazade.

— Il n'est point bon de mentir, doux frère. Tu reconnais son écriture, c'est clair. J'en déduis que tu connais la fille de Saladin plus que tu ne le dis.

Rassure-toi, j'en suis bien aise, car grâce à mon plan, la sultane de Mésopotamie va devenir l'une de nos cartes maîtresses.

Il garde le silence, plisse les yeux. Puis, d'une voix presque solennelle :

— Ce n'est pas le hasard, beau frère, mais Dieu, qui t'a placé sur sa route. Rien n'arrive en ce monde sans l'ordre et la permission de Dieu. Or, sa volonté est claire : Il veut que tu conduises Shérazade sur la voie de nos intérêts, qui sont ceux de notre sainte religion.

Tristan est désarçonné. Au point qu'il en oublie ses blessures : il n'a plus mal. Où le souverain maître veut-il en venir ?

Celui-ci décroche son manteau et le jette sur ses épaules.

— Tu vas soigner tes plaies à l'infirmerie et reprendre vite des forces. Je veux que tu manges de la viande tous les jours, fors vendredi, et qu'on te serve une bonne ration de vin à chaque repas.

Il le fixe intensément :

— Et dans huit jours, tu prendras la route de l'Euphrate.

Tristan écarquille les yeux :

— De l'Euphrate ? Mais il faut pour cela traverser le désert de Syrie !

— Tu le traverseras.

— Et aller en Mésopotamie !

— Tu iras en Mésopotamie.

Il est abasourdi, en proie à des turbulences dont le maître n'a pas soupçon : l'Euphrate… la Mésopotamie… Shérazade ! Lorsqu'il relève la tête, ses yeux brillent, mais derrière cet éclat perce l'inquiétude.

— Vous ne le savez peut-être pas, sire maître, mais

Saladin m'a donné ordre de ne jamais remettre les pieds en Syrie, et ce, sous quelque prétexte que ce soit !

Les traits de Ridefort se durcissent :

— À qui devez-vous obéissance, frère Tristan, à Saladin, ou au maître du Temple ?

— À mon souverain maître, cela va de soi.

Tristan est sincère. Mais il a envie de répondre que le problème n'est pas dans l'obéissance qu'il doit à l'Ordre – qu'il honorera, quoi qu'il arrive –, mais dans le sultan lui-même. Lorsque Saladin intime des interdits, nulle dérogation n'est possible, nul ne peut contrevenir. Chrétien ou pas, celui qui enfreint ses ordres est un homme mort !

— Tu iras donc en Mésopotamie ! répète Ridefort d'un ton sans appel.

Il pose une main sur l'épaule valide du chevalier.

— Saladin est un homme de parole. Il m'a fait parvenir des laissez-passer pour trois chevaliers du Temple avec leurs écuyers, chameliers et muletiers. Il exige seulement que vous soyez de retour avant le ramadan. Ce qui vous donne une marge de trois mois.

— Saladin sait-il que l'un des trois templiers est le fils de Mélisende ?

Ridefort l'observe un court instant, puis hausse les épaules :

— Pourquoi ? Où est le problème ? J'ai décidé que tu dirigerais la délégation et tu la dirigeras.

Tristan s'incline respectueusement :

— Quelle sera ma mission ?

— Tu le sauras en temps voulu.

31

Décembre 1186

Le jour se lève. Il fait froid. Gérard de Ridefort vient de convoquer les chevaliers en partance pour la Mésopotamie. Enveloppé dans son manteau fourré de laine, il les reçoit en présence du commandeur. Outre frère Tristran, qui dirige la délégation, il y a là frère Salvio de Torrijo – un templier originaire d'Aragon – et frère Hugues de Tyr, qui arrive d'Antioche. Ridefort leur fait signe de s'asseoir, mais lui-même et le commandeur restent debout.

— Saladin est au sommet de sa puissance, commence-t-il. Sans l'aide de Notre-Seigneur et de sa sainte mère, Dame Marie, ses armées nous auraient cent fois écrasés, et nous écraseront à n'en pas douter s'il consolide ses alliances.

Tristan approuve en silence, car la force de Saladin – il a pu le vérifier lors du siège de Kérak – vient de sa capacité à nouer des alliances avec les émirs autrefois hostiles à Damas.

— Tôt ou tard nous devrons le combattre de front, poursuit Ridefort, mais nous ne sommes pas prêts.

Notre seule issue est de l'affaiblir par des accords passés avec ses alliés.

Il observe les trois chevaliers, s'attarde sur Tristan, puis fait signe au commandeur, qui décroche une besace de chamelier et en sort un coffret en bois, astucieusement muni de fermoirs d'argent.

— La sultane de Mésopotamie tient beaucoup à cet objet, poursuit-il. Elle nous a expressément demandé d'aller le lui quérir en terre de France.

Tristan est stupéfait. Shérazade lui a tant parlé du « collier de la colombe », tant décrit le coffret avec ses fermoirs d'argent, qu'il le reconnaît d'emblée. Comment a-telle fait pour obtenir de Mélisende qu'elle le lui cède ?

— Tu parles et écris couramment la langue sarrasine, reprend Ridefort à l'adresse de Tristan. Dis-nous ce qui est écrit dessus.

Tristan prend religieusement l'objet, l'examine : les fermoirs d'argent sont soudés, on ne peut pas l'ouvrir. Les paroles de Shérazade lui reviennent en mémoire : « Le couvercle est fermé parce que le coffret contient l'âme d'une esclave mongole... »

— Alors, qu'est-il écrit dessus ? s'impatiente Ridefort.

— « Le collier de la colombe », seigneur maître.

— Ah !

Ridefort reprend l'objet et le secoue près de son oreille. On entend un bruit mat, râpeux. Intrigué, Ridefort tente de forcer le couvercle.

— Ne faites pas ça ! bondit Tristan.

— Ah bon ? Pourquoi ?

Le jeune templier est sur le point de répondre : « L'âme d'une esclave est à l'intérieur ! » Mais il se ressaisit. Il réplique par une question :

— Cet objet se trouvait habilement dissimulé dans

mon château de Lourmy. Personne n'en connaissait la cachette. Comment avez-vous fait pour le découvrir ?

Ridefort est comme frappé de stupeur par l'impertinence de la question. Il lui jette un regard sévère.

— Vous avez fait vœu de pauvreté, doux frère. Quand comprendrez-vous que les templiers, tant qu'ils sont dans l'Ordre, n'ont pas de bien en propre ? Présentement, vous n'avez pas plus de château en Provence que je n'ai de terres en Flandre ! Pour le reste, sachez que les prud'hommes de la maison ont cru bon, pour notre bien à tous et celui de la chrétienté, d'accéder au vœu de la sultane de Mésopotamie.

Il range le coffret dans la besace de chamelier, qu'il tend à Tristan.

— Ta mission sera de remettre cet objet à la sultane Shérazade. De cette mission et des conséquences qui pourraient s'ensuivre dépend l'avenir du royaume. Notre bon roi Guy et la reine Sybille comptent sur ta diligence.

Tristan prend la besace et la passe en bandoulière.

— Bien, poursuit Ridefort. Les laissez-passer avec le sceau de Saladin sont prêts. Des guides choisis par Damas vous attendent de l'autre côté du Jourdain. Partez en paix et que Dieu vous accompagne.

La délégation prend la route du désert. Elle est composée de trois chevaliers, de leurs écuyers et de dix sergents, que secondent une demi-douzaine de muletiers et de chameliers.

Les guides, comme convenu, attendent outre-Jourdain. Des Banu-Ghilaf ! Tristan les reconnaît à la couleur de leurs turbans. Des bribes de phrases, maintes fois entendues à Shadar, ricochent dans sa mémoire :

« Ce sont les Banu-Ghilaf qui ont tué le premier mari de Mélisende… La lie des Bédouins, les plus abominables fils d'hyène que le désert ait portés ! »

— Qui vous envoie ? demande Tristan dans leur langue, dont il connaît la moindre nuance.

Leur chef, un nommé Rachid Al-Raquim, répond avec force déclarations d'amitié qu'ils sont envoyés par Saladin lui-même. Et il ajoute qu'ils vont suivre un itinéraire inhabituel, sur les lisières nord du désert d'Arabie, et ce afin d'éviter les bandits et les vents de sable. Tristan remarque que leurs chameaux sont des Al-Waddah, avec leur belle robe blanche, des bêtes davantage propres à la course et aux courts trajets qu'à une longue traversée du désert. Il lui en fait la remarque. Rachid Al-Raquim, après avoir célébré en des mots onctueux ses connaissances sur les chameaux, explique que ces bêtes proviennent d'un croisement avec les puissants Almajahim, ce qui leur permet d'allier robustesse et vitesse. Tristan est sur le point de répondre que les Almajahim sont de robe noire, et que certains de ces chameaux sont blancs comme neige, mais il se tait. Si les Banu-Ghilaf portent de mauvais desseins en eux, il ne faut surtout pas montrer qu'il peut les déjouer !

Il reste sur ses gardes.

Les templiers voyagent comme le veut la règle : par colonne, en ordre, leurs chevaux trottant l'amble[1]. Et quand la nuit arrive, ils ne bivouaquent que lorsque frère Tristan a crié : « Hébergez-vous, seigneurs frères, de par Dieu ! »

1. Au pas.

Ils dressent alors leurs tentes autour de celle qui tient lieu de chapelle et se préparent pour la nuit en sachant qu'ils vont, à tour de rôle, monter la garde et entendre les heures à la chapelle[1].

Ce soir-là, la caravane bivouaque sur une vaste étendue rouge ocre, si rouge que les rayons du soleil couchant semblent jaillir du sol.

La nuit est d'un calme inhabituel, étrange. Les étoiles scintillent, mais une brillance floue remplace leur éclat naturel. Soudain, au milieu de la nuit se lève un vent de sable d'une violence terrible. La tempête s'abat sur la troupe à la manière d'un rapace sur sa proie, soudaine, brutale ; elle griffe, forcit, renverse les bêtes.

Les guides crient aux templiers de grouper les chameaux en demi-cercle et de se réfugier dans le creux du croissant ainsi formé. Tristan donne des ordres en conséquence. Il ordonne aussi aux frères de s'emmitoufler dans leurs manteaux et de dérouler leurs turbans pour voiler leurs visages. Lorsque tout le monde est installé, il rampe jusqu'à la mule transportant l'argent et l'entrave solidement. Il se couche ensuite, comme les autres frères, à l'abri des bêtes.

La nuit est interminable. Le sable s'infiltre dans les plis, brûle, craquelle la peau. Une immensité opaque recouvre hommes et bêtes. On n'entend que le sifflement du vent, l'ébrouement des bêtes, le bruissement du sable qui roule sur le dos des chameaux.

Rompus de fatigue, hommes et bêtes somnolent.

Dans son demi-sommeil, Tristan ressasse les paroles d'Al-Yanis : « Le sable est le pire de nos ennemis, si

1. Prier.

un jour tu vas dans le désert, apprends à le vaincre et tu seras invincible. Ne lui cède jamais ! »

Lorsque le soleil se lève enfin, la tempête, au lieu de faiblir, forcit.

Tristan comprend soudain ce qu'Al-Yanis voulait dire : ils sont en danger ! Il cherche les guides, mais le sable recouvre le bivouac, il ne les aperçoit point. Qu'importe, guides ou pas, il faut partir !

Il donne l'ordre de lever le camp :

— Levez-vous, mes frères, si nous restons couchés, nous sommes morts. Il nous faut marcher, résister !

Les templiers se lèvent. Des rafales de terre ocre battent leurs tuniques, laminent leurs visages. Il faut tenir ! Les templiers sont habitués à l'effort, le sacrifice est leur compagnon de route. Ils avancent aveuglés par le sable, mais ils avancent, pas à pas, comme le Seigneur-Dieu sous le poids de sa croix. Rien ni personne, hormis la volonté du Très-Haut, ne peut les arrêter.

Brusquement le vent tombe, le désert se réveille, rouge de sable et de soleil. Tristan se retourne : ses frères templiers sont là, les muletiers et les chameliers aussi. Mais point de Bédouins. Disparues aussi les mules transportant les présents destinés à la sultane de Mésopotamie, disparus plusieurs chameaux… L'angoisse étreint Tristan, il cherche la mule qui transporte l'argent : disparue elle aussi !

Tous ont déjà compris. Tristan sort son épée et montre le nord.

— Dieu nous guidera, comme il a guidé les Rois mages sur ce même désert, voici mille ans. Prions Notre-Seigneur et sa sainte mère pour qu'ils nous montrent le chemin !

Ils se recueillent, prient, et prennent la direction du nord.

Soudain, venant de nulle part, arrive un homme vêtu de noir, puis un second, puis deux femmes et des enfants, un chien et un âne. L'état de pauvreté de ces gens est si grand qu'ils font peine à voir. Leur regard, pourtant, n'est pas triste ; aussi étonnant que cela puisse paraître, il porte une lueur de bonheur serein. À la couleur de leur peau, Tristan reconnaît les Banu-Oubayy, de la grande tribu des Tayy. Al-Yanis a maintes fois évoqué ce clan complètement à part parmi les Bédouins. Il lui a expliqué qu'ils ne consomment que des bêtes mortes, contrevenant en cela aux principes de l'islam qui veut que toute bête bonne à manger soit d'abord égorgée rituellement. Mais ils sont fondamentalement hospitaliers. S'ils reçoivent un hôte, ils tuent pour lui un de leurs animaux, se gardant bien de lui offrir leur propre nourriture. Tristan leur demande ce qu'ils font par ici et ils répondent qu'ils vont vers le sud, qu'ils y ont plusieurs tas de millet enfouis et sont en route pour aller les y prendre. Actuellement ils n'ont plus rien à manger, hormis des os desséchés, qu'ils pilent, mettent à tremper et avalent accompagnés de feuilles d'aroche, une plante du désert.

Tristan leur offre du pain, puis leur explique ce qui leur est arrivé. Les Banu-Oubayy répondent que cela ne les étonne pas, car les Banu-Ghilaf sont la lie des Bédouins, des félons.

Ils proposent leurs services, promettant de les conduire jusqu'à l'Euphrate contre un peu de nourriture. Tristan traduit l'offre des Bédouins et dit à ses frères que les Banu-Oubayy sont connus pour leur honnêteté.

— C'est Dieu qui nous les envoie, s'empresse de répondre frère Salvio de Torrijo, nous devons leur faire confiance.

Six jours plus tard, ils arrivent en vue d'une oasis.

— C'est l'oasis d'Al-Chams, ce qui signifie « soleil », à cause du sable rouge, expliquent les Banu-Oubayy.

Alors qu'ils en approchent, apparaît, dans un nuage de poussière, une troupe d'une cinquantaine de cavaliers. Leurs manteaux jaunes brillent au soleil.

Tristan n'en croit pas ses yeux. Que fait la garde personnelle de Saladin en ce lieu perdu ? Qu'est-ce que cela signifie ? Sont-ils tombés dans un traquenard ? Il se tourne vers les guides pour les interroger, mais, à sa grande stupeur, ils ont disparu. Tout cela n'est pas normal. Il observe à nouveau la troupe : elle avance en rang serré. Al-Salayah ! Il a la plus grande admiration pour ces cavaliers d'élite, les meilleurs de toute la Syrie, choisis pour leur bravoure et leur sang-froid. Prudent, il ordonne à son écuyer de lui apporter sa lance et à ses hommes de se grouper en colonne de combat. Il déploie le gonfanon baucent et met sa monture au trot.

Ils approchent de l'unité kurde. Il reconnaît des visages et a un pincement au cœur : ces hommes ont été, trois ans plus tôt, ses compagnons d'armes. Il reconnaît aussi leur chef : Al-Touran.

Arrivé à leur hauteur, il salue et explique, en arabe, le but de sa mission.

— Je suis au courant, répond Al-Touran sèchement. J'ai ordre d'accueillir comme il se doit cette délégation, tous ses membres sans exception, sauf toi. L'accès de la Mésopotamie t'est interdit, tu en connais la raison. Mes hommes vont te conduire vers le seul endroit qui convienne à ta condition de traître : une basse-fosse ! Tu y resteras aussi longtemps que durera le séjour de la délégation franque dans le pays. Tels sont les ordres. À présent, donne-moi ton épée, elle te sera rendue en temps voulu.

— On ne retire pas son épée au chef d'une délégation !

Al-Touran tire son sabre et lui enfonce la pointe sous le menton.

— Je t'ai dit de me donner ton épée !

Tristan connaît les coutumes. S'il s'obstine à garder son arme, s'il fait acte d'inimitié, il peut payer cette insolence de sa vie. S'il la remet, s'il fait acte de soumission, elle lui sera rendue conformément à la parole donnée.

Il tend son arme, puis se tourne vers ses hommes, leur explique la situation et confie le commandement à frère Salvio de Torrijo.

Des cavaliers kurdes l'entourent. Sans lui donner le temps de faire le moindre geste, l'un d'eux prend les rênes de son destrier et les attache au troussequin de sa selle, un autre lui attache les mains derrière le dos.

— En route ! crie Al-Touran.

Et ils l'emmènent.

Vers le désert.

32

Les geôles de Mésopotamie

Le cachot est sombre.

Tristan, qui a toujours les poignets liés derrière le dos, est pris de frissons. Jusqu'où ira la cruauté des hommes ? Il pense à Shérazade. « C'est pour toi, mon amour, que je suis ici. Que ne puis-je crier ton nom ! » Après, mais seulement après, il pense à Dieu.

Et prie.

La cellule est une pièce carrée d'une dizaine de pieds de côté. Elle comporte deux issues. L'une – celle par où il est arrivé – est faite d'une porte en bois sombre cloutée de fer ; l'autre, sur le mur opposé, est barrée d'une porte en bois clair. L'endroit est propre, ce qui le laisse perplexe. Il a connu des prisons en grand nombre, à Kérak, Damas, Antioche… et aucune ne ressemble à celle-ci. De plus, il y traîne comme une arrière-fragrance…

À lui en donner le vertige : il reconnaît le parfum préféré de Shérazade ! Qu'est-ce que cela signifie ?

Il passe en revue les dernières heures. Les gardes l'ont conduit jusqu'à cette forteresse, sur les bords de l'Euphrate. Une longue chevauchée pendant laquelle il a eu tout loisir de les observer. Aucun ne lui a adressé la parole. Par contre, il les a sentis prêts à lui trancher le cou au moindre écart. Le mot « traître » bourdonnait à ses oreilles, la preuve vivante de sa traîtrise étant la croix cousue sur son manteau et sa cotte d'armes. Comment leur expliquer qu'il n'a jamais trahi, que seul est en cause l'amour incommensurable qu'il porte à Shérazade ?

Al-Touran l'a remis au gouverneur, un certain Al-Jaadar, qui l'a jeté au milieu de la cour et a fait siffler son fouet devant toute la garnison. Il a frappé à coups de manche et de mèche avec un acharnement tel qu'Al-Touran s'est vu contraint de lui empoigner le bras.

— Arrête ! Tu vas nous le tuer !

— Mille coups de fouet ne suffiront pas à laver l'infamie de ce fils de chienne !

Le visage de Tristan était en sang.

— Notre bien-aimé sultan t'a interdit de remettre les pieds en Syrie ! Pourquoi as-tu passé outre ?

Il a fait claquer ses doigts et un serviteur, qui retenait tant bien que mal un molosse à la tête démesurée, a fait quelques pas en avant. Les aboiements du fauve ont glacé le sang de Tristan.

— D'après les dires, a ricané Al-Jaadar, il te reste encore une part en réserve !

Les gardes se sont esclaffés, ont proféré des mots obscènes.

Tristan a senti son cœur bondir dans sa poitrine. Les images se sont entrechoquées : le couteau de Diab-Ed-Dine, le rire de ses assistants, le spectacle du chien en train d'engloutir l'innommable…

— Nous devons te rendre entier, c'est dommage ! a soupiré Al-Jaadar.

Il a claqué à nouveau ses doigts :

— Jetez-moi ça dans la basse-fosse !

Des gardes ont poussé Tristan sans ménagement vers une grille qui ouvrait sur un corridor étroit.

Au bout, une porte cloutée de fer.

***

Cela fait des semaines que Shérazade réfléchit aux détails de l'opération.

Elle a dressé les plans dans le plus grand secret, car les espions de son père pullulent en Mésopotamie. Or, il a expressément ordonné d'intercepter Tristan dès son arrivée à l'oasis d'Al-Chams et de le retenir prisonnier pendant toute la durée des pourparlers. Il fallait donc agir promptement et endormir par un coup d'éclat la méfiance des espions.

Depuis leur séparation, trois ans plus tôt, elle n'a eu de cesse de retrouver Tristan. En apprenant qu'il était chez les Templiers – ces moines-soldats à la bravoure mais aussi au célibat légendaires –, elle en a éprouvé un doux soulagement. Son drame aurait été qu'il prenne femme ! Tristan devenu templier, elle n'aura à vaincre que sa foi, un adversaire infiniment moins dangereux qu'une femme !

Les services de Saladin n'ont pas décrypté les lettres interceptées à Kérak. Lorsqu'elle a pris véhémentement la défense de Tristan, alors que son époux était encore en vie, elle a affronté sans sourciller la froide colère de son père. Elle est veuve à présent, et sultane de Mésopotamie, l'un des plus sûrs bastions de Saladin dans la région. Il ne peut rien contre elle.

Sauf intercepter Tristan et empêcher leur rencontre.

Les sévices que le bourreau a infligés à l'homme

qu'elle aime sont une épine à jamais plantée dans sa chair. Pourquoi son père a-t-il ordonné pareil supplice ? La pensée de Tristan diminué dans sa virilité lui est insoutenable. Elle brûle de sentir son corps contre le sien, de recevoir ses caresses, mais pourra-t-il seulement la désirer ?

Hélas ! Le mal est fait. Tristan ne sera jamais plus un homme comme les autres !

Qu'importe, mon chéri, je t'aime comme tu es, même si tu ne peux pas ! Même si jamais je ne peux te sentir en moi, ni recevoir au-dedans de moi les fruits de ta passion. Notre amour est plus fort que l'enlacement des corps !

***

La porte en bois clair grince sur ses gonds. Tristan sursaute. Apparaît soudain dans l'entrebâillement un homme de bonne taille, le bas de son visage caché par un pan de turban aux couleurs des Banu-Issad, les Bédouins de Mésopotamie.

— Alors, Tristan, tu ne me reconnais pas ?

— Non, vraiment pas. Qui êtes-vous ?

L'homme ôte le turban qui lui voile le visage, Tristan écarquille les yeux. Une pluie d'étoiles se répand dans la cellule.

— Shérazade !

— Chut ! fait-elle en sortant un couteau de sa poche. Il ne faut pas que les gardes nous entendent.

Sans perdre une seconde, elle coupe le chanvre qui entrave ses poignets.

— Désolée, mon chéri, mais les espions de mon père sont partout, il nous fallait endormir leur méfiance. Al-Touran, le Kurde qui t'a arrêté, est le chef de ma garde personnelle, un ami sûr. Al-Jaadar, celui qui t'a fouetté, est mon général le plus dévoué, un ami sûr lui aussi. Nous avons tout mis au point, y compris l'envoi des Banu-Oubayy pour vous servir de guides. Nous ne faisions pas confiance aux Banu-Ghilaf envoyés par Damas. La tempête de sable, que les Banu-Oubayy, fins connaisseurs du désert, avaient parfaitement prévue, a facilité les choses.

Il se frotte les poignets et la fixe, ahuri.

— Shérazade, dis-moi que je rêve !

— Non, mon chéri, tu ne rêves pas, tu as bien devant toi la sultane de Mésopotamie !

Il se frotte les yeux, la dévisage.

— Tu es habillée en homme !

Elle hausse les épaules.

— Tu me vois arriver dans cette forteresse vêtue de soies, drapée de mousselines, et passer inaperçue ?

Elle glisse un doigt sur sa joue et a une moue de mécontentement.

— Al-Jaadar avait pour consigne de te rudoyer, non de te défigurer ! Il me faut te soigner, viens !

Elle lui prend la main et l'entraîne hors de la cellule par la porte en bois clair. Tristan n'en croit pas ses yeux. La pièce qui s'ouvre devant lui est vaste, lumineuse, luxueusement meublée d'un divan moelleux, de tapis, d'une table incrustée de nacre… Dans un angle, sur un carré surélevé décoré de faïence bleue, une cuve remplie d'eau fumante !

— J'imagine que tu veux prendre un bain, fait Shérazade en refermant la porte de la cellule à clef.

— Mais… cette chambre, ce luxe, cela signifie quoi ?

— Que je suis la sultane de Mésopotamie et que je t'aime, c'est tout.

Elle prend un morceau de tissu, l'imbibe d'essences de genièvre et nettoie la plaie de son visage.

— Ici, poursuit-elle, il n'y a personne au-dessus de moi. Hormis mon père, bien sûr. C'est à cause de lui que je suis contrainte de prendre toutes ces précautions.

— Mais, cette pièce, ce luxe…

— Écoute, Tristan, j'ai à ma disposition assez d'esclaves et d'artisans pour construire un palais en quinze jours si l'envie m'en prend. Mais ce n'est pas d'un palais que j'ai besoin, seulement d'un coin douillet. J'ai donc fait aménager cette pièce afin que nous puissions nous rencontrer pendant la durée des pourparlers sans éveiller de soupçons. Personne, hormis des amis sûrs, n'en connaît l'existence. Pour les gardes et pour les espions de mon père, tu es en prison et sans aucun doute le prisonnier le mieux gardé de toute la Syrie.

— Ce en quoi ils ont raison, puisque je suis gardé par une princesse ! Autre chose : tu as évoqué des pourparlers… mais je n'avais aucun mandat pour mener quelque négociation que ce soit ! Non, il n'y a pas de pourparlers prévus, la délégation templière est uniquement venue t'apporter ceci.

Il montre la besace contenant le « collier de la colombe ».

— Les gardes n'ont pas fouillé ton *soulek* ? demande Shérazade avec une pointe de malice dans la voix.

— Non. Aurais-tu donné des ordres dans ce sens ? Cela dit, le *soulek* fait partie de notre barda de campagne, il colle à nous comme la toile de nos chausses. Quand on fait des prisonniers, il est rare qu'on y touche.

Shérazade a un sourire amusé.

— J'ai quand même ordonné qu'on n'y touche pas ! Pour le reste, c'est plus compliqué que cela. Le « collier de la colombe » n'est qu'un prétexte habilement exploité par Ridefort et mon père. Mais laissons les choses sérieuses pour plus tard. D'abord tu vas prendre un bain, tu en as grand besoin. Et ne fais pas cette tête, c'est vrai.

Elle trempe une main dans la cuve.

— Déshabille-toi, l'eau est encore chaude.

— Euh…

Elle pouffe de rire.

— Notre saint templier ne veut pas qu'une femme le regarde nu ! Soit, puisque mon regard te gêne, je me tourne. Je vais en profiter pour ramasser tes vêtements. J'ai demandé à une esclave chrétienne de les laver ; elle s'appelle Rose, je l'aime beaucoup. Et ne rechigne pas : pas de bain, pas de Shérazade ! Tu sens aussi fort qu'un Bédouin, et ce n'est pas peu dire !

— Je ne rechigne pas, j'ai juste du mal à ôter mes chausses. Cela dit, je ne veux pas que tu me voies tout nu !

Elle hausse les épaules, ramasse ses vêtements et lui tourne le dos.

Il enjambe la cuve, s'assoit et soupire d'aise.

Shérazade pose les vêtements dans un panier d'osier. Lorsqu'elle se retourne, il la regarde avec l'impression étrange que, dans le fond, ils ne se sont jamais quittés.

— Après tant d'avanies, tu ne peux imaginer comme il m'est doux de te retrouver.

— Mais si, mais si, je l'imagine fort bien !

Elle s'approche de la cuve.

— Et maintenant détends-toi. Je vais te masser.

— Non, je veux que tu me parles de toi, de tes amis, de ta vie en Mésopotamie…

— Ah non ! Ici, c'est moi qui commande ! Personne,

en Mésopotamie, ne discute mes ordres. Je vais d'abord te masser et te parfumer. Je te parlerai de moi après. Ferme les yeux et laisse-toi faire.

Sans attendre de réponse, elle retrousse ses manches et plonge ses mains dans la cuve.

Tristan est pris de court. Il ne s'attendait pas à ce que les mains de Shérazade l'entreprennent sous l'eau. Des mains-papillons qui volettent sur ses épaules, glissent sur sa poitrine, effleurent, se posent, repartent. Très vite, sans qu'il puisse y remédier, elles mettent ses sens à nu. Il pense à ses vœux, à ses engagements devant Dieu, devant l'Ordre, devant l'Église. Il se recroqueville machinalement et fait appel aux lumières de l'esprit. Mais les mains-papillons n'ont que faire de ces lucioles dont la place est dans la nuit semée d'interdits, non sous le soleil de Shérazade.

— Ne te crispe pas ! s'énerve-t-elle, ce n'est pas bien de se crisper. Je t'ai dit de me laisser faire !

Tristan étend ses jambes, lorsque les mains-papillons glissent encore, précisent leur chemin.

— Non, Shérazade, il ne faut pas que tu continues.

— Ah bon ? Pourquoi ? Je ne suis pas assez belle ? Si c'est à cause de mes vêtements d'homme, dis-le, je me mets toute nue.

— Mais non, mais non ! Je veux dire, mais si ! Bien sûr, que tu es belle ! Si je dis qu'il ne faut pas, c'est parce que j'ai fait vœu de chasteté, c'est tout.

— Vœu de quoi ?

— Euh… de chasteté.

Elle fait un pas de côté et le dévisage.

— De chasteté, pour quoi faire ? On m'a dit que… Tu veux dire que…

— Que je n'ai pas le droit, c'est un engagement que j'ai pris envers Dieu.

Elle reste un moment interdite.

— Mais non, je ne parle pas de tes engagements envers Dieu, ça c'est un détail. Je parle de…

Sans transition, elle plonge sa main dans la cuve, trempant sa manche jusqu'à l'aisselle. Ses yeux, d'un coup, deviennent aussi grands que des soucoupes.

Elle retire la main.

— Mais… tu peux !

— Je peux ? Mais je peux quoi ?

— Mais… là ! fait-elle en replongeant jusqu'à l'épaule.

Timidement, il tente de retirer sa main.

— Écoute, Shérazade, il ne faut pas, tu es en train de débrider mes sens ! Arrête, ce n'est pas bien.

Sans le quitter des yeux, elle garde la main fermement lovée sous l'eau.

— Mais là, tu as envie !?

— Bien sûr, que j'ai envie ! Comment veux-tu que je reste froid avec ce que tu me fais ? En plus je t'aime, ce qui n'arrange rien. Mais bon, le fait est que… il ne faut pas.

Elle retire son bras, sa manche ruisselle. Elle le dévisage, puis se jette sur lui, lui enserre les épaules et l'embrasse avec fougue. L'élan est si impétueux qu'elle choit dans la cuve, tête la première. Lorsqu'elle en ressort, trempée de pied en cap, elle crache de l'eau. Quand elle a repris sa respiration, elle pouffe de rire.

— Désolée, mais là, pour de bon, il me faut ôter mes habits ! Une princesse de sang ne saurait porter des vêtements trempés ! Je reviens, il me tarde de reprendre ces occupations en meilleure tenue !

33

Le fruit défendu

Drapée de mousseline piquetée d'or spécialement fabriquée pour elle à Mossoul[1], Shérazade observe Tristan avec des yeux rieurs.

Elle est allongée sur le divan.

Tristan, lui, est toujours dans la cuve.

Ils viennent de s'embrasser avec fougue, au point d'inonder le carrelage. Mais, fougue ou pas, il a refusé qu'elle entre nue dans la cuve. Shérazade n'a pas cédé. Elle se compare au général qui fait le siège d'une forteresse, sauf qu'ici il s'agit d'une cuve, et une cuve n'est pas forcément plus facile à prendre qu'une citadelle ! Après un dernier assaut – et un dernier échec –, elle a passé une robe en soie transparente, s'est drapée de mousseline et s'est allongée sur le divan.

Calmement, tranquillement, elle affronte Tristan avec des armes dont il ignore la parade. Sourire can-

1. C'est à Mossoul (haute Mésopotamie) que l'on fabriquait les fameux mosulin, « draps d'or et de soie », appelés plus tard mousseline.

dide aux lèvres, elle se dresse sur un coude et lui tend la main :

— Viens !

Tristan est désarçonné, désemparé. Ce corps dont il a mille fois parcouru les secrets dans ses rêves s'offre enfin à lui. Il n'ose sortir de l'eau. Une barrière se dresse entre la cuve et le divan. Il fixe Shérazade, ses yeux vacillent.

Il veut.

Toutes les fibres de son corps veulent. Mais il y a un dernier obstacle, et il ne sait comment le dire.

— C'est la première fois, Shérazade, je n'ai jamais fait ça ! finit-il par avouer.

Elle ne répond pas tout de suite, l'observe un instant. Son sourire est d'une grande douceur.

— Ce n'est point grave, je vais t'apprendre.

Et comme il reste toujours dans sa cuve :

— Il faudrait d'abord sortir de l'eau !

— Il n'y a pas que l'eau.

— Je sais, tu penses à tes vœux, n'est-ce pas ?

— Oui, je n'arrive pas à savoir où est le bien et où est le mal.

Elle le fixe si intensément qu'il en reçoit un frisson.

— L'amour est un présent de Dieu, Tristan. Refuse-le et tu souffriras à un point que tu ne peux imaginer.

Elle tend à nouveau la main :

— Viens !

Il hésite. Il eût aimé qu'elle se rhabille, qu'elle arrête de mettre ses nerfs à la torture, mais il sait qu'il n'obtiendra rien de tel, et qu'au fond il n'a aucune envie qu'elle remette ses vêtements. Elle a raison : l'amour est un don de Dieu !

Il enjambe la cuve, elle lui fait une place sur le divan.

— Allonge-toi et laisse-toi faire.

Il se laisse faire.

Elle parcourt des doigts ce corps qu'elle découvre pour la première fois, laisse aller son regard. Elle ne sait si c'est de la joie ou de l'émerveillement : Tristan la fascine !

— Je comprends ton dilemme : tu me veux, mais en même temps tu ne veux pas enfreindre les croyances qui t'interdisent de me vouloir. Tu me fais penser au chevalier qui doit choisir entre deux camps ennemis : celui de son père et celui de son beau-père.

— C'est un peu cela.

— Il n'y a aucun mal à me vouloir, crois-moi.

— Le pire, c'est que je le sais !

Shérazade réfléchit très vite. Elle a pour principe de ne jamais perdre de vue le but final. Elle se tourne vers lui, un large sourire aux lèvres :

— Voici ce qu'on va faire : je te bande les yeux et tu te laisses faire. Tu respectes tes vœux, puisque tu ne demandes rien, ne décides rien… Ton vœu de chasteté sera sauf ! Et moi, je t'aurai quand même !

— C'est un peu plus compliqué que cela.

— C'est toi, qui es compliqué !

Elle saisit le turban aux couleurs des Banu-Issad et commence à lui bander les yeux.

— Soulève la tête… encore un peu… voilà ! En attendant, rappelle-toi cette phrase de Mohamed Horeyra, l'un de nos poètes bagdadis : « Dieu sait récompenser celui qui comprend la femme et ne s'oppose pas à son caprice. »

— Tu crois que Horeyra a dit cela ?

— Bien sûr, qu'il l'a dit. Et maintenant, tais-toi, laisse-toi faire.

Il se tait.

Il ne voit pas, mais sent les mains-papillons l'effleurer, le parcourir, voleter, butiner, se faire précises… Des tâtonnements fébriles.

Puis, c'est l'interdit. La fusion merveilleuse, effrayante de leurs corps, ponctuée de soupirs.

Les dieux – orfèvres en cruauté – ferment provisoirement les yeux sur les amours coupables d'un templier et d'une musulmane, sultane de Mésopotamie.

Quand ils ont joui de tous les sucs de ce fruit défendu, Shérazade reste sur lui haletante, trempée de sueur. Mais très vite le grand corps de Tristan, jusqu'ici inemployé, se réveille, brûle, cherche, découvre comment donner, devient loquace, intrépide… Malgré ses yeux bandés, il emporte Shérazade dans un nouveau tourbillon d'écumes.

Il y a des vagues, un goût de citron.

Des bourgeons éclosent, des fleurs mûrissent, naissent des fruits à la pulpe charnue. Shérazade y mord à pleines dents. Encore un goût de citron.

Longtemps après, une dernière vague les jette sur le rivage.

***

L'arbre à bonheurs

Shérazade arrive chaque jour à la tombée du soir, habillée en homme, et repart au lever du jour, toujours affublée d'un déguisement bédouin. Nul ne se doute que la sultane de Mésopotamie chevauche dans ce convoi de ravitaillement qui, tous les soirs depuis un mois, rejoint la forteresse sur l'Euphrate et repart le lendemain à l'aube. Quatre gardes du corps, mêmement vêtus en Bédouins, la protègent d'éventuels importuns. Elle leur a parlé de pourparlers secrets dont dépend l'avenir de la Grande Syrie et a exigé le secret absolu sur sa présence dans le convoi. Elle sait qu'aucun ne parlera, pas plus qu'Al-Touran ou Al-Jaadar.

Pendant toutes ces nuits, pris de frénésie amoureuse, ils se donnent l'un à l'autre sans discontinuer. Plus d'obstacles, plus de barrières !

Quand elle est loin de Tristan, Shérazade vit ses journées en pensant à lui, ne rêve que de le tenir dans ses bras. Désir et manque deviennent lancinants, prennent la dimension douloureuse d'une obsession. Lorsque la douleur est trop forte, elle s'isole, ferme les yeux, revoit leurs ébats, les revit, cède aux caprices de son imagination… mais, sitôt qu'elle se déprend du corps de l'homme qu'elle aime, la crainte de le perdre s'empare d'elle et la met au supplice.

Une phrase de Mélisende lui revient parfois en mémoire : « Personne ne peut entrer dans le cœur d'un templier, parce qu'il n'y a ni portes ni fenêtres. »

Ces mots, décochés sans pitié avant son départ pour la Mésopotamie, l'ont mise à la torture pendant des mois. Elle n'a pas pardonné. C'est à cause de Mélisende que le malheur s'est abattu sur Tristan, à cause de son intolérance, de sa rigidité ! Shérazade a revu An-Nour, a trouvé un mari pour Aïcha – l'un de ses cousins –, mais elle ne veut plus revoir Mélisende. Jamais !

Tu as tort, Mélisende, lui a-t-elle jeté ce matin par-delà le désert, *Tristan m'a ouvert toutes grandes les portes de son cœur. Elles ouvrent sur notre bonheur.*

Ce soir, son sourire est empreint de tristesse. C'est le dernier soir, Tristan repart demain, au lever du jour. Des nuages sombres l'ont escortée jusqu'à la forteresse. Le matin, à la première heure, elle a reçu la délégation templière. Elle a longuement écouté Salvio de Torrijo. Il lui a appris ce qu'elle savait déjà : qu'il était porteur de consignes secrètes. Elle est révoltée : Ridefort s'est servi de Tristan comme d'un citron que l'on presse, et Saladin, comme d'un fruit que l'on jette parce qu'on a décidé qu'il est pourri.

Elle en veut à son père.

Elle déteste Ridefort.

Va-t-elle dire à Tristan ce qu'elle sait ? Que Ridefort et son père entretiennent une correspondance suivie, que chacun livre à l'autre des informations vraies, savamment dosées, qu'ils y trouvent leur compte – Ridefort vis-à-vis du roi de Jérusalem, Saladin vis-à-vis de ses généraux. Doit-elle révéler que son père a donné l'ordre formel à ses officiers d'épargner Ridefort en cas d'affrontement ?

Elle ne sait pas. Trop de boue.

Elle ôte ses vêtements d'homme et se drape de soies, comme il convient à une sultane de Mésopotamie. Tristan s'est assoupi. Dès qu'elle l'aura serré dans ses bras, les nuages noirs se dissiperont, brillera le soleil, puis les étoiles. Ils passeront la nuit à se découvrir, à s'apprivoiser, à s'enchanter… et, lorsque l'aube s'éveillera, auront éclos de nouveaux bourgeons, de nouvelles roses sur l'arbre à bonheurs.

Elle le réveille. Il lui saute au cou.

Ce soir, elle lui apporte un cadeau enveloppé de soie.

— Tiens, la reine Aliénor m'a fait parvenir ce

roman par les templiers de ta délégation. C'est un peu notre histoire, tu verras.

Il retire le tissu. Le titre est écrit en lettres d'or : *Tristan et Yseult*[1].

— Je n'aurai jamais le temps de lire ce roman, mon amour : tu m'as dit que la délégation templière repart demain.

— Emporte-le avec toi !

Il lui prend le menton, plonge son regard dans le sien.

— Impossible, ma princesse. D'une part, si je l'emmène, mes frères templiers découvriront que nous nous sommes rencontrés, d'autre part la règle m'interdit de lire ce type d'ouvrages.

Le regard de Shérazade se voile, Tristan y lit un désarroi sans fond.

— Je ne veux pas que tu partes. Reste ! Je dirai que tu t'es évadé, que tu as disparu… Je t'installerai dans mon palais, tu seras mon prince…

Il pose un doigt sur ses lèvres, secoue la tête.

— Qu'arrivera-t-il à Al-Jaadar, à Al-Touran, si Saladin apprend que je me suis évadé ? Pis, qu'adviendra-t-il de toi si les hommes de ton père me retrouvent ? Non, mon amour, nous devons aller jusqu'au bout de notre destin.

Il prend le coffret en bois contenant l'âme de Hébara – qui est resté sur la table basse depuis le premier jour – et le lui tend.

— Garde-le précieusement, mon doux soleil. L'âme de cette esclave mongole nous protégera.

---

1. Les différentes versions de *Tristan et Yseult* (Thomas d'Angleterre, Chrétien de Troyes, Béroul) ont été écrites vers 1170-1175, pendant le règne d'Aliénor d'Aquitaine.

34

Le soir tombe. La nuit s'annonce claire, mystérieuse, comme le ciel d'Orient sait l'être pour les voyageurs qui prennent le temps de l'admirer.

Il fait froid.

Les templiers s'arrêtent pour le bivouac et attendent les ordres.

— Hébergez-vous, seigneurs frères ! crie frère Salvio de Torrijo.

Alors seulement, les frères choisissent une place et dressent leur tente autour de celle qui tient lieu de chapelle.

Chacun protège la selle de sa monture en la couvrant d'une esclavine, un manteau en étoffe épaisse et velue.

Une solide escorte les accompagne. La sultane Shérazade a également mis à leur disposition des guides appartenant à la tribu des Banu-Issad, des Bédouins en qui elle a toute confiance. Les templiers sont donc en sécurité, ils n'ont à craindre aucune mauvaise surprise.

Ce premier soir, ils se rendent tous ensemble dans la tente-chapelle pour les complies[1], puis se réunissent

1. Dernière prière de la journée.

autour d'un petit feu, comme les Bédouins ont coutume d'en allumer dans le désert, avec des brindilles sèches.

Tristan n'est plus le chef de la délégation.

Salvio de Torrijo lui a montré une lettre du grand maître dans laquelle ce dernier ordonne que le commandement de l'expédition lui soit confié. Tristan s'incline, car l'obéissance et la discipline sont les deux piliers du Temple.

— En tout cas, commente frère Hugues, le troisième chevalier, frère Salvio a su toucher le cœur de la sultane Shérazade. Il a obtenu satisfaction sur tous les points.

Il se tourne vers Tristan.

— Certes, tu es habile au combat et tu parles couramment la langue sarrasinoise, mais il fallait quelqu'un de rompu aux parlers avec les grands de ce monde pour négocier avec la princesse Shérazade ; bien que jeune, cette sultane a une intelligence fort poussée des choses de la politique. Nul mieux que frère Salvio ne pouvait mener les négociations, au demeurant fort serrées !

Les autres frères opinent du chef.

Tristan baisse la tête et approuve à son tour par un hochement du menton. Qu'importe ce qu'ils disent, qu'importe l'humilité arrogante de frère Salvio, qu'importe s'ils détournent à leur profit le succès des négociations ! Shérazade l'aime, cela seul suffit.

Il entend, comme en écho, ses commentaires :

— Ridefort veut, au nom de Guy de Lusignan et de la reine Sybille, un accord commercial sur quatre ans entre la Mésopotamie et le royaume de Jérusalem. Le motif avancé est la sécheresse qui décime la Palestine et qui épargne les rives de l'Euphrate. Mais je ne suis pas dupe : ce qu'il vise est une trêve militaire dont il tirera tout le bénéfice vis-à-vis des barons et de Lusignan.

— Je ne pense pas, Shérazade. Les Templiers ne courent ni après les honneurs ni après les bénéfices personnels. Or, Ridefort est notre grand maître. À mon avis, tu as mal interprété les motifs de cet accord.

Shérazade a eu un regard indulgent.

— Écoute-moi, Tristan, votre grand maître, comme tu l'appelles, est un homme pétri d'orgueil et d'ambition. Son unique souci est de s'imposer auprès des barons et du roi de Jérusalem.

Elle lui explique alors que Saladin et Ridefort entretiennent des relations épistolaires régulières, qu'ils échangent des informations stratégiques.

— Mais alors, c'est un traître ! a bondi Tristan.

— Non, mon amour, c'est un intrigant, un aventurier, comme il en arrive par charretées entières en Orient, mais il ne trahit pas ; il vit tout simplement au service de son ambition.

— Et ton père, dans ce cas, pourquoi livre-t-il des informations, lui aussi ?

— Parce qu'il y trouve son compte. Sauf que, contrairement à Ridefort, mon père est un fin stratège. Il a parfaitement compris comment doser les informations pour manipuler Ridefort, et tous les avantages qu'il peut tirer de leur entente. Cet accord commercial, par exemple, est pour lui une façon de mettre le roi de Jérusalem en confiance et d'endormir les armées chrétiennes. Cela lui permet de préparer la prochaine offensive militaire. N'oublie pas que son objectif premier, sa grande mission, est la reconquête de Jérusalem.

Tristan l'a regardée longuement, admiratif.

— Shérazade, quelque chose m'échappe : tu es sultane de Mésopotamie, donc une femme puissante. Soit, mais tu es une femme ! Comment fais-tu pour négocier, au nom de Saladin, avec le roi de Jérusalem ?

Elle a eu un sourire amusé :

— Je ne suis pas la seule : il y a cinq ans, une veuve a tenu tête à mon père dans le fief ortoquide de Mayafarekin. Il en a fait le siège et s'y est cassé les dents. Pour avoir le dernier mot, il a été obligé de proposer un mariage entre l'un de mes frères et l'une de ses filles. Et puis, n'oublie pas la sultane Asimat, veuve de Nour-Ed-Dine, une femme rompue aux intrigues de la politique, que mon père a toujours écoutée. Après ma mère, c'est la femme qu'il a le plus aimée.

Frère Salvio se lève et invite les templiers à en faire autant. Il joint les mains pour la prière.

— Mes chers frères, nous allons réciter trois *Pater* afin de remercier Dieu de ses largesses et d'avoir fait de nous l'instrument d'une nouvelle ère de paix dans la région.

— Amen !

Tristan se tait…

— Cet accord ne me dit rien qui vaille, lui a dit Shérazade. Ridefort veut la guerre pour prouver je ne sais quoi, et mon père la veut pour reconquérir Jérusalem. Chacun sait ce que l'autre veut. Ce que je ne comprends pas, c'est pourquoi ils ont choisi de mettre au point leur stratégie chez moi, en Mésopotamie !

— Tu crois que le grand affrontement est pour bientôt ?

— Oui, car tous les peuples de la région sont

avec mon père. Il a réussi à unir tous les musulmans autour du djihad, c'est pour cela qu'on l'appelle le « Rassembleur des croyants ».

— Toi aussi, tu es avec lui ?

— Bien sûr ! Admets que les Occidentaux n'ont rien à faire en Palestine. Jérusalem doit être administrée par nous, les Orientaux, non par des Francs qui ne comprennent rien à nos coutumes et qui, de surcroît, sont intolérants ! Nous sommes les seuls à respecter les trois religions du Livre. Les Occidentaux sont incapables de nous reconnaître, non seulement nous les musulmans mais encore moins les juifs !

Tristan a hoché la tête. Elle a raison. On lui a raconté, quand il était à Saint-Gilles, que dans plusieurs villes du royaume de France des évêques avaient fait massacrer des juifs sous prétexte qu'ils empoisonnaient les puits.

— Que la paix du Seigneur soit sur nous tous ! conclut frère Salvio de Torrijo. Passez une bonne nuit.

Les templiers rejoignent leurs tentes. Tristan se dévêt en silence. Il plie avec soin son manteau, embrasse la croix vermeille qui y est cousue et le pose sur le sable. Il garde, comme le veut la règle, sa chemise, ses braies, ses chausses et, autour de sa taille, une ceinture mince. Il tasse le sable, s'enroule dans sa carpette et cherche le sommeil.

Mais le souvenir de Shérazade est trop frais. Il ne peut dormir. Les dernières images le hantent :

Elle vient de lui rendre ses vêtements de templier. Ils sont d'une blancheur immaculée. Il la regarde.

— Shérazade, je sors de prison et j'ai des habits

propres comme neufs. Tu crois que les gens vont trouver cela normal ?

— Oui. Saladin s'est toujours montré magnanime avec ses prisonniers. Avec tes vêtements propres, il montre qu'il les traite honorablement.

Elle l'aide à s'habiller, corrige des plis, lui dit qu'Al-Touran lui rendra son épée en quittant la prison… mais à peine a-t-il endossé son manteau qu'elle se jette dans ses bras et fond en sanglots.

— J'ai besoin de toi, Tristan, tu es ma vie !

— Toi aussi, mon amour.

Ils restent un long moment serrés l'un contre l'autre, puis elle l'embrasse une dernière fois. Tristan a la gorge serrée.

— Tiens, mouche-toi, fait-il en lui tendant un pan de son manteau.

Elle se mouche, rit au milieu des larmes.

Avec une grande tristesse, elle ouvre la porte donnant sur le cachot.

— Vas-y mon amour, les gardes ne vont pas tarder à venir te chercher.

Il baisse la tête et part.

La porte se referme avec un claquement sec, un bruit de clefs. La dernière image qu'il a de Shérazade est celle d'un visage en pleurs.

Le sort en est jeté.

Shérazade est restée un long moment les yeux rivés sur la porte du cachot, fermée sur l'être qu'elle aime, ouverte sur un abîme sans lumière.

Va-t-elle choir dans la désespérance ?

Les palais d'Orient, sans Tristan, ne sont que tristes masures. Cachots et basses-fosses deviennent, avec lui, un doux refuge ! Elle ferme les yeux, interroge son cœur : la réponse sourd comme eau de source. Que les accords signés avec les Templiers soient porteurs de paix ou qu'ils annoncent la guerre, sa décision est prise. Sa voie est tracée.

Elle la suivra, elle *le* suivra, quoi qu'il arrive.

35

Quatre mois plus tard, Fontaine du Cresson, près du lac de Tibériade

C'est la guerre.

Nous sommes le 1er mai 1187. La colonne templière est en marche : une cinquantaine de chevaliers bardés de fer, autant d'écuyers, une centaine de sergents, les serviteurs en charge des bagages… L'affrontement tant réclamé par Ridefort et Saladin n'est plus qu'une question de semaines, peut-être de jours.

Les chevaux trottent l'amble. Tristan a fait passer son écuyer et ses chevaux de charge devant lui, comme le veut la règle, mais il ne les surveille que d'un œil distrait. Non pas par fatigue ou négligence, mais parce que son esprit virevolte autour de l'Euphrate. Avant son voyage en Mésopotamie, lorsqu'il était en campagne, ou lorsqu'il chevauchait en terre de paix, il priait, s'occupait de Dieu, recommandait son âme à Notre-Dame sainte Marie.

Maintenant, il pense à Shérazade, à qui il voue une passion sans bornes, un amour sans fin, dont personne n'a soupçon ni idée.

Nul ne sait qu'il l'a rencontrée. Les nouvelles – qui vont très vite en Orient – ont établi qu'il est resté en prison pendant toute la durée des négociations. Quant aux templiers, qui ignorent tout de son passé, ils tiennent pour acquis que le succès de l'ambassade est dû au seul talent de frère Salvio de Torrijo.

Le sous-maréchal chevauche en tête. Il brandit le gonfanon baucent, qui est le point de ralliement des Templiers dans le combat.

Tristan et Salvio de Torrijo suivent derrière le gonfanon, en ligne. Ainsi l'a voulu Ridefort. Son plan de bataille, fort précis, ordonne que les templiers se battent côte à côte, par deux, et se protègent l'un l'autre.

Il fait très chaud, mais Ridefort a interdit à quiconque de quitter sa place, même pour abreuver les chevaux, car l'ennemi est partout.

C'est au milieu de l'après-midi que la colonne atteint la Fontaine du Cresson. Ridefort autorise que l'on se rende au point d'eau, mais en force, afin de prévenir les risques d'embuscade. Chacun emmène donc sa monture en bon ordre. Mais le calme n'est qu'apparent. La tension est vive. Les chevaux piaffent. Les hommes vérifient leurs armes, ajustent leur casque à nasal, agrafent leurs jambières…

Tristan sort son épée et, pendant que son cheval boit, passe un doigt sur les chiffres de la lame : *6~januarius~1148*.

Puis, sur les mots écrits en arabe : *Ali-en-Nour*.

Que sur moi soit la lumière !

Il ferme les yeux : si je dois occire un adversaire, Seigneur tout-puissant, que je le fasse à bon escient.

Et si je dois ôter la vie à l'un de mes frères syriens, pardonnez-moi !

Cette pensée l'obsède depuis le matin. Comment pourrait-il se battre à mort contre les Bédouins de Shérazade, contre les Banu-Kilâb, contre son frère ?

An-Nour !

Il frissonne à l'idée de lever son arme contre lui. Pendant que son cheval se désaltère, il pense à sa sœur Aïcha, qui s'est mariée à un cousin de Saladin, puis à sa mère. Pourquoi refuse-t-elle de lui pardonner ? Soudain, alors que son imagination s'envole vers la Tour carrée, un guetteur sonne l'alerte. C'est le branle-bas général. Les écuyers amènent les destriers, tendent lances et écus.

Ridefort fait appeler Tristan :

— De nous tous, tu es celui qui connaît le mieux les fanions ennemis. Monte sur la butte avec frère Salvio et dis-nous à qui nous avons affaire.

Les deux templiers prennent le galop jusqu'à l'éminence.

Pendant ce temps, Ridefort discute âprement avec le grand maître des Hospitaliers, qui est de la colonne avec une forte escorte de ses propres chevaliers[1]. Ridefort soutient qu'il faut attaquer, quel que soit le nombre d'ennemis. Le maître des Hospitaliers, plus modéré, pense qu'il faut peser le pour et le contre,

---

1. L'ordre de Saint-Jean de Jérusalem, plus connu sous le nom d'Hospitaliers, ou Chevaliers de Malte, a été fondé vers 1080 par Gérard Tenque, un moine originaire de Martigues. Son rôle premier était d'accueillir et de soigner, dans ses « hostelleries », les pèlerins venus en Terre sainte. À la faveur des événements, il devint, comme les Templiers, un ordre à la fois monastique et militaire.

n'attaquer que s'il existe des chances de victoire, car en cas de défaite personne ne sortirait vivant :

— Saladin ne fait jamais de prisonniers parmi nos frères ! S'il nous capture, il nous fera exécuter jusqu'au dernier par les *fuqaha*[1] !

— C'est un grand honneur, que de mourir en martyr !

— Sans doute, mais notre premier devoir est de rester en vie pour défendre la terre de Notre-Seigneur !

Les deux grands maîtres se dévisagent. Ridefort commence une réponse cinglante, mais elle est interrompue par le retour précipité de Tristan.

— Ils sont très nombreux, seigneur maître, une véritable armée ! Ils font route vers Tibériade. Ils ne nous ont pas vus. Si nous demeurons cois et tranquilles, nous ne risquons rien.

Ridefort le toise, sa voix est sèche.

— Je ne t'ai pas demandé ce qu'il convenait de faire, mais combien ils sont et qui ils sont ! Alors ?

— Plus de mille cavaliers, peut-être mille cinq cents, voire plus. Pour le reste, j'ai aperçu un escadron de Banu-Kilâb et un autre de Kurdes. Je connais bien ces guerriers : ils sont redoutables. En temps normal, nous pourrions les affronter à un contre trois, mais là, nous sommes à un contre dix ! Nous n'avons aucune chance.

— Voilà un discours de femme, non de chevalier !

Il se tourne vers le grand maître de l'Hôpital.

— Nous pouvons les avoir par surprise, pareille occasion ne se représentera jamais !

1. Pluriel de *faqih* : religieux, prêtre. Saladin faisait systématiquement décapiter par les *fuqaha* les templiers et les hospitaliers faits prisonniers.

Le maître des Hospitaliers secoue la tête.

— C'est frère Tristan qui a raison. Jamais nous ne viendrons à bout d'un millier de cavaliers aguerris, kurdes de surcroît ! Nous sommes trop peu nombreux. Il nous faut renoncer.

Jacques de Mailly, maréchal du Temple, renchérit. En outre, il rappelle que les chrétiens ont signé une trêve avec Saladin.

— Si nous la rompons traîtreusement, le sultan risque fort de lancer le djihad !

Gérard de Ridefort entre alors dans une grande colère.

— Vous aimez trop cette tête blonde, que vous la vouliez si bien garder ?

Mailly pâlit sous l'affront.

— Je me ferai tuer comme un chevalier, et c'est vous qui lâcherez pied !

Fou de rage, Mailly empoigne le gonfanon baucent des mains du sous-maréchal et prend place en tête de la colonne.

Ridefort a divisé la colonne en échelles de dix templiers, groupées par paires, commandées par un chevalier, lequel porte un pennon aux couleurs de l'Ordre, roulé autour de sa lance.

— Si le maréchal est abattu, leur crie Ridefort, l'un de vous déroulera son gonfanon et prendra sa place ! Et ne l'oubliez pas, beaux frères, dans le tumulte et la poussière de la mêlée, le gonfanon baucent restera notre point de ralliement !

Son cheval se dresse et hennit, car il sent l'odeur de la bataille.

— N'oubliez pas ceci non plus : nul n'a le droit de fuir devant l'ennemi ! Nous devons tenir jusqu'à la dernière goutte de notre sang et mourir en rendant grâces de cette faveur !

Quelques instants plus tard, alors que les escadrons de Saladin chevauchent en confiance, Ridefort ordonne la charge.

L'assaut est si violent, la charge si inattendue que, dans un premier temps, les escadrons kurdes et Banu-Kilâb plient. Mais ils réagissent vite. Templiers et hospitaliers sont rapidement submergés par le nombre.

Tristan, qui était avec Salvio de Torrijo en pointe de ligne, a chargé sur un officier kurde, lequel a chargé à son tour, de toute la puissance de son destrier. La lance du Kurde est venue se rompre sur l'écu de Tristan, qui a pointé la sienne droit sur la gorge de son adversaire.

Avec une parfaite maîtrise du geste, cent fois répété avec An-Nour et Al-Yanis, Tristan vient d'immobiliser la pointe d'acier sous le menton de l'officier kurde. Qui reste figé d'effroi. L'officier n'a aucune chance de s'en tirer vivant, personne ne peut lui venir en aide. C'est alors que « la chose » paraît. Il regarde Tristan dans les yeux et y découvre une lueur qu'il n'a jamais rencontrée ailleurs. Il ne sait pas son nom, mais elle est là. Le choc des armes, les cris, les hennissements, le tumulte du combat disparaissent. Seule demeure la puissance de « la chose », sa brillance dans un regard, qui n'est pas un regard de haine. Tristan, lui, est dans un état second ; il a les yeux rivés sur la pointe de sa lance, sans la voir. Il n'entend pas davantage la clameur de la mêlée. Il ne voit et n'entend que

Shérazade, dont la voix, claire et cristalline, recouvre le vacarme :

— Je ne veux pas que tu le tues ! Moi aussi je suis kurde, par mon père !

— C'est lui ou moi, ma chérie ! Nous nous livrons un combat à mort, il ne restera de vivant que le vainqueur !

— Retire ta lance ! Et n'oublie pas de le saluer en kurde, pas en arabe.

Tristan retire son arme.

— *Merhamêta xwedé li ser te be*[1] *!* dit-il en langue kurde.

L'officier le fixe, surpris. Avec l'impression de sortir d'un rêve, il incline la tête en signe de salut, éperonne sa monture et fait demi-tour.

Tristan reprend le combat aux côtés de ses frères templiers.

La mêlée est si serrée qu'il est obligé d'abandonner sa lance. Il dégaine alors son épée, frappe d'estoc et de taille, pare les coups, se bat à un contre cinq. À deux reprises il trouve la faille, deux fois il met ses adversaires à la merci de sa lame. Mais chaque fois, la voix de Shérazade l'emporte sur le tumulte de la bataille.

Les templiers ne sont plus qu'une poignée à résister, groupés autour du gonfanon baucent. Soudain, Salvio de Torrijo, dont la force est réputée herculéenne et qui se bat comme un lion, reçoit une énorme masse d'armes sur son casque. En temps normal, il aurait pu parer de son écu, mais il est à bout de forces et

1. Que la miséricorde d'Allah soit sur toi !

il ploie sous le choc. Assommé, il penche sur le côté. Tristan l'aperçoit. Si frère Salvio choit de son cheval, il sera piétiné, mourra écrasé sous les sabots. Sans hésiter, Tristan l'empoigne d'une main et libère ses étriers, puis le fait basculer sur son propre cheval et le coince contre l'arçon de sa selle. Il lève ensuite la tête à la recherche du gonfanon baucent, mais l'étendard du Temple a disparu. Un Turc vient d'abattre le gonfanonier et de jeter à terre le prestigieux emblème.

Tristan est seul. Il n'y a plus de templiers debout.

Soudain, des Banu-Kilâb l'entourent, lances pointées sur lui. Il reconnaît des visages, d'anciens compagnons d'armes. Un étau lui enserre la poitrine. Il n'a pas peur de la mort, mais il a toujours redouté de mourir transpercé par des lances amies.

Il se produit alors un événement dont il ressassera longtemps le souvenir, mais dont nul combattant chrétien n'aura été témoin : les Banu-Kilâb lèvent leurs lances et ouvrent devant lui une sorte de couloir.

— Que la miséricorde d'Allah soit sur toi ! déclare l'un d'eux en arabe.

Et comme Tristan hésite à éperonner, un autre pique la croupe de son destrier.

Qui part au galop, emportant loin du champ de bataille les deux seuls survivants : Tristan et Salvio de Torrijo.

Ils galopent sur la route déserte. Les écuyers et les serviteurs en charge des bagages – qui en temps normal attendent en retrait que les chevaliers les sollicitent – ont compris depuis longtemps que la bataille tournait mal, et se sont enfuis.

Tristan et frère Salvio arrivent à la Fontaine du Cresson. Surgit alors de la plaine, à franc étrier, un autre templier. Tristan en reste stupéfait : le dernier survivant de l'hécatombe n'est autre que celui par qui le malheur est arrivé.

Gérard de Ridefort[1] !

---

1. Georges Bordonove, l'un des meilleurs spécialistes de cette époque, écrit : « Tous les templiers furent tués les uns après les autres, y compris le maître de l'Hôpital. Tous sauf trois, dont Gérard de Ridefort, qui prirent la fuite. On décapita les cadavres. » Les Croisades et le royaume de Jérusalem, Pygmalion, 2007, p. 308.

36

La nouvelle du désastre se répand comme feu grégeois. Écuyers et serviteurs racontent à qui veut l'entendre comment, nonobstant les conseils de sagesse du grand maître des Hospitaliers, le maître du Temple a donné l'ordre insensé d'attaquer à un contre dix. Il ne se trouve personne pour lui trouver excuse.

Les hospitaliers sont furieux car, outre leur maître, ils ont perdu beaucoup de frères. Furieux aussi de constater que, si Ridefort a imposé son vouloir à contre-gré de tous, il est le seul à survivre au massacre. Il en est même pour poser des questions plus insidieuses d'où toute forme de chrétienne charité est exclue.

Salvio de Torrijo ne garde aucun souvenir de la façon dont il a quitté le champ de bataille. Il ne peut ni confirmer ni infirmer le récit de Tristan. Celui-ci a raconté que les Banu-Kilâb sont des combattants loyaux, qu'ils l'ont épargné parce qu'il a mis sa vie en danger pour sauver celle d'un frère d'armes… Il n'a parlé ni de l'officier kurde, ni de la haie de lances, ni du guerrier Kilâb qui, de la pointe de son arme, a piqué la croupe de son destrier.

Mais son explication n'a convaincu personne. Il n'y a pas de survivants. Aucun. Pourquoi les Banu-Kilâb auraient-ils épargné deux templiers, Tristan et Salvio de Torrijo ? Lorsque les secours chrétiens sont arrivés sur les lieux, tous les corps avaient été décapités et les têtes emmenées comme trophées. Comment, devant tant de sauvagerie, accorder crédit au récit de ce templier, sauvé par la prétendue loyauté chevaleresque des Sarrasins ? S'il est en vie, c'est tout simplement parce que, désobéissant à la règle des Templiers, il a déserté le champ de bataille. Il n'y a point d'autre explication. S'il n'est pas mis aux arrêts, c'est parce que malgré tout il a sauvé un frère blessé, ce dont personne ne doute.

Tristan sait que l'on conteste sa bonne foi, que nul n'ajoute crédit à son récit, mais il ne peut en dire plus. Personne ne comprendrait. Pis, on le prendrait pour un espion au service de Saladin.

Il garde donc sa version des faits. En revanche il ne comprend pas comment a fait Ridefort pour quitter sain et sauf le champ de bataille. Au moment où sa monture prenait le galop vers la plaine, il ne restait plus un seul templier debout pour le défendre. En toute logique, les Banu-Kilâb auraient dû soit le tuer, soit le faire prisonnier. Au lieu de quoi et en totale déraison, ils ont livré passage à son destrier ! Soudain lui viennent en mémoire les phrases de Shérazade : « Ridefort est un homme pétri d'orgueil, arrogant, ambitieux… Il entretient une correspondance suivie avec mon père… Tous les deux veulent la guerre… »

Est-ce là la clef du mystère ?

***

Nous sommes le 10 juin 1187.

Il fait encore nuit.

Quarante jours se sont écoulés depuis le désastre de la Fontaine du Cresson. L'exact nombre de jours mis par le Christ à faire pénitence. Tristan se tourne vers le sud, vers Nazareth. Il est songeur : Ridefort lui a ordonné d'attendre là, au croisement de la route d'Acre et de Damas, en compagnie de son écuyer et de deux frères sergents.

En grand secret.

Pourquoi en grand secret ?

Les premières lueurs de l'aube pointent du côté de Tibériade quand surgissent, venant de Nazareth, le grand maître et son escorte, faite d'une demi-douzaine de chevaliers avec leurs écuyers. Ridefort confie sa monture à son écuyer et ordonne à Tristan de le suivre. Ils s'éloignent d'un jet de pierre, Ridefort s'assure qu'ils sont bien seuls et tend à Tristan une besace en poil de chameau.

— Tu vas remettre ceci à l'envoyé de Saladin.

Tristan s'incline, prend la besace et la passe en bandoulière.

— Où dois-je rencontrer ce messager ?

— À Shadar !

Tristan sursaute si fort que sa cotte de mailles grince aux jointures.

— Je vous demande pardon ?

— Tu as parfaitement compris : Shadar ! Il y a là-bas, m'a-t-on dit, une tour que vous appelez la « Tour portière ». L'émissaire de Saladin t'y retrouvera à l'étage. Telles sont les consignes. Tu partiras maintenant, en prenant grand soin d'éviter les routes fréquentées, car personne, strictement personne, ne doit être au courant de cette mission.

Tristan se tait. Il ne parvient pas à former les mots. En une fraction de seconde il voit sa mère, An-Nour, Aïcha, Al-Yanis… l'ignoble Nâsser ! Il est partagé entre la joie de retrouver les lieux de son enfance, les personnes aimées, et la crainte de découvrir que tout a changé, qu'en lieu et place d'amour il ne retrouvera que haine.

Et puis, il y a l'interdit qui le frappe.

— Je ferai conformément à vos ordres, seigneur maître, mais comme je vous l'ai dit avant de partir en Mésopotamie, Saladin m'a formellement banni de Syrie. Je ne peux y retourner sous peine de mort.

Ridefort plisse ses paupières.

— Saladin a exigé que le porteur de ce courrier soit le fils de Mélisende. Personne d'autre.

***

La forteresse de Shadar se dresse enfin à l'horizon, imposante, noble, majestueuse. Le soleil est bas sur l'horizon, les tours sont couleur du feu.

Tristan a la gorge nouée. Des larmes, des vraies, roulent sur ses joues. Il n'a jamais redouté l'ennemi sur le champ de bataille – et il y a fort longtemps qu'il n'a plus pleuré –, mais la vue de Shadar, de ses créneaux, de la Tour carrée… met ses défenses à nu. Il n'est plus, d'un coup, guerrier, chevalier bardé de fer, templier… mais un enfant retrouvant sa maison.

Sa mère est toujours à Shadar, il le sait par des prisonniers Banu-Kilâb. Voudra-t-elle seulement le revoir ? Elle ne lui a jamais pardonné l'épisode de

Kérak. An-Nour le lui a dit avant de quitter la Syrie et Shérazade le lui a rappelé un soir en Mésopotamie, non sans montrer de l'exaspération devant un tel entêtement.

— Moi non plus, je ne lui pardonne pas, crois-moi ! s'est-elle emportée. Tant qu'elle ne te parle pas, je lui retire la parole moi aussi !

Il lève les yeux vers la Tour carrée. Une ombre se glisse derrière une fenêtre, furtive…

Disparaît.

La petite troupe franchit la contrescarpe, arrive sur le pont dormant. Tristan hèle les gardes du pont-levis, qu'il connaît par leur nom ; certains l'ont vu naître. Tous le saluent d'un hochement de tête. Il décèle de l'amitié dans leurs yeux, mais aucun ne lui parle. Il en ressent de la tristesse. Pourquoi lui refusent-ils la parole ? Est-ce son manteau de templier qui les rebute ? Ou bien la croix brodée sur sa tunique ? Non, ce ne peut pas être la croix, car il n'a jamais dissimulé sa foi chrétienne – pas plus que le médecin Gondisalve –, et cela n'a jamais rebuté personne.

Alors pourquoi ?

Il franchit le pont-levis. Des archers en faction sur le chemin de ronde le regardent. Eux aussi se contentent d'un hochement de tête. Il lève les yeux vers le donjon et reconnaît celui par qui le mal est arrivé : Nâsser les observe depuis le dernier étage. Tristan a l'impression qu'il les toise et ressent, d'un coup, un serrement dans la poitrine.

Il met pied à terre, confie sa monture à un sergent et se dirige vers la Tour portière. C'est là qu'il doit rencontrer l'émissaire de Saladin.

Qui est-il ?

Il s'attendait à tout, sauf à voir apparaître An-Nour dans l'encadrement du passage secret. Leur joie a été immense. Ils n'ont jamais cessé de penser l'un à l'autre, de vivre dans l'espoir de se retrouver. Ils sont comme les doigts d'une main, inséparables, solidaires, mêmement conscients du sacrifice que chacun est prêt à faire pour l'autre.

Tristan lui a tendu la besace destinée à Saladin, An-Nour lui a remis le parchemin cacheté de cire à l'intention de Ridefort.

Ils ont ensuite croisé le fer, gaiement, comme lorsqu'ils étaient enfants.

Et puis ils ont parlé, longuement, assis sur la paille fraîche, leurs armes posées à même le sol. Au bout d'un long moment, An-Nour s'est levé pour dégourdir ses jambes et a rengainé son épée. C'est alors qu'il a remarqué une lueur inhabituelle dans le regard de son frère.

Il l'observe attentivement.

— Toi, tu me caches quelque chose !

Tristan sort deux pommes de sa musette de chevauchée, lui en donne une et l'invite à se rasseoir.

— Il faut que je te parle de Shérazade, commence-t-il.

An-Nour fronce les sourcils.

— Qu'est-ce que tu as encore fait ?

— Je l'aime.

— À la bonne heure ! Mais il n'y a là rien de nouveau : tu l'aimes depuis que tu as huit ans, mon bon Tristan ! Et je considère que ce n'est pas un crime… sauf si tu en fais état devant Saladin.

Tristan toussote.

— Shérazade aussi, m'aime !

— Je sais, depuis qu'elle a huit ans elle aussi !

Le front d'An-Nour, soudain, se voile de rides. Il plonge son regard dans celui de son frère.

— Qu'est-ce que vous avez fait ?

Tristan baisse les yeux, se tait.

— Je sais de sources sûres que tu n'es pas entré en Mésopotamie, que tu n'as pas dépassé l'oasis d'Al-Chams. J'ai mené mon enquête : il t'a été physiquement impossible de rencontrer Shérazade ! Ne me dis pas le contraire, les gens que j'ai questionnés sont tous formels : personne, hormis le gardien qui t'apportait à manger, n'a franchi les grilles d'accès à ta cellule ! Personne ! Que s'est-il passé, alors ? Et ne me cache rien, tu as assez fait de bêtises comme cela !

Tristan ne répond pas tout de suite. Il croque un bout de pomme, le mâche lentement. Lorsqu'il lève les yeux, An-Nour a l'impression qu'il rit.

— Le cachot comportait deux issues. La première, c'est celle par où le gardien apportait de l'eau et du pain une fois par jour ; à heure fixe, ce qui me permettait d'être là et de tromper sa vigilance. La seconde donnait sur une pièce vaste et confortable que Shérazade avait fait aménager avant mon arrivée.

— Quoi !?

— Oui, Shérazade et moi…

An-Nour lui fait brusquement signe de se taire. Après un bref silence, il bondit vers la porte, qu'il ouvre brutalement. Il n'y a personne.

— J'avais cru entendre du bruit, fait-il en se rasseyant. Si quelqu'un avait entendu ce que tu viens de dire, tu pourrais te considérer comme un homme mort ! Shérazade est encore plus folle que je ne croyais. Est-ce que quelqu'un est au courant de cette histoire de pièce attenante à ta cellule ?

— Non. Euh… oui, Al-Touran, qui est le chef de la garde personnelle de Shérazade, et Al-Jaadar, le gouverneur de la forteresse. Shérazade m'a dit que ce sont des amis sûrs.

An-Nour lève les yeux au ciel.

— Et j'imagine que… enfin, que vous avez…

— Oui… nous avons… ?

— Ne me prends pas pour une buse. Shérazade est la plus belle femme d'Orient, ne me dis pas que vous êtes restés à vous tenir la main !

— Euh… Au début, je ne voulais pas, à cause de…

— Je sais, de ton fameux vœu de chasteté. Et après ?

— Après ? Eh bien… on n'a pas arrêté.

An-Nour souffle, hoche la tête.

— Et tu es sûr qu'elle n'est pas grosse ?

Tristan écarquille les yeux.

— Grosse ? Bien sûr que non ! Pourquoi serait-elle grosse ?

— … !?

On frappe à la porte. Ils se lèvent d'un bond, la main sur la poignée de leur arme.

— Frère Tristan, annonce un sergent depuis le seuil, il y a là une dame qui te demande, elle veut monter. Que fait-on ?

Les deux frères se regardent :

— Une dame, qui ça peut être ? s'étonne An-Nour en arabe. Certainement pas notre mère : je l'ai vue tout à l'heure et elle refuse de te rencontrer. Aïcha ? Depuis son mariage avec le cousin de Saladin, elle habite Damas. Quant à Shérazade, elle est en Mésopotamie. Ce ne peut être qu'une servante.

— Dis-lui de monter, répond Tristan.

Une fois qu'ils sont seuls, Tristan se tourne vers son frère :

— Pourquoi notre mère me déteste-t-elle à ce point ?

— Je ne sais pas, pour moi aussi c'est un mystère. Je pense que l'influence des maîtres soufis de Damas n'y est pas étrangère. Notre mère n'a jamais accepté ton christianisme.

— Tu crois que c'est tout ?

— Non, elle t'en veut d'avoir séduit Shérazade. D'Alep à Bagdad, il n'y a pas un émir qui n'ait rêvé de l'avoir pour femme. À elle toute seule, elle peut rallier plus d'hommes à Saladin qu'une armée ! Notre mère le sait. Or elle a pour Saladin une dévotion passionnelle, contre laquelle rien n'a pouvoir, même pas son affection maternelle. Elle et Saladin ont toujours eu une relation étrange, je me suis même demandé si…

La porte s'ouvre d'un coup, livrant passage à une furie :

— Qu'est-ce qui vous prend, de parler comme cela de notre mère !?

Tristan et An-Nour demeurent bouche bée. Ils attendaient une servante et c'est leur sœur qui surgit toutes griffes dehors.

— Vous êtes fous ! On entend tout ce que vous dites !

— C'est toi, qui es folle ! Les murs sont bien trop épais pour que l'on entende quoi que ce soit ! rétorque An-Nour.

— Toi, tais-toi !

Tristan sourit : depuis qu'ils sont enfants, An-Nour

et Aïcha ne savent pas dire trois phrases sans se chamailler.

— Ah oui ? Dans ce cas, dis-moi comment j'ai appris que, d'Alep à Bagdad, tous les émirs rêvent d'avoir Shérazade dans leur lit !?

— Je n'ai jamais parlé de lit !

— Ah non ? Et pour notre mère ?

— Je n'ai rien dit de mal. En tout cas, je remarque que tu auras passé ta vie à écouter aux portes !

— Je t'interdis de…

Brusquement, il lui fait signe de se taire, dresse l'oreille. Avant que Tristan ait compris, il bondit à nouveau sur ses pieds, se précipite vers la porte sabre au clair et disparaît dans l'escalier qui mène au chemin de ronde.

Aïcha, elle, se précipite dans les bras de son frère.

— Tu ne peux pas savoir comme je suis heureuse de te revoir !

Puis, dans un murmure :

— J'ai su par mon mari que tu te rendais à Shadar, alors je me suis arrangée pour venir moi aussi. J'ai un message de Shérazade.

— Où est-elle ?

Elle colle ses lèvres à son oreille.

— À Damas.

Et elle lui tend un billet, qu'il met prestement dans la poche de sa tunique.

An-Nour revient quelques instants plus tard. Il ramasse une poignée de paille et nettoie son sabre.

— J'ai réussi à l'attraper. Il écoutait pour le compte de ce scélérat de Nâsser !

Tout en essuyant son arme, il s'approche d'une tenture pendue en hauteur contre le mur du fond et la soulève. Apparaît un fenestron donnant sur le palier. An-Nour pousse un juron.

— Cette vermine savait que nous devions nous rencontrer ici et a fait percer une ouverture ! Ses suppôts ont tout vu, tout entendu !

— Tu crois qu'ils étaient plusieurs ? demande Tristan.

— Oui : les archers sont sur leurs traces.

Il se tourne vers sa sœur.

— Qu'est-ce que tu fais ici ?

— Cela ne te regarde pas. Je suis venue voir Tristan.

An-Nour les observe tour à tour et soupire.

— Un sot et une sotte, voilà ce que vous êtes !

Puis il montre la porte :

— Ne restons pas là, suivez-moi. À la terrasse de la tour, nous pourrons discourir en toute quiétude.

Il fait encore jour. An-Nour se penche par-dessus un créneau.

— Le chemin de ronde est désert. Personne ne nous entend.

Il se tourne vers sa sœur, sa voix est peu amène :

— Je reprends ma question : qu'est-ce que tu fais ici ?

— J'ai appris par mon mari que Tristan devait se rendre à Shadar et je me suis débrouillée pour venir. Est-ce que cela te convient comme explication ?

— Et comment se fait-il que je ne l'aie pas su ?

— Parce que tu n'es pas mon mari et que je n'ai pas de comptes à te rendre.

— Ah bon ? Et depuis quand es-tu à Shadar ?

— Depuis deux jours. Je t'ai vu tout à l'heure chez notre mère, mais je n'ai pas voulu me manifester, j'ai préféré que vous parliez seul à seule. Elle a besoin de toi. Pour le moment, oncle Al-Yanis la protège, mais il est malade. S'il disparaît, ce serpent de Nâsser la jettera hors de chez elle.

— Qu'est-ce qu'on peut faire ? demande Tristan, subitement inquiet.

— Pour le moment rien, puisque oncle Al-Yanis est vivant, mais nous devons tout prévoir.

— Est-ce qu'elle t'a parlé de moi ?

— Oui. Elle m'a dit de te dire que tu es en danger et qu'il te faut repartir au plus vite, avant la nuit.

— Maintenant ? Elle est folle ! bondit An-Nour.

— Non, elle est au contraire parfaitement lucide. Cet infâme de Nâsser, avec la complicité de certains proches de Saladin, a fait appel à la secte des Assassins[1]. Le Vieux de la Montagne a lancé une fatwa[2] contre Tristan.

Tristan et An-Nour sursautent, fixent leur sœur. Personne n'a jamais échappé aux fatwas émises par le Vieux de la Montagne !

Jamais !

Rachid-Ed-Din Sinan, surnommé le « Vieux de la Montagne », dirige une secte d'obédience chiite, les ismaéliens – plus communément appelés les « Assassins ». Le Vieux de la Montagne commande une armée de jeunes fanatiques, des fedayin[3], qui le

1. Le mot « assassin » viendrait de l'arabe hashishiyya, les utilisateurs de haschisch étant les haschischins. Les chroniqueurs rapportent que les adeptes de la secte des ismaéliens utilisaient le haschisch pour se donner des forces avant les attentats.

2. Jugement légal émis par un religieux de rang élevé. Il peut s'agir d'une sentence.

3. Fedayin, pluriel de fedaï, signifie « ceux qui se sacrifient pour la foi ».

vénèrent comme une émanation de la divinité. « Je suis le maître du ciel et de la terre après Allah ! » clame-t-il à ceux qui lui rendent visite dans son repaire.

Et ses adeptes le croient.

Tout le monde les redoute. Saladin lui-même a failli, à trois reprises, être victime de leur fanatisme. Lorsque le Vieux de la Montagne ordonne de tuer, ses fedayin tuent ; lorsqu'il leur ordonne de se sacrifier pour la cause, ils le font sans se poser de questions. S'ils meurent en exécutant ses ordres, ils meurent en martyrs et vont au paradis.

Rachid-Ed-Din Sinan a bâti son repaire sur les sommets rocheux du djebel Al-Summâq, dans le nord-ouest de la Syrie, d'où son surnom le Vieux de la Montagne.

— Il te faut partir ! déclare An-Nour, pris d'épouvante. Tout de suite ! Ceux qui nous écoutaient appartenaient certainement à la secte des Assassins. Dès que tu auras franchi le pont-levis, je ferai tomber la herse et ordonnerai aux archers de veiller à ce que nul ne tente de quitter la forteresse ! Pars, mon frère, ne perds pas de temps. Allah, dans son immense sagesse, fera que nos chemins se croisent à nouveau. Tu es croyant, Tristan, crois donc et fais confiance, car Dieu est Tout. N'a-t-Il pas créé le jour et la nuit, le ciel et la terre ?

— « Il est le centre où tout se réunira[1]. » Oui, le jour viendra où Il nous réunira à nouveau.

Tristan serre An-Nour dans ses bras, puis sa sœur, dont les larmes font peine à voir.

— Dis à Shérazade que…

Mais les mots n'arrivent pas à sortir de sa gorge.

1. Coran, chapitre III, verset 104.

— Qu'est-ce qu'elle a à voir avec Aïcha, Shérazade ? s'étonne An-Nour. Elle est en Mésopotamie, non ?

— Non, répond Aïcha, elle est à Damas.

Tristan sort le billet de la poche de sa tunique et le montre à son frère.

— Elle m'a écrit.

Il règne un silence pesant au sommet de la Tour portière. Il fait encore jour, des lames de feu brûlent au couchant. La nuit ne tardera guère à s'abattre sur la forteresse.

— Qu'est-ce qu'elle te dit ? demande An-Nour, un tremblement dans la voix.

Tristan décachette le billet et pâlit.

Aïcha baisse les yeux.

— Alors ?

— …

— Alors ? s'impatiente An-Nour.

— Elle est grosse.

37

3 juillet 1187, bataille des Cornes de Hattin

Les collines de Galilée brasillent.

Il fait une chaleur torride. Les chevaliers suffoquent sous le fer de leurs armures. Ils ont soif, une soif insoutenable. Malheureusement, les outres accrochées aux arçons de leurs selles sont vides.

Tristan chevauche à côté de frère Salvio de Torrijo. Le jeune templier espagnol passe son manteau sur sa cotte de mailles, puis recouvre son heaume d'un capuchon pour le protéger du soleil. Tristan n'en fait rien : il ne sent pas la chaleur. Son corps est peut-être dans le brasier de Galilée, mais son cœur et son esprit sont dans la fraîcheur de l'Euphrate. Il se tourne vers l'est, vers la Mésopotamie. Vais-je jamais revoir Shérazade ? Vais-je un jour tenir dans mes bras l'enfant qu'elle porte… Notre enfant ?

Des reflets l'éblouissent, il plisse les yeux. Tout au loin, à la tête de cette immense armée, brille – portée par l'évêque de Saint-Jean-d'Acre – la relique de la Vraie Croix. Plantée au bout d'une longue hampe, enchâssée dans un ostensoir serti d'or et de pierres précieuses, elle dépasse d'une coudée l'océan de lances. Tous les combattants peuvent l'apercevoir, de quelque endroit qu'ils regardent.

Tristan fixe la croix et pense à Shérazade, dont la foi musulmane est profonde et sincère. Il respecte sa foi et elle respecte la sienne ; à aucun moment elle ne lui a demandé d'embrasser l'islam. Leur amour va-t-il survivre au choc par les armes des deux religions ? Un jour, elle a comparé les aigles de son père à la colombe des chrétiens et l'a regardé droit dans les yeux.

— De l'aigle ou de la colombe, lequel est l'oiseau de proie ?

Le jugement de Dieu approche.

Les chrétiens ne sont que vingt mille fantassins mais disposent d'une cavalerie lourde de mille quatre cents chevaliers, incomparablement plus redoutable que la cavalerie légère sarrasine.

Saladin oppose soixante mille hommes.

Il a rassemblé son armée à la frontière de la Galilée. Ses escadrons viennent d'Égypte, de Mésopotamie, de Djézireh, du Kurdistan… Leurs tentes multicolores s'étalent sur ces plaines que Jésus de Nazareth a arpentées en son temps. Des versets du Coran ondoient sur les milliers de banderoles qui flottent au-dessus des tentes.

Saladin s'est mis en route le 26 juin. Son intention est de prendre Tibériade, qui appartient à Raymond de Tripoli, dit Tibérias. Ce dernier campe aux fontaines de Séphorie avec le reste de l'armée chrétienne. Il a confié la défense de Tibériade à la comtesse Eschive, sa femme. En apprenant que Saladin a entrepris le siège de cette place, Ridefort et Renaud de Châtillon se précipitent chez le roi :

— Sire, il nous faut attaquer Saladin avant qu'il n'enlève la ville !

Entendant cela, Tibérias explique que Saladin veut les attirer dans un piège, c'est-à-dire choisir à son avantage le champ de bataille et raser l'armée chrétienne.

— Ne prenons pas de décision hâtive, conclut-il. Il ne faut surtout pas bouger ! Je connais cette région, puisque c'est la mienne. Nous pouvons refermer sur Saladin le piège qu'il a lui-même tendu. Il suffira pour cela d'attendre que la chaleur épuise ses troupes. Alors il quittera Tibériade et rentrera à Damas. Un échec dont il ne se relèvera jamais !

— Ton conseil sent le poil du loup ! lance Ridefort.

— Sire, fait Tibérias en feignant de n'avoir pas entendu, nul ne perdra plus que moi si Tibériade tombe, puisqu'il y a là ma femme, mes enfants, mes hommes et tous mes biens… Si nous partons secourir dame Eschive, nous sommes perdus. Et je vais vous dire pourquoi : parce que d'ici à Tibériade il n'y a pas d'eau, que les Sarrasins nous obligeront à camper où ils voudront, et que le soir venu nos hommes et nos chevaux seront morts de soif. Que ferons-nous, lorsque les Sarrasins nous attaqueront le lendemain matin ?

Il regarde Guy de Lusignan droit dans les yeux.

— Sire, restons aux fontaines de Séphorie et attendons que l'armée de Saladin s'épuise.

— Cela sent encore le poil du loup ! ricanent ensemble Ridefort et Renaud de Châtillon.

Tibérias est un homme sage et préfère ne pas relever l'insulte, d'autant que les barons du royaume le soutiennent. Tous se tournent vers le roi. Après un moment d'hésitation, Guy de Lusignan ôte son casque et le pose sur la table pliante de bivouac.

— Soit, il n'y aura pas d'attaque, décide-t-il. L'armée restera aux fontaines de Séphorie et attendra.

Mais c'est mal connaître Ridefort et son comparse. Au milieu de la nuit, ils déboulent dans la tente royale, s'emportent contre Tibérias, conspuent les vils couards qui agitent des quenouilles en faisant croire qu'ils brandissent des épées !

— La victoire est au bout de nos lances, clament-ils. Saladin est à notre portée, jamais il ne pourra contrer la charge de notre cavalerie lourde ! C'est maintenant, qu'il faut attaquer !

Guy de Lusignan est un faible, un indécis.

Il cède.

Il est midi passé de deux heures. Le sol est aride, sec, parsemé de cailloux, ce qui retarde la marche des fantassins, gêne les montures.

Tristan regarde vers le front de bataille : des chevaliers du Temple ont pris la Vraie Croix des mains de l'évêque d'Acre et la brandissent hardiment en pointe de l'armée.

Il secoue la tête avec tristesse. Une relique de la Vraie Croix sur le front de bataille ne suffira pas à battre Saladin ! Le roi Guy a eu tort de quitter les fontaines de Séphorie. Tristan connaît cette région, la plaine qu'ils traversent est désertique, pas un puits, pas une source ! De plus, avec tous ces cailloux, les chevaux vont trébucher, se blesser, beaucoup ne pourront plus porter leurs cavaliers. *Nous courons à notre perte !*

Il regarde autour de lui : ses frères templiers chevauchent en colonne et, comme le veut la règle, en silence. Leurs yeux brillent d'une sainte détermination. Il les considère un à un : ils sont en joie, alors qu'ils savent, comme lui, qu'ils vont mourir. Ceux qui ne seront pas tués sur le champ de bataille, Saladin les fera décapiter par ses *fuqaha*.

Il porte une main à sa poitrine et palpe, sous la tunique de lin qui recouvre son haubert, la lettre de Saladin à Ridefort. Il n'a toujours pas pu la lui remettre, car le maître du Temple a interdit à quiconque de l'importuner, pour quelque raison que ce soit.

Que dit cette lettre ? Que contient le paquet remis à An-Nour ? Sans doute une relique. Mais quel intérêt peut avoir Saladin à garder chez lui une relique chrétienne ?

Où est An-Nour ?

Où est Shérazade ?

Tout se passe comme Tibérias l'a prévu. À la tombée du soir, épuisés, mourant de soif, les Francs ne sont pas en mesure d'engager le combat. Les fantassins ont les pieds en sang, beaucoup de chevaux boitent, les outres sont vides… Ordre est donné de bivouaquer.

Les Francs s'arrêtent, dessellent leurs montures, dressent le camp… Le lieu choisi par Ridefort et Renaud de Châtillon est une colline dont l'histoire a retenu le nom : les Cornes de Hattin. Chacun rentre dans sa tente, mais personne ne ferme l'œil. La nuit est interminable. Chevaliers, sergents, hommes de troupe, tout le monde est sur le qui-vive.

Tristan n'a quitté ni haubert ni jambières : il préfère se tenir prêt. Tenaillé par la soif, il songe à son cheval, qui n'a pas bu depuis le matin : comment fera-t-il, son précieux destrier, pour le porter jusqu'au champ de bataille et tenir bon tout au long de l'assaut ? Lorsque sonnent matines, il rejoint les autres templiers dans la tente-chapelle. Il ne se souvient pas d'avoir jamais prié avec autant de ferveur.

Sa dernière prière avant le jugement de Dieu !

Après matines, il part avec ses écuyers préparer ses montures[1]. L'attaque est imminente, il faut être prêt. Pendant qu'ils pansent et étrillent, il prend sa bassine réglementaire et va chercher une mesure d'orge chez le grainetier, qui est logé au centre du camp, près du gonfanonier. Tristan regarde autour de lui : les frères viennent en bon ordre chercher leur mesure d'orge. Combien d'entre eux seront-ils en vie au soir de cette journée ? Dans quelques heures, cette colline ne sera plus que mort et désolation !

Il ne parle pas, personne ne parle.

Les gorges des chevaux sont sèches, comme l'herbe et les broussailles qui tapissent les collines. Soudain, avec les lueurs de l'aube, arrive, portée par le vent, une odeur âcre de fumée.

Surviennent presque aussitôt des roulements de tambour, lointains, puis de plus en plus rapprochés.

Tous les yeux se tournent vers l'est : Saladin a fait mettre le feu aux broussailles. Les flammes montent vers le camp. Au-delà de cette lame de feu, des milliers de cavaliers, d'archers à cheval, de fantassins…

Les chrétiens sont cernés de fer et de feu.

Le roi fait sonner le rassemblement. Les templiers

1. Les chevaliers disposaient d'un destrier et d'une ou plusieurs montures de rechange que les écuyers tenaient à leur disposition pendant la bataille.

rejoignent leurs postes en bon ordre. Chacun oublie qu'il a soif, que les estomacs sont vides.

Saladin regarde le camp chrétien avec méfiance. Certes son armée est supérieure en nombre, mais les chrétiens lui sont supérieurs en cavalerie lourde. Il compte sur ses archers pour la contrer. La veille, il a fait amener soixante-dix dromadaires chargés de flèches et de carquois et a désigné les *djalichyeh*[1] au sein de chaque bataillon.

Il caresse sa barbe : l'armée franque est à sa portée !

Il n'a pas dormi, lui non plus, non par fatigue ou tourment, mais parce qu'il a prié. La nuit entière, comme l'avait fait Mahomet avant la bataille de Badr[2].

Il est prêt. Son armée aussi. Regard tourné vers la colline en feu, il ordonne à son secrétaire Al Isphahani d'écrire pour la postérité – afin qu'elle s'en souvienne – ce qu'il ressent en cet instant : « Les Polythéistes seront tous incendiés, torturés, embrasés, brûlés vifs, et les flèches qui les perceront transformeront ces lions en porcs-épics. »

Après quoi, il tire son sabre, le lève vers le ciel et lance d'une voix puissante la phrase que tous les émirs attendent avant de lancer l'assaut : « Islam, Allah Akbar ! »

Des dizaines de milliers de sabres fendent l'air, un

1. Archers composant des unités spéciales, sortes de commandos.

2. Bataille qui a opposé Mahomet aux mécréants quraychites de La Mecque en l'an 2 de l'hégire. Elle a marqué un tournant décisif dans l'expansion de l'islam naissant.

grondement humain, aussi assourdissant que le tonnerre, enclôt le campement chrétien :

— Victoire sur l'ennemi d'Allah ! *Allah Akbar !*

Guy de Lusignan est un roi faible, mais pas un lâche. Il ordonne la charge et prend lui-même la tête de la première vague.

Le choc est terrible. La cavalerie lourde des Francs pénètre les lignes ennemies, écrase tout sur son passage, perce les cottes de mailles, désarçonne, piétine, mais elle est repoussée par le nombre.

Les attaques et les contre-attaques se succèdent à un rythme effréné. Le sol est bientôt jonché de cadavres, de blessés, de chevaux éventrés.

Les émirs invoquent Allah.

Les évêques tournent autour de la Vraie Croix en psalmodiant des prières.

Au milieu de la matinée, le commandeur de l'escadron dans lequel se bat Tristan prépare, avec ce qui lui reste d'hommes, une nouvelle charge. Il demande à Tristan, dont le courage lors des précédents assauts a été remarqué de tous, de faire « la pointe », c'est-à-dire de charger en tête. Puis il assigne les postes à chaque chevalier. Nul n'a le droit de sortir du rang, sous quelque prétexte que ce soit.

Le commandeur déroule le gonfanon roulé autour de sa lance. Dans le tumulte et la poussière de la bataille, ce gonfanon baucent restera le point de ralliement.

— Pour Dieu et sa mère sainte Marie ! lance-t-il.

Les templiers avancent d'abord en colonne, au trot. Au dernier moment, le commandeur ordonne le galop. Avec cette discipline qu'ils cultivent comme leur vertu première, ils se déploient en ligne et chargent derrière le gonfanon baucent.

Tristan se dresse sur ses étriers, assure sa lance, une fois pour toutes calée sous son bras, et empoigne son écu. Il éperonne alors son cheval, colle à lui et, suivant les conseils d'Al-Yanis, le laisse faire le reste.

Il prend le galop en confiant son âme à Dieu, son bras et son épée à l'ordre du Temple, son cœur et sa pensée à Shérazade.

C'est une masse compacte de fer et d'acier qui dévale au galop les pentes de Hattin. Le choc est d'une violence inouïe, la ligne templière rompt en plusieurs endroits, mais les templiers se regroupent aussitôt, gardant toujours en point de mire le gonfanon baucent. Dans le feu de l'action, Tristan est emporté par son cheval au milieu des Sarrasins. Il ne réalise pas tout de suite qu'il est seul, entouré d'ennemis. Lorsqu'il en prend conscience, c'est pour découvrir qu'il s'agit d'un escadron Banu-Kilâb ! Le choc est si fort qu'il sent ses muscles se paralyser : il baisse sa lance et son écu, comme le font les chevaliers en signe de reddition. Mais aucun des Banu-Kilâb ne bouge. Tristan est désemparé. Qu'est-ce que cela signifie ? Il finit par chercher des yeux le pennon de l'Ordre, qu'il aperçoit au loin, sur sa gauche. Il éperonne machinalement son destrier et « fuit » dans sa direction.

La bataille fait rage.

Les templiers abattent l'ennemi au plus près qu'ils peuvent de leur gonfanon : ils ont pour consigne de ne s'en éloigner que pour frapper. C'est vers lui que galope Tristan.

Mais ce qu'il aperçoit, à trois longueurs de lance, lui glace le sang : Salvio de Torrijo, dont le cheval a été touché, se bat au sol, à l'épée. Il vient de terrasser un Banu-Kilâb, qui lâche son arme et s'effondre devant lui, à genoux. Le templier espagnol lève alors son épée à deux mains et vise la tête du Sarrasin. Soudain, le Banu-Kilâb, qui a perdu son casque et dont le visage est en sang, lève les yeux.

— An-Nour ! hurle Tristan.

Surpris par ce cri qui ressemble à celui d'un fauve, Salvio de Torrijo interrompt son geste, mais le réarme aussitôt. En cet instant précis, rien n'existe pour Tristan, hors son frère sur le point d'être tué. Il pique des éperons et charge comme un fou. Sa lance, au bout de laquelle flotte le pennon du Temple, pointe sur la poitrine de son frère en religion, qu'elle transperce de part en part.

Indifférent au cri d'horreur poussé par les quelques templiers encore debout autour du gonfanon baucent, il saute de cheval et se rue vers An-Nour.

— Pour me sauver la vie tu as occis l'un des tiens, fait ce dernier d'une voix à peine audible.

— Je recommencerais cent fois s'il le fallait !

Il le serre dans ses bras, cotte de mailles contre cotte de mailles. An-Nour penche la tête, laisse pendre ses bras.

Tristan pleure.

Le temps s'arrête.

Longtemps après, alors qu'un silence de fin d'orage s'abat sur le champ de bataille, quelqu'un pose une main sur l'épaule de Tristan, lui parle en mauvais arabe.

— Tu ne peux plus rien pour lui. Ne reste pas là, il te faut partir.

C'est un officier kurde. D'une main, il tient le destrier de Tristan, de l'autre il lui tend sa lance, qu'il vient d'extraire de la poitrine du templier.

— Les tiens ont perdu la bataille, tu n'as rien à faire ici. Monte ! Nous avons ordre de laisser passer le comte de Tripoli, tu suivras derrière.

Tristan se met en selle, machinalement ; son regard est dans le vide.

Dans l'instant qui suit arrive en trombe Tibérias, suivi de quelques chevaliers. Sur ordre de l'officier kurde, les troupes sarrasines ouvrent une trouée. Derrière le comte s'engouffre ce qui reste de l'aile droite des Francs. L'officier kurde fouette alors la croupe du cheval de Tristan.

— *Merhamêta xwedé li ser te be*[1] *!* fait-il en langue kurde.

La double haie se referme sur l'unique templier à quitter l'enfer de Hattin.

1. Que la miséricorde d'Allah soit sur toi !

38

Damas, 26 rebi 583 (5 juillet 1187)

Ce soir-là, un homme traverse la ville en liesse et frappe à la porte d'Aïcha, fille de Mélisende, épouse de Selim Ibn Selim, cousin de Saladin.

Des serviteurs le conduisent vers l'un des patios du palais. Une fontaine, entourée de citronniers, s'y épanouit en une dizaine de jets d'eau dans un décor de marbre rouge.

Aïcha fait installer l'homme sous une tonnelle de jasmin et ordonne qu'on lui apporte des boissons fraîches. Pendant qu'il se désaltère, elle fait appeler Shérazade.

La fille de Saladin arrive en toute hâte avec Azucéna, une servante chrétienne originaire d'Al-Andalous qu'elle vient d'engager. Cette jolie Espagnole, manifestement fort enceinte, fait partie de l'entourage du médecin Moussa Ibn Maimoun[1], qui est de passage à Damas.

---

1. Mieux connu sous le nom de Maïmonide, ce médecin prestigieux (1135-1204) est l'une des grandes figures intellectuelles

Les trois jeunes femmes s'assoient sous la tonnelle, face au nouveau venu.

— C'est mon maître Selim Ibn Selim qui m'envoie, commence-t-il avec un fort accent kurde, enrobant sa phrase de formules de politesse.

— Raconte ! coupe Shérazade en kurde.

Il boit de d'eau, se gratte la gorge, puis raconte, sans s'arrêter, ce que Selim lui a dit de raconter : les assauts, le feu, l'encerclement des chrétiens, l'angoisse de Saladin lorsque l'ennemi a failli retourner la situation, la stupéfaction de l'aile gauche lorsque les templiers, avec cette discipline qui leur est propre et qu'aucune armée au monde n'est capable d'imiter, ont chargé à un contre dix.

— Les templiers ? sursaute Shérazade.

— Oui, des adversaires redoutables !

Il y a un court silence.

— As-tu des nouvelles de mon frère ? demande Aïcha brusquement.

— Tu veux parler de Tristan ?

— Oui.

Le messager, un Kurde nommé Karakouch, se tait. Tout le monde a entendu parler de Tristan, le fils de Mélisende, dont le père a tant fait d'exploits qu'il a forcé, en son temps, l'admiration de Saladin lui-même. Mais il y a eu l'épisode de Kérak… La part du chien ! Trois années ont passé ; aujourd'hui plus personne ne croit à la culpabilité de Tristan. Les langues se sont

---

du judaïsme médiéval. Né à Cordoue, capitale d'Al-Andalous, il vécut surtout en Égypte. Saladin, qui l'admirait et respectait son judaïsme, le consulta à plusieurs reprises, notamment pour ses crises de paludisme.

déliées. Nul ne sait d'où l'information est venue, mais le fait est là : peu à peu le bruit a couru que les lettres codées interceptées par Saladin n'étaient pas destinées à l'ennemi, mais… à une femme !

Karakouch regarde la princesse, il ne sait que répondre.

— Alors ? s'impatiente Shérazade.

Il bégaye des généralités sur les Banu-Kilâb. Doit-il expliquer que, par un incroyable retournement de situation, ces derniers ont fait bloc autour de Tristan ? Doit-il révéler que, malgré la croix qui ornait son manteau, ils l'ont considéré comme l'un des leurs ?

— Tous les templiers qui ont été faits prisonniers ont été exécutés, finit-il par répondre.

— Quoi !? bondit Shérazade.

— Tous ? demande Aïcha d'une voix à peine audible.

— Oui, tous.

— Peut-être que certains ont été graciés ? objecte Shérazade en dévisageant Karakouch.

Celui-ci secoue la tête :

— Non, princesse, aucun n'a été gracié.

Et il raconte ce dont il a été témoin.

— Ton père a fait rassembler les templiers et les hospitaliers qui ont survécu à la bataille. Il a dit qu'il voulait purifier la terre de ces deux ordres immondes. Il les a accusés d'être ce qu'il y a de pire parmi les incroyants, puisque l'homicide, quand il tourne au bien de leur religion, leur paraît une chose sainte et douce !

Shérazade pâlit. Elle connaît son père et sait qu'il ne pense pas un mot de ce qu'il dit. Saladin respecte les templiers, dont il admire la loyauté ; de plus, il a un cœur chevaleresque qui le porte naturellement à la mansuétude, mais il n'a pas le choix. Pour contenir la soif de vengeance qui anime ses guerriers après chaque bataille, force lui est de leur livrer des boucs émissaires. Les templiers sont les plus aptes à nourrir la vindicte. Elle imagine Tristan, les mains entravées derrière le dos, jeté en pâture à une bande d'excités. Pourtant… quelque chose lui échappe.

— Il y avait deux cent trente chevaliers du Temple et de l'Hôpital, poursuit Karakouch. Saladin nous a tous rassemblés, comme pour un spectacle. Les émirs se tenaient sur deux rangs ; nous étions derrière. Or il y avait auprès de lui un certain nombre de docteurs de la Loi, de soufis, de mystiques… Comme cela est déjà arrivé d'autres fois, chacun d'eux a demandé la faveur d'exécuter un templier. Et ton père a accepté. Alors chacun a dégainé son sabre et découvert son avant-bras.

Il se tourne vers Shérazade :

— J'ai regardé les templiers un par un, plusieurs fois. Je peux t'assurer que Tristan ne faisait pas partie du lot.

Il y a un long silence. Shérazade ferme les yeux et passe en revue, à la vitesse des autours se jetant sur leurs proies, l'ensemble des éventualités.

Des larmes coulent sur les joues d'Aïcha. Tristan n'a pas pu échapper au glaive. Elle sait par son époux que lors des batailles décisives, dans un camp comme dans l'autre, on achève les blessés ennemis. Si Tristan ne faisait pas partie du lot de prisonniers, c'est qu'il gisait au sol, mortellement blessé. Dans les deux cas… Elle se tourne vers Shérazade et ce qu'elle découvre dans son regard lui fait peur. Ses yeux en forme d'amandes sont secs, durs, effilés comme la pointe d'une sagette. Ils sont prêts à tuer.

— Où est Tristan ? lance-t-elle d'une voix aussi coupante que la lame d'un cimeterre.

Karakouch sursaute, tant le ton est incisif.

— Personne ne sait, princesse, personne !

— Pour la seconde fois, où est Tristan ?

Karakouch rentre la tête dans ses épaules, évite le regard de la fille de Saladin. Sa voix, d'un coup, est mal assurée :

— Le bruit court qu'il a tué un templier, princesse.

— Quoi !? s'exclame Aïcha.

Le messager boit une nouvelle gorgée d'eau.

— Oui, tout le monde en parle.

Il repose le hanap sur la table dressée au milieu de la tonnelle et fixe la jeune femme :

— Ton frère a fait ce que n'importe lequel d'entre nous aurait fait : An-Nour était au sol, blessé ; un templier était sur le point de lui assener un coup mortel. Tristan a chargé sur l'infidèle et l'a transpercé de sa lance. Puis il a disparu.

Shérazade ferme les yeux. Les idées se bousculent dans sa tête : si Tristan a disparu, s'il ne fait partie ni des blessés ni des prisonniers exécutés par son père, c'est qu'il a pu quitter le champ de bataille, et donc qu'il est vivant ! Mais s'il a tué un templier, les chrétiens vont le considérer comme un traître, un assassin. Ils vont remuer ciel et terre pour le retrouver, le juger, le condamner... Tristan est en danger !

Lorsqu'elle rouvre les yeux, ils brillent de cette lueur implacable qu'Aïcha a appris à connaître et qui, chez elle, précède toujours l'action.

— Pour la dernière fois, où est Tristan ?

Karakouch sursaute, à cause du ton, qui rappelle celui de Saladin lorsqu'il donne un ordre.

— Nul ne sait, princesse. Ce qui est certain, c'est qu'il a fui derrière Tibérias.

Un imperceptible sourire glisse sur les lèvres de Shérazade.

— Tibérias est bien l'ennemi juré de Ridefort, le grand maître des Templiers ?

— C'est bien ce que l'on raconte, princesse, à cause d'une vierge que Tibérias aurait refusé de livrer à Ridefort.

Shérazade passe discrètement une main sur son ventre. Grâce à un régime sévère et à une savante superposition de tuniques, ses rondeurs disparaissent derrière des voilages de soie et de mousseline. Elle sait tout ce qu'elle voulait savoir. *Tu as échappé aux soufis, mon amour, je ferai en sorte que tu échappes aussi aux templiers !*

Aïcha l'observe : son amie n'a jamais été aussi belle. Personne n'est au courant de sa grossesse, hormis elle-même et Azucéna.

Les mains ostensiblement posées sur son ventre, celle-ci se tourne vers Karakouch.

— Et An-Nour, comment va-t-il ?

— An-Nour ? Euh… je ne sais pas.

— Qu'est-il arrivé à An-Nour ? lance Shérazade en kurde.

Karakouch tousse, hésite.

— Certains disent qu'il est mort de ses blessures.

Shérazade prend la main d'Aïcha et la serre si fort qu'on entend craquer les jointures.

Le silence est interrompu par l'arrivée soudaine de Farrouk, le « messager-éclair » de Saladin.

Depuis le matin, les messagers se succèdent dans la maison. Ils viennent de toute la Syrie. Tantôt ils apportent le soutien de leurs maîtres à la fille de Saladin, tantôt ils viennent aux nouvelles. Mais Karakouch et Farrouk sont les premiers à arriver directement du champ de bataille.

Farrouk s'incline devant Shérazade, lui remet un pli et, conformément à son habitude, attend. Shérazade regarde la plaque de cire : il s'agit bien du sceau de son père. Elle va pour décacheter, mais interrompt son geste.

— Avant toute chose : est-ce que tu as des nouvelles d'An-Nour ?

Le jeune Kurde tousse, se gratte la gorge.

— Est-il mort ou vivant ? s'énerve Shérazade. Parle !

— Il est grièvement blessé, princesse, mais il n'est pas mort.

Elle se tourne vers Aïcha.

— Voilà, nous savons qu'il est vivant, cela seul compte !

Puis elle déroule la lettre de son père.

Tous les regards convergent vers elle.

Son ardeur allante fond comme glace au soleil. Ses lèvres tremblent. Elle est obligée de se rasseoir.

— Qu'est-ce qu'il t'arrive ? s'affole Aïcha.

Shérazade fixe l'émissaire de son père, puis Karakouch.

— Veuillez nous laisser. Je vous ferai appeler en temps voulu.

Dès qu'elles sont seules, Shérazade s'assure qu'aucune oreille indiscrète ne traîne dans le jardin, baisse la voix et lit un passage de la lettre de son père : « … le prince héritier de Djézireh m'a fait l'honneur de demander ta main. Cette alliance sera bénéfique pour tout le monde, y compris pour toi, car il me déplaît de te savoir seule. Le mariage pourra avoir lieu dans deux mois, après la prise de Jérusalem, qui ne saurait tarder… »

— Et voilà : mon père veut encore me marier !

Elle palpe son ventre.

— D'après mes calculs, je vais accoucher à la fin du mois de septembre, dans deux mois. C'est vraiment le moment de me marier !

— Comment va-t-on faire ? gémit Aïcha.

— Je n'ai pas le choix : tu vas contacter ta mère.

— Ma mère ? Tu es folle, elle te déteste ! Sans compter qu'elle est sous l'emprise de ton père. Elle se ferait couper en morceaux pour lui. Comment veux-tu qu'elle accepte de te couvrir ?

Shérazade secoue la tête.

— Mélisende est bornée, têtue comme un mulet et rigide comme du bois sec dès qu'il s'agit d'islam ou de mon père, mais son fond est bon. J'ai beaucoup réfléchi : je crois qu'elle est capable de me comprendre. En tout cas c'est la seule, avec vous deux, qui puisse m'aider.

Elle regarde vers les salons enluminés. Une noria de serviteurs, servantes, esclaves, distribue plats et boissons aux nombreux amis venus fêter la victoire de Saladin. Une appétissante odeur de foul[1] chatouille les narines.

— Voici mon plan : je vais simuler un malaise.

Elle se tourne vers Aïcha, baisse encore la voix :

— C'est Azucéna qui m'a suggéré ce stratagème.

1. Spécialité à base de haricots.

Je n'y croyais pas trop, mais en fait je pense qu'elle a raison.

— Je ne vois pas comment nous pouvons partir chez ma mère, à Shadar, sans éveiller des soupçons. Ton père n'acceptera jamais que tu fasses un aussi long voyage par temps de guerre. Déjà par temps normal, il ne tolère pas que tu te déplaces sans une escorte assez nombreuse pour assiéger une ville, alors imagine en pleine guerre contre les chrétiens !

Azucéna pose une main sur le genou d'Aïcha :

— Dans mon pays Al-Andalous, nous avons l'habitude de ces situations. Laisse-moi faire.

— Mais, tu es enceinte toi aussi, tu ne pourras pas venir !

Azucéna se penche à son oreille :

— Mais non, justement : je ne suis pas enceinte ! C'est là notre plan.

— Donc, je vais simuler un malaise, poursuit Shérazade. À mon réveil, tu feras courir le bruit que je refais une phtisie comme lorsque j'étais petite, et qu'il me faut retourner à Shadar, chez le médecin Gondisalve !

Aïcha secoue la tête.

— Personne ne va me croire. On ne fait pas une phtisie comme cela, d'un coup !

— Mais si, justement, répond Azucéna en sortant un flacon de la poche de sa tunique.

— Qu'est-ce que c'est ?

— *Lewen eddem*[1], une potion andalouse. À Cordoue, on l'utilise la nuit de noces pour tacher les draps, comme preuve de virginité. On peut aussi la boire,

1. Mixture couleur sang.

mais le goût est si mauvais que la plupart des gens la vomissent.

Et elle tend le flacon à Shérazade, qui le débouche.

— Donc, je vais boire *lewen eddem*. Dès que mon père apprendra que j'ai vomi du sang, il enverra des émissaires à fond d'étrier, puis fera réunir une escorte pour me conduire à Shadar.

Elle se tourne vers les salons. Personne ne les regarde. Discrètement, elle porte le flacon à ses lèvres. Avant de boire son contenu, elle regarde Aïcha :

— N'oublie pas de bien annoncer que j'ai déjà fait une phtisie quand j'étais petite et que Gondisalve m'a très bien soignée !

Elle absorbe la mixture, jusqu'à la dernière goutte.

Quelques secondes plus tard, elle est prise de spasmes violents, bien authentiques ! Puis de vomissements. Aïcha crie à l'aide, Azucéna hurle, les servantes accourent, mais aussi Farrouk et Karakouch. Et c'est devant tous ces gens horrifiés qu'elle dégorge un beau sang vermeil, se tord de douleur, a le souffle court…

— C'est sa phtisie qui revient ! Elle a failli en mourir quand elle était petite ! gémit Aïcha.

L'horrible nouvelle fait bientôt le tour de la ville.

39

Château de Shadar, juillet 1187

Mélisende ferme la porte sans se presser et se tourne vers Shérazade, qui vient de s'allonger sur le lit, au troisième étage de la Tour carrée.

— Donc, tu as la phtisie !

— Euh… oui, ma tante. Enfin, un peu… pas trop.

— Ah ! Est-ce plutôt oui, ou… plutôt pas trop ?

— Plutôt pas trop.

— Bien. Les choses étant claires, nous allons passer à l'étape suivante.

Elle va jusqu'à la fenêtre. Les palefreniers s'agitent dans la cour : ils ôtent la selle et le frein de chaque cheval, donnent de l'avoine et du foin, pansent, étrillent. Des servantes apportent des boissons fraîches aux gardes de l'escorte.

Shérazade et ses deux amies sont arrivées dans l'après-midi, sous la protection d'un escadron de gardes kurdes commandés par Karzan Ibn Ararat – l'officier à qui Saladin avait donné ordre d'aménager un couloir de sortie à Tibérias. Ces rudes guerriers ont chevauché au plus près des palanquins, empêchant quiconque d'approcher la princesse. Les consignes de Saladin au chef d'escadron étaient claires : « Vous répondrez de vos têtes s'il arrive malheur à ma fille ! »

Mais nul méchef ou funeste contretemps n'est survenu.

Chacun de ces guerriers est conscient d'appartenir à l'élite des vainqueurs. Tous sont fiers de combattre sous les ordres de Saladin, le Rassembleur de l'Islam, le Libérateur de Jérusalem.

Dont ils escortent la fille.

— Ton père vient d'occuper Tibériade, fait Mélisende, le dos à la fenêtre. La garnison a capitulé. Il a délivré un sauf-conduit à dame Eschive, qui est partie avec ses serviteurs, son argent et tous ses biens. Il a laissé la vie sauve à toute la garnison. Ainsi est ton père ! Les chrétiens, malgré leurs beaux sermons sur la charité du Christ, sont loin d'en faire autant ! Je viens aussi de recevoir un billet par pigeon voyageur : Saint-Jean-d'Acre est sur le point de capituler. Dans quelques semaines, notre grand rêve va devenir réalité : ton père va délivrer Jérusalem !

Shérazade, qui est toujours allongée sur le lit, écoute d'une oreille distraite. Aïcha et Azucéna sirotent du lait de chamelle dans un coin de la pièce.

— C'est tout l'effet que cela te fait, d'apprendre que ton père s'apprête à délivrer Jérusalem ?

Shérazade se lève sur un coude.

— Est-ce que tu as des nouvelles de Tristan ?

Mélisende sursaute, se raidit, ses prunelles flamboient :

— Adhémar, son père, est mort en héros, les armes à la main, il s'est battu sous mes yeux contre un escadron entier. Tristan a perpétré le pire des crimes qu'un chevalier puisse commettre : trahir les siens et fuir le champ de bataille ! Ne prononce plus jamais son nom devant moi : il n'est plus mon fils !

Shérazade se dresse comme un serpent :

— Tu es folle, tante Mélisende. Tu insinues quoi, que Tristan s'est comporté en lâche ?

— Tout soldat qui déserte le champ de bataille est un lâche !

Shérazade se tourne vers Aïcha. Elle est sur le point de lui dire : « Va me chercher Karzan ! » Mais, du regard, Aïcha lui fait signe de se taire : « L'urgence n'est pas Tristan, semble-t-elle lui crier. Arrête ! Le vrai, le seul problème est ton ventre ! »

Shérazade se tait. Deux larmes glissent sur ses joues.

— An-Nour arrive demain, lance Mélisende d'une voix neutre. Gondisalve est avec lui.

Puis, sans se départir de son masque habituel :

— Tu n'as donc pas de phtisie ?

— Non.

— Pourquoi, dans ce cas, déplacer un escadron jusqu'à Shadar ? Ton père a besoin de tous ses hommes !

— Je suis grosse.

— Pardon !?

— De sept mois. J'accouche dans huit semaines.

Mélisende se laisse tomber sur le bord du lit.

— Mais de qui, grand Dieu ? Ton mari est mort depuis deux ans !

— De Tristan.

— Quoi !?

— Oui, de Tristan, ton fils, le traître, le déserteur, mais aussi l'homme que j'aime.

Un silence aussi lourd que le dôme du Temple

s'abat sur la chambre. Aïcha observe sa mère : aucune réaction, aucune mimique, seulement cette dureté du regard qui a tant marqué son enfance et dont les trois enfants portent les stigmates. Comment sa mère va-t-elle réagir ? Que va-t-elle faire ?

— Bien, soupire celle-ci en se levant. Donc, tu es grosse.

— Je le suis.

Shérazade soutient son regard. Mélisende la dévisage un court instant, puis se tourne vers Azucéna.

— Toi aussi, évidemment !

— Non, dame Mélisende, je ne suis pas grosse. C'est un coussin.

— Tu te moques de moi ?

— Non, cela fait partie de notre plan, réplique calmement Shérazade. Pour tout le monde à Damas, pour Karzan, pour les gardes de l'escorte, Azucéna est grosse de sept mois. Rien d'étonnant donc si, dans deux mois, elle quitte Shadar avec un enfant dans les bras… et moi, guérie de ma phtisie !

***

Nâsser Ibn Salamah finit d'attacher le minuscule rouleau de papyrus à la patte d'un pigeon. Le futur maître de Shadar se trouve dans la tourelle du donjon. L'une des fenêtres ouvre vers le sud, l'autre vers les montagnes du nord, là où se dressent les repaires des ismaéliens. Il s'approche de la fenêtre nord et lâche son pigeon.

40

Septembre 1187, environs de Tyr

Deux mois se sont écoulés depuis le désastre de Hattin. Il fait beau, une chaude matinée d'été comme on en voit en ces contrées à l'entame de septembre. Tristan se lève et tire son épée. De sa pointe, il dessine sur le sable une carte du royaume.

— Il nous faudra chevaucher vingt bonnes journées avant d'atteindre Jérusalem.

— Tu crois ? fait Balian, sceptique. La Ville sainte n'est pas à dix journées de cheval !

— J'en conviens, mais nous devrons contourner l'armée de Saladin.

La pointe de son épée part vers l'est, s'immobilise, cherche sa voie.

Balian d'Ibelin se lève à son tour et trace un trait qui parcourt en droite ligne les territoires sis entre Tyr et Jérusalem.

— Voilà notre route. Rien ne s'oppose à ce que nous traversions le campement de Saladin.

Et comme Tristan lui jette un regard surpris :

— Saladin vient de m'accorder un sauf-conduit.

Balian d'Ibelin, seigneur de Naplouse et brillant chef de guerre, fait partie de la poignée de chevaliers qui a pu quitter l'enfer de Hattin. Sa femme, Marie Comnène, fille du roi Amaury, se trouve à Jérusalem. Craignant que Saladin n'assiège la ville, il a décidé d'aller la chercher et de la mettre à l'abri du côté de Tyr. Ce noble chevalier – que les Arabes appellent Balian Ibn Barzian –, allié de Tibérias contre Ridefort et Renaud de Châtillon, est unanimement respecté, dans un camp comme dans l'autre. Ayant appris les menaces qui pèsent sur Tristan, il a décidé de le prendre sous sa protection.

— Nous ne risquons rien, poursuit-il, Saladin est un homme d'honneur. Tu le sais comme moi, lorsqu'il donne sa parole, personne ne peut le faire se dédire !

Tristan hoche la tête.

— Au fait, demande-t-il, qu'en est-il de notre armée ? Rien de nouveau ?

— Non, rien que tu ne saches déjà. Ceux qui ne sont pas morts ou qui n'ont pas pu s'échapper avec nous ont tous été faits prisonniers. Quant à nos chefs, tu connais les détails.

Et ils ressassent les récits colportés par les voyageurs :

Après la bataille, Saladin a fait emmener les personnages de marque. Parmi eux, le roi Guy de Lusignan, Renaud de Châtillon et Gérard de Ridefort. Tous trois meurent de soif. Très courtois, Saladin prie le roi de s'asseoir près de lui et lui tend une coupe d'eau glacée. Dans le code d'honneur oriental, cela signifie qu'il lui accorde l'*amân*, « la vie sauve ». Le roi se désaltère avidement puis, se tournant vers Renaud de Châtillon, lui tend le hanap.

Saladin l'arrête d'un geste.

— Tu ne m'as pas demandé la permission de lui donner à boire !

Et à l'adresse de Châtillon :

— Tu as attaqué mes caravanes, assassiné ma sœur, violé tes serments, rompu les trêves que tu as signées avec les musulmans… et tu oses boire de mon eau ?

— C'est la coutume des rois, que de rompre les traités. Je n'ai fait que les imiter !

D'un coup, toute la haine accumulée contre ce personnage ignoble afflue dans le cœur de Saladin.

— Tu es captif et tu oses me narguer ?

Fou de rage, il dégaine son sabre et frappe.

Certains racontent que la tête de Brins d'Arnat a roulé jusqu'à la porte de la tente, d'autres qu'il s'est effondré, que les gardes l'ont empoigné et qu'ils l'ont exécuté un peu plus loin. Toujours est-il que la vie de ce personnage abject, responsable en partie de la débâcle chrétienne, s'arrête là, sous la tente de Saladin.

Ibelin et Tristan revoient en pensée les gestes du sultan, imaginent la terreur de Guy de Lusignan.

— Ce qui me surprend, commente Ibelin, c'est qu'il ait épargné Ridefort.

— Incompréhensible, en effet.

Tristan pense aux paroles de Shérazade : « Mon père et Ridefort s'écrivent régulièrement… ils se servent l'un de l'autre. » Mais il garde ces pensées pour lui.

— Je ne comprends pas qu'il ait fait exécuter tous les templiers, poursuit Ibelin, jusqu'au dernier, et qu'il ait accordé l'*amân* à Ridefort.

Il fixe le djebel au loin, de ce regard qui lui est propre, où jamais ne perce la volonté de discorde :

— Si tu avais été là, est-ce qu'il t'aurait épargné ?
— Non.
Il dévisage Tristan.
— Tu en es sûr ?
— Oui.
— J'espère pour toi que tu n'auras jamais à regretter d'avoir échappé au martyre !
— Pourquoi aurais-je à le regretter ?
— Parce que tu as occis un templier. Certes, ton geste partait d'un noble sentiment, mais il n'est pas dans l'ordre des choses. Dès que les templiers te mettront la main dessus, soit ils te condamneront à mort, soit ils t'enfermeront dans un cachot jusqu'à la fin de tes jours.
— Je le sais et je suis prêt à l'assumer. Je n'ai pas peur.
Balian lève les yeux au ciel.
— Tes niaiseries me désolent. Par ma foi, t'exposer serait une erreur. Tu dois te mettre à l'abri, partir, retourner chez les tiens. Ton avenir n'est pas parmi les chrétiens. Suis mes conseils : renoue avec ta mère, retrouve tes racines, et s'il te faut épouser une musulmane, quitte à te convertir à l'islam, fais-le ! En revanche, et je te le dis avec force amitié : renonce à Shérazade !
Tristan sursaute.
— Shérazade ?
— Oui, et ce n'est pas la peine de nier, tout se sait en Orient. Écoute bien ce que j'ai à te dire : je connais Saladin, c'est un homme d'honneur, un chevalier d'une grande droiture, le plus grand chef arabe de tous les temps, mais c'est aussi un père et il tient à sa fille. Crois-moi, oublie Shérazade !

Il y a un silence. Puis :

— Que dois-je faire ?

— M'accompagner à Jérusalem. Le sauf-conduit de Saladin est valable aussi pour mon escorte. Nous allons traverser les lignes musulmanes, à l'aller comme au retour. Tant que tu seras avec moi, tu ne risqueras rien. Je t'accompagnerai ensuite jusqu'à la frontière syrienne : ta place est à Shadar !

Tristan hoche la tête. Son ami Balian a raison, il n'a pas le choix.

— Quand partons-nous ?

— Le plus rapidement possible. Saladin est déjà en route et il nous faut arriver à Jérusalem avant l'assaut final. Il m'est avis que la ville ne tiendra guère plus de quinze jours !

— Tu crois vraiment que Jérusalem va tomber ? Les murailles sont épaisses et par endroits inexpugnables. De plus, on raconte que la ville dispose de suffisamment de vivres pour tenir un siège de plusieurs mois.

— C'est exact, sauf qu'il n'y a plus personne pour organiser la défense. La reine Sybille est seule. Elle ne peut compter que sur le patriarche. Or, que sait un patriarche de l'art de la guerre, des techniques de siège et de l'organisation militaire d'une ville assiégée ?

— Pas grand-chose, en effet. Donc, Jérusalem va redevenir musulmane.

— À moins d'un miracle, mais je ne crois pas aux miracles qui arrangent les humains.

41

La chute de Jérusalem

Saladin n'a plus qu'une idée en tête : reconquérir Al-Qouds. C'est son rêve, sa mission, le but suprême de sa vie. Après tant d'échecs et de déconvenues, il sait que le moment est venu. Certains de ses émirs, las de guerroyer, veulent rentrer chez eux, mais il n'a que faire de leur humeur. La clef de sa réussite n'est pas dans ses émirs, elle est dans ses soldats. Or, grisés par ses récentes victoires, ils partagent tous sa volonté de vaincre.

Il pousse ses généraux à exalter les courages, à cheviller au cœur des troupes l'idée que la libération d'Al-Qouds est l'œuvre de leur vie.

Les imams appellent au djihad.

L'effervescence monte.

L'armée se met en route avec les derniers jours d'été. Chemin faisant, elle enlève les forteresses chrétiennes les unes après les autres : Nazareth, Séphorie, Césarée, Haïfa, Naplouse, La Fève – Al-Fula –, qui appartient aux Templiers, Sidon…

Elle arrive devant les murs de Jérusalem le 20 septembre 1187.

Lorsque Balian d'Ibelin et son escorte se présentent devant les lignes sarrasines, servants et charpentiers finissent d'installer les premières catapultes. Comme convenu, Saladin autorise le seigneur de Naplouse à aller chercher sa femme Marie Comnène, mais il pose une condition :

— Donne-moi ta parole que tu ne resteras pas plus d'un jour et d'une nuit à Jérusalem.

Aucune hésitation dans la réponse :

— Tu as ma parole.

Balian et son escorte entrent par la porte des Pèlerins. Ils trouvent une population affolée, prise de panique devant le nombre d'assaillants et la puissance des machines de guerre. Il ne reste plus, pour défendre la population, que deux chevaliers et quelques sergents. Les premiers boulets tombent dès le lendemain. Ce sont des blocs de pierre énormes, pouvant peser jusqu'à cent kilos. Ils sèment mort et désolation dans un fracas de fin du monde.

La reine Sybille, avertie de la présence à Jérusalem d'un si noble chef de guerre, part à la rencontre de celui-ci suivie du patriarche Héraclius. Elle le supplie de rester.

— C'est Dieu qui t'envoie, messire d'Ibelin. Prends le commandement de la ville. Nul mieux que toi ne peut sauver Jérusalem !

— J'ai prêté serment à Saladin, Majesté, je ne peux pas me parjurer !

— Mais si, tu peux ! bondit Héraclius. Grande honte serait sur toi, si tu laissais la Cité sainte en tel point et si tu partais ! Quant à tes scrupules, si cela peut rassurer ta conscience, je te délie de ton serment !

— Un chevalier ne renie jamais la parole donnée. Nul évêque, pour patriarche qu'il soit, ne peut la délier.

Piqué au vif, le patriarche s'insurge.

— Aux yeux du Christ tout-puissant, mort sur la croix et ressuscité en ces murs, le patriarche de Jérusalem a tout pouvoir !

— Sur les âmes sans doute, pas sur l'honneur.

— Ta place est auprès des chrétiens en difficulté de ce côté-ci des remparts ! s'emporte la reine Sybille. En aucun cas sur les routes du royaume avec ta femme !

Les seigneurs et nobles dames, accourus en grande hâte dès qu'ils ont eu vent de la présence du sire d'Ibelin, approuvent.

Tristan, qui assiste à l'entretien, profite d'un silence après l'intervention de la reine pour suggérer de soumettre le problème au sultan lui-même.

— Je connais Saladin. Exposons-lui les faits. En homme d'honneur, il comprendra certainement le dilemme qui agite messire d'Ibelin et saura le tirer d'embarras.

Le patriarche ne pense pas que Saladin soit un homme d'honneur, mais il ne fait pas de commentaire. Il regarde Tristan avec mépris. Tout le monde sait que ce suppôt de Satan, ce templier parjure, a tué délibérément et de sang-froid l'un de ses frères en religion ! Son avis ne peut donc rien apporter de bon. Le patriarche va pour contrer sa proposition, mais l'assistance approuve Tristan avec enthousiasme, alors il se range, à contrecœur, à l'avis commun.

On envoie donc un émissaire au camp sarrasin.

Comme l'a prévu Tristan, Saladin comprend d'emblée le dilemme de Balian Ibn Barzian et le délie de son serment. À la stupéfaction des clercs – et au grand émoi des nobles dames – il se comporte en chevalier : il fournit même une escorte à Marie Comnène pour quitter la ville !

Dès le lendemain, les musulmans lancent un premier assaut du côté de la tour de David. Ragaillardis par la présence de Balian et de ses compagnons, les chrétiens résistent. Quatre jours plus tard, Saladin attaque par le mont des Oliviers et met en batterie douze gros mangonneaux. Les assiégés résistent toujours. Mais les tirs ininterrompus de ces énormes machines de guerre finissent par ouvrir une brèche. Balian la fait colmater prestement et y concentre toutes les forces disponibles. Sans résultat : le flot des assaillants menace à chaque instant de submerger les assiégés. L'issue semble inéluctable, l'assaut final est imminent. Les notables demandent alors à Balian de rencontrer Saladin et de négocier avec lui une reddition honorable.

Le seigneur de Naplouse, vêtu de sa cotte de mailles, de son camail, ses jambières et son manteau de combat, quitte les remparts à la tête d'une petite délégation. Nous sommes le 1er octobre 1187.

La négociation est serrée.

Saladin veut une capitulation sans conditions. Balian refuse. Pour montrer sa détermination, il menace de brûler la ville, d'exécuter tous les prisonniers et d'opérer une sortie suicide.

— Nous sortirons tous à votre rencontre, promet-il. Alors il ne sera pas tué un seul des nôtres qui n'ait tué auparavant plusieurs des vôtres. Nous mourrons couverts de gloire et nous vaincrons !

Saladin fronce les sourcils. Il sait que Balian ne plaisante pas, que les chrétiens sont capables de grands exploits lorsqu'on les accule au désespoir. Il révise donc sa position, mais il ne veut pas perdre la face. Balian, qui a compris, trouve les mots qu'il faut pour que l'honneur reste sauf :

— Puisque Dieu t'a mis au cœur et dans la volonté d'avoir pitié de ce peuple, mets-y telle mesure qu'il se puisse racheter.

Saladin réfléchit un long moment. Tous ses généraux sont pendus à ses lèvres. Il règne un profond silence sous la tente d'apparat du sultan.

— C'est bon, finit-il par dire. Je laisse la vie sauve aux vaincus et propose qu'ils se rendent à merci[1]. Chacun pourra se racheter par une contribution individuelle. Je fixe le prix à vingt besants[2] pour les hommes, dix pour les femmes, deux pour les enfants.

— Je salue ta générosité, répond Balian, mais c'est trop cher. La population de Jérusalem est exsangue. Ils seront des milliers à ne pas pouvoir payer !

Saladin diminue la rançon de moitié. Balian objecte que c'est encore trop cher. Au terme de longues négociations typiquement orientales où personne ne doit perdre la face, les deux parties acceptent un compromis : le rachat global de sept mille personnes pauvres pour trente mille besants.

L'accord est signé dans la soirée. Conformément

1. Sans condition.

2. Le besant est une monnaie byzantine d'or ou d'argent. Pour donner un ordre d'idée, la rançon que Saint Louis dut verser pour sa libération et celle de ses deux frères, soixante-trois ans plus tard, fut de 400 000 besants d'or.

à son code de l'honneur – et malgré l'opposition des émirs – Saladin promet d'interdire le pillage.

Jérusalem capitule le 27 redjab de l'an 583 de l'hégire (2 octobre 1187).

Il se produit alors un événement curieux, dont l'Histoire gardera mémoire. Comme un grand nombre de gens sont trop pauvres pour payer leur rançon, Saladin, pris de compassion, puise dans ses biens personnels et fournit de quoi libérer cinq cents miséreux. Son frère Al-Adel en libère mille, d'autres émirs se joignent à eux. On voit ainsi les vainqueurs participer, au nom d'Allah, au rachat des vaincus.

Balian et d'autres nobles imitent, au nom du Christ, la générosité des émirs. Héraclius, connu pour sa cupidité, ne donnera pas une obole pour le rachat des pauvres.

Les chrétiens quittent la ville dès le lendemain, en emportant ce qu'ils peuvent de leurs biens. Certains prennent la direction du nord, vers Tyr, d'autres celle du sud, vers l'Égypte. Saladin, qui tient ses engagements avec une parfaite loyauté, fait escorter les colonnes de réfugiés et donne des ordres stricts aux cavaliers. Des ordres qui seront respectés. On verra les cavaliers musulmans prendre en selle les enfants, les malades ou les femmes épuisés par la marche.

Tristan est parmi les derniers à quitter la Ville sainte. Il a reçu un méchant coup de *khetaf* à l'épaule gauche et porte le bras en écharpe. La plaie est infectée, il se sent fébrile. Il a montré sa blessure à un médecin juif, connu pour son grand savoir. Le médecin a secoué la tête avec une mauvaise grimace. Il lui a prescrit un onguent, mais il lui a surtout conseillé de prier.

— Le Très-Haut, dans sa grande bonté, peut faire de grands miracles, lui a-t-il dit.

Tristan se demande avec angoisse ce qu'il adviendra de lui si les mauvaises fièvres s'emparent de sa plaie. Au moment de partir, il remarque un sergent blessé au genou qui peine à avancer. Comme lui-même tient ferme sur ses pieds, il lui prête sa monture.

Saladin surveille le départ des réfugiés depuis une estrade dressée pour la circonstance à la sortie de la ville, surmontée d'un dais de soie et d'or. Les officiers du Trésor sont assis derrière de longues tables au pied de l'estrade : ils recueillent les rançons individuelles. Debout, drapé dans son *abaya*, Saladin ne parle pas, ne bouge pas, donne l'impression de ne rien voir. En fait, il suit dans les moindres détails les modalités de l'évacuation. Dès qu'il décèle une anomalie, dès qu'il remarque des malades ou des blessés inaptes à marcher, il fait signe à son secrétaire, qui prend note. Ordre est donné ensuite de faire diligence.

Lorsque Balian passe devant lui, Saladin le salue d'un geste amical de la tête et d'une voix audible de tous appelle sur lui la Paix d'Allah. Balian le remercie et dépose trente mille dinars d'or aux officiers du Trésor.

— Je les laisse à ta bienveillance, noble seigneur, pour la libération de quelques milliers de pauvres.

— Je te remercie, Balian Ibn Barzian. Je demande à mon secrétaire de prélever la même somme sur ma cassette personnelle, afin d'honorer ta générosité.

La colonne se remet en marche.

En passant devant l'estrade, Tristan croise le regard de Saladin et y découvre une étincelle qui le trouble.

C'est bien lui, Tristan, qui vient de remettre dix besants d'or aux officiers du Trésor pour sa rançon personnelle, mais en cet instant précis, la brillance qu'il décèle dans les yeux de Saladin montre que celui-ci cherche, lui aussi, à se racheter.

Aucun mot n'a été échangé. Tristan reprend sa place dans la colonne et quitte Jérusalem par la porte de Damas.

Les réfugiés viennent à peine de parcourir une demi-lieue, lorsqu'un groupe de cavaliers kurdes les rejoint au galop. Un officier s'approche de Tristan.

— Je cherche le fils de Mélisende.

— C'est moi.

L'officier met pied à terre, s'incline devant lui et lui tend les rênes d'une mule dont le harnachement est de belle facture, en cuir fauve.

— Notre sultan te prie d'accepter ce présent.

— Tu es sûr que c'est pour moi ? s'étonne Tristan.

— Oui. Les ordres que j'ai reçus sont clairs : « Remets cette mule à Tristan, le fils de Mélisende. » Le sultan te souhaite bonne route et appelle sur toi la Paix d'Allah.

Il aide Tristan à se mettre en selle et fait demi-tour. Avant d'éperonner sa monture, il lève la main en signe de salut.

— *Merhamêta xwedé li ser te be*[1] *!* fait-il en kurde.

1. Que la miséricorde d'Allah soit sur toi !

42

Mélisende pose la jarre de lait sur le rebord de fenêtre et tend un plateau de figues à Al-Yanis.

— Merci, ma fille. Ces figues d'Alep sont les meilleures. Tu n'en trouveras pas de plus juteuses dans toute la Syrie !

Mélisende sourit. De l'avis général, les meilleures figues viennent de Damas, pas d'Alep. Mais cela, il ne faut surtout pas le soutenir devant Al-Yanis, Alep est sa ville de cœur !

Il mord avec appétit.

— As-tu des nouvelles de notre armée ?

— Oui. Jérusalem est tombée le 2 octobre. Après Saint-Jean-d'Acre, la ville sainte de l'islam est enfin redevenue musulmane ! Youcef est vénéré partout comme un héros. Le cadi de Damas, celui qui a succédé à Abou-Saad Al-Harawi, a prononcé un sermon très remarqué à la mosquée Al-Aqsa.

— Qu'a-t-il dit ?

— Des vérités : que Saladin a redonné à l'Islam sa dignité bafouée, que Dieu a ramené Jérusalem au bercail après un siècle de perdition, que la Palestine entière sera bientôt à nous…

Al-Yanis secoue la tête.

— Je suis moins enthousiaste que notre bouillant cadi… et que toi. Saladin a commis une grave erreur, crois-en mon expérience de soldat.

— Ah oui ? Laquelle ? Youcef va de victoire en victoire !

— C'est bien là le problème : de victoire en victoire, il finira par perdre la guerre. Car il se montre trop magnanime avec les vaincus. Sa répugnance à verser le sang inutilement – hormis celui des templiers –, la noblesse émouvante de ses gestes, sont des armes à double tranchant. Chaque fois qu'il s'empare d'une ville, il permet aux soldats et aux chevaliers ennemis de s'exiler. Et que font-ils ? Ils se regroupent, ils vont à Tyr, dans le sud du Liban ! À la longue cette ville deviendra notre cassement de tête !

— Tu crois ?

— Mais enfin, réfléchis ! En s'emparant de Jérusalem, il a défié l'Occident ! Les monarques vont réagir. Notre amie Aliénor, par exemple, va pousser son fils Richard à prendre la croix, c'est sûr ! Or, j'ai ouï dire que ce Richard, que certains nomment déjà Cœur de Lion, est d'une tout autre trempe que le fade Louis VII ! Et voilà le problème : avec les dizaines de milliers de soldats retranchés à Tyr, cette place deviendra une tête de pont pour les croisés.

Le regard de Mélisende se perd dans le vague.

— À quoi penses-tu ?

— À Richard. Je l'ai pour ainsi dire élevé quand il était enfant, tant nous étions proches. Je me demande ce qu'il est devenu.

Il l'observe en souriant.

— Si tu l'as élevé à ta semblance, je plains Saladin !

Puis, le regard tourné vers la Tour carrée :

— À propos de Saladin, comment va Shérazade ?

Mélisende a une courte hésitation.

— Bien.

— Mais encore ?

Elle se dirige vers la porte et s'assure qu'aucune servante ne traîne sur le palier.

— Le petit Adel se régale goulûment du lait de sa nourrice, si c'est cela que tu veux savoir. Ici, personne ne se doute de rien. Pour tout le monde, Adel est le fils d'Azucéna. Le stratagème a donc parfaitement fonctionné.

Al-Yanis hoche la tête. Mélisende l'a mis au courant de la situation dès le premier jour, et il lui a vivement conseillé d'aider Shérazade, mais il y a comme un nuage sombre dans son regard.

— Comment va-t-elle faire ?

— Je ne sais pas. Le plus grave, d'ailleurs, n'est pas l'enfant, puisque Azucéna en est officiellement la mère. Le véritable problème c'est elle, Shérazade.

— Ah bon ? Pourquoi ?

— Je viens de recevoir un billet de Saladin.

— Et alors ?

— Le prince de Djézireh s'impatiente. Il estime que, malade ou pas, Shérazade doit l'épouser !

— Et Saladin, qu'en dit-il ?

Mélisende hausse les épaules.

— Que veux-tu qu'il dise ? Cette alliance entre la Mésopotamie et Djézireh[1] est capitale pour la stabilité politique de la région.

1. Région située au nord-est de la Syrie, le long des frontières avec la Turquie et l'Irak.

— Évidemment. Et Shérazade, qu'en pense-t-elle ?

— Rien. Elle ne sait pas encore.

Il boit une gorgée de lait et pose la jarre.

— Cette petite me préoccupe. Dis-moi, a-t-elle oublié Tristan ?

Mélisende se crispe.

— Je t'ai dit de ne jamais prononcer ce nom devant moi !

Al-Yanis la dévisage avec la réprobation qu'ont les aînés pour le comportement excessif des plus jeunes.

— Prends garde, ma fille. Certes, il existe des zones d'ombre dans le passé de Tristan, mais à vouloir tout noircir, tu risques de ne plus rien voir du tout. Je t'invite à ne pas entremêler couardise ou félonie avec amour fougueux de jeunesse.

— Personne n'a le droit de mettre en péril les intérêts de l'Islam, représentés en tous points par les projets de Saladin !

Il secoue la tête.

— Ce raisonnement ne me plaît guère.

Elle hausse les épaules et s'approche de la fenêtre. Al-Yanis la suit du regard. Sa silhouette lui rappelle une fois de plus celle dont il n'a oncques[1] oublié la grâce, le rire, la démarche souple, la beauté… Isabelle de Hautecour ! Il n'a jamais évoqué devant Mélisende ce doux printemps 1148. Doit-il, maintenant que le grand soir arrive, lever une partie du voile, dire ce nom qu'il a si jalousement protégé des intrus ?

— Mélisende, commence-t-il d'une voix qu'il veut ferme, il faudrait qu'un jour je te parle d'une amie

1. En vieux français : jamais, à aucun moment.

très chère, proche de la reine Aliénor, une personne que j'ai connue autrefois et qui…

Al-Yanis n'a pas fini sa phrase que Mélisende pivote à la vitesse de l'aspic protégeant son nid.

— Arrête, je refuse d'en entendre davantage ! Si c'est de ma mère que tu veux parler, sache qu'elle n'existe pas, qu'elle n'a jamais existé et qu'elle n'existera jamais. Je t'interdis de…

Les yeux d'Al-Yanis lancent des flammes.

— Tais-toi, malheureuse ! Tes propos sont dictés par le diable. As-tu oublié les paroles d'Allah ? « Ceux qui aiment que la turpitude se propage parmi les croyants auront un châtiment douloureux ici-bas comme dans l'au-delà[1]. »

La voix d'Al-Yanis est si sèche que Mélisende a un mouvement de recul.

— Si Isabelle de Hautecour n'existe pas pour toi – qui es demeurée si coitement maîtresse de Shadar –, elle existe pour moi et j'interdis quiconque, y compris toi, de salir son nom.

Mélisende pâlit, ne trouve pas ses mots. Elle finit par bredouiller :

— Mais… je ne salis personne !

La corne des guetteurs se met brusquement à sonner. Trois coups longs et un court. Al-Yanis les compte avec ses doigts.

— C'est une caravane.

— Curieux… je n'attends pas de Bédouins, cette semaine.

— Nous reprendrons cette conversation une autre fois, fait Al-Yanis d'une voix toujours ferme, mais un

1. Coran, sourate 24, verset 19.

peu plus affable. Es-tu sûre de ne pas avoir convoqué de Bédouins ?

— Mais oui !

Mélisende, à qui Al-Yanis a cédé une partie de la gestion du château, tient une comptabilité rigoureuse des échanges avec les nomades, ce dont elle tire grand profit. Elle a, par exemple, organisé une juteuse exportation de froment vers Tripoli à la faveur de la trêve signée entre Saladin et Tibérias.

La corne sonne à nouveau. Cinq coups.

— Trois longs et deux courts... reprend Al-Yanis. Ma mémoire me joue des tours. Cela correspond à quoi ?

— Une caravane en provenance des territoires chrétiens.

Ils regardent par la fenêtre du donjon. D'après les turbans et les tuniques des gens qui débarquent dans la cour, il ne peut s'agir que de marchands italiens.

Al-Yanis admire, en connaisseur, la belle taille des chameaux. Ce sont des Almajahim, des bêtes à la robe noire dont la robustesse et la vitesse font l'admiration de tous les Bédouins. Il fronce les sourcils : perdue au milieu des chameaux, chevauche une mule. Elle porte un cavalier en évidente mauvaise santé : le bras en écharpe, penché sur l'encolure.

On frappe à la porte.

— Entrez ! crie Al-Yanis.

Déboulent en grande hâte Aïcha et Shérazade.

— Mère, ce sont des marchands italiens !

— Vénitiens et génois, complète Shérazade. Les meilleurs de tous. Leurs étoffes sont parmi les plus luxueuses d'Occident !

Elles se ruent à la fenêtre et commentent, bruyantes

comme des pies, le chargement de chaque bête. Soudain, Shérazade montre du doigt la mule qu'un palefrenier vient de prendre par les rênes.

— Regarde, c'est curieux… j'ai l'impression que… mais oui, j'en suis sûre, c'est la mule de mon père, je reconnais le harnachement !

Mélisende s'approche de la fenêtre.

— Je ne vois pas comment la mule de ton père pourrait faire partie d'une caravane de marchands italiens ! Mais bon, peu importe. Profites-en pour leur demander d'étaler leurs étoffes. Tu choisiras des coupons à ta convenance et nous y taillerons des robes.

— Pour quoi faire ? s'étonne Shérazade, que cette générosité soudaine rend méfiante.

Mélisende scrute le regard d'Al-Yanis avant de répondre.

— Ton père m'a écrit. Il souhaite que ton mariage avec le prince de Djézireh soit célébré dans les plus brefs délais.

Shérazade, qui a déjà fait un pas vers la porte, se retourne.

— Tante Mélisende, nous n'en avons jamais parlé, mais tu te doutes que je suis contre ce mariage. Et ne me demande pas les raisons, tu les connais.

— Cette alliance est d'une importance capitale. Tu n'as pas à discuter les ordres de ton père. Une escorte viendra te prendre dès que la ville de Tyr sera passée sous contrôle musulman. Si tu le souhaites, Azucéna pourra rester à Shadar avec Adel.

Shérazade la dévisage.

— Tu n'as pas compris, tante Mélisende : je ne veux pas me marier avec le prince de Djézireh, un point c'est tout. Que l'ordre vienne de toi ou de mon père, cela ne change rien. Je retourne en Mésopotamie avec Azucéna et Adel dès que je serai en état de voyager. Pour sauver les apparences, je te prierai seulement d'envoyer un courrier à mon père. Dis-lui, par exemple, qu'en raison de mes ennuis de santé, je renonce à ce mariage.

— Je n'en ferai rien ! bondit Mélisende. Et je te conseille fort de garder la raison, car il te faudra épouser ce prince, de gré ou de force !

Al-Yanis, qui n'a encore rien dit, fait signe à Mélisende d'approcher. Il lui montre la cour : des serviteurs aident le chevalier chrétien à descendre de la mule. Il est blessé : son bras gauche est collé au corps. On sent qu'il est à bout de forces. Mélisende regarde d'un œil distrait et fait demi-tour.

— J'ai des choses plus importantes à faire que de m'apitoyer sur un chrétien blessé ! maugrée-t-elle avec humeur.

Soudain elle se fige, tourne lentement la tête vers la cour. Shérazade devine que quelque chose est en train de se produire et s'approche à son tour de la fenêtre. Elle écarquille les yeux, mais ne dit mot. Brusquement, elle se rue vers la porte.

— Où vas-tu ? lance Mélisende d'un ton sec.

— Accueillir Tristan, pourquoi ?

En trois enjambées, Mélisende lui barre le chemin. L'instant d'après, sans qu'aucun signe ne le laisse prévoir, elle la gifle.

— J'espère que cela te remettra les idées en place !

— Je t'interdis de me toucher !

— Et moi je t'interdis de prendre contact avec qui que ce soit dans ce château avant l'arrivée de l'escorte !

43

Le passage secret

Cela fait six jours que Tristan est à Shadar. À son arrivée, le médecin Gondisalve a diagnostiqué une méchante plaie de l'épaule qui aurait pu être sans gravité si l'infection ne l'avait rendue malfaisante. Il a fallu tout son savoir-faire – et beaucoup de moisissure prélevée sur le bât des ânes – pour venir à bout de cette suppuration pernicieuse.

Mélisende a fait installer Tristan au deuxième étage de la Tour portière. Elle est montée le voir le premier jour, alors qu'il dormait, et s'est assurée qu'il ne manquait de rien. Mais elle est repartie aussitôt et n'y est plus retournée. Elle a posté des gardes nuit et jour devant la porte d'entrée. Personne, hormis Gondisalve et une jeune servante chrétienne qui le seconde, n'a le droit d'en franchir le seuil.

Lorsque Tristan se réveille, ce matin du sixième jour, il a du mal à réaliser qu'il est à Shadar. Sa première pensée est pour Shérazade. Est-elle toujours à Damas ? A-t-elle déjà accouché ? Comment va-t-elle ? La reverra-t-il un jour ?

Il regarde autour de lui : les draps sont propres, il y a de la paille fraîche sur le sol, on a pris soin de lui. Mais il manque sa mère. Pourquoi ? Pourquoi n'est-elle pas là à son réveil ?

Les voies d'Allah sont insondables, songe-t-il avant d'exprimer cette sentence à haute voix d'un ton où perce l'amertume. Ce n'est pas à proprement parler de l'âcreté, il s'agit d'un mélange de fiel et de douceur, ce pêle-mêle étrange qui le secoue chaque fois qu'il pense à sa mère.

Il passe en revue les événements récents. Ils sont si nombreux et l'ont tant enfiévré qu'ils rudoient sa mémoire. Il n'a pas la force de mettre de l'ordre dans ce fatras. Il se souvient seulement qu'ils faisaient route vers Tripoli et qu'il était mal en point, à cause de ses plaies en suppuration. Ils ont croisé une caravane génoise. Balian d'Ibelin a demandé aux Italiens s'ils faisaient route vers Shadar.

— C'est notre première étape avant Alep, a répondu le chef des marchands.

Balian s'est tourné vers Tristan.

— Nos chemins se séparent ici. Va avec eux. Ta place est là-bas !

Puis, dans un murmure, par crainte des oreilles malveillantes :

— Oublie Shérazade. Marie-toi, épouse une musulmane si ton cœur le demande, quitte à te convertir à l'islam, mais oublie-la ! Pour toi, comme pour elle, c'est une question de vie ou de mort.

Il lui donne l'accolade et l'aide à monter en selle.

— Adieu, mon jeune ami, que Notre-Seigneur et Dame sainte Marie éclairent ta route.

Shérazade ne tient plus en place. L'homme qu'elle aime se trouve quasiment sous le même toit qu'elle, à portée de voix ! Mais elle ne peut ni le voir ni lui parler, et tout cela, à cause de Mélisende ! Plus que de l'animosité, c'est de la haine qu'elle ressent, à peine tempérée par le souvenir de sa récente générosité. Seuls les gazouillis d'Adel et leurs messages de prudence l'empêchent de forcer la porte de la tour où gît son bien-aimé. Aïcha et Azucéna ont tenté tant bien que mal de la calmer, mais la révolte gronde si fort qu'elles la sentent prête à commettre l'irréparable.

Ce matin-là, alors que la caravane de marchands italiens est déjà partie, que le château a repris sa routine, un serviteur sourd-muet – connu à Shadar pour son inaltérable discrétion – remet un billet à Shérazade. Elle s'éloigne vers la fenêtre et son visage, d'un coup, s'illumine.

— Qu'est-ce que c'est ? demande Aïcha.

— Tiens, lis !

Aïcha prend le billet, le lit et se frappe le front.

— Mais bien sûr ! Comment n'y ai-je pas pensé plus tôt ? Il y a un passage secret qui relie la Tour carrée à la Tour portière ! An-Nour me l'avait montré quand j'étais petite. Qui t'envoie cela ?

— Je n'en ai aucune idée. Quelqu'un qui me veut du bien, sans doute ?

— Ou qui cherche ta perte ! Et si c'était un piège ?

— Tant pis. Montre-moi l'entrée de ce passage.

Tristan est taillé en force et sent que sa vigueur lui revient. Il se lève, déplie ses membres un à un, va jusqu'aux archères, regarde l'Oronte… Il revit ! Mais il n'ose présumer de sa robustesse. Il se recouche.

Les pensées se bousculent dans sa tête, une spirale de questions sans réponses, toujours les mêmes : Pourquoi sa mère ne vient-elle pas le voir ? Où est Shérazade ? Que fait An-Nour ? Où est-il ?

Gondisalve a refusé de répondre.

Le vieux médecin vient deux fois par jour, toujours à la même heure, au milieu de la matinée et le soir avant le coucher du soleil. Il est accompagné de Maria, la servante chrétienne qui partage sa vie et qui le seconde lors de ses visites aux malades. Ils changent les pansements, disposent à boire et à manger, puis s'en vont, sans parler. De toute évidence, ils ont reçu des consignes strictes de silence.

Mais Tristan a deviné, dans le regard de Maria, une lueur d'amitié.

Soudain il entend comme un grincement, lequel vient du passage secret, celui qui a permis à An-Nour de lui rendre visite cinq mois plus tôt – et qui leur permettait, lorsqu'ils étaient enfants, d'échapper à la surveillance de leur mère. Il dresse l'oreille, avec l'espoir insensé de voir surgir son frère.

Le placard encastré dans le mur pivote lentement.

Il réalise alors que Nâsser connaît, lui aussi, l'existence de ce passage, et il est pris de sueurs froides. *Si ce démon a loué les services de fedayin ismaéliens, je n'ai aucune chance de m'en tirer vivant !* Il ferme les yeux, résigné, et confie son âme à Dieu. Mais lorsqu'il rouvre ses paupières, nul ismaélien ne franchit l'issue dissimulée dans le mur, pas plus que le diable, à moins de considérer que le malin s'est déguisé en femme !

— Aïcha ! s'exclame-t-il, qu'est-ce que tu fais à Shadar ?

— Je me le demande ! Il faut que je sois bien sotte et bien folle, pour être toujours complice de vos manigances !

— Quelles manigances ? De quoi parles-tu ?

Elle se retourne :

— La voie est libre !

Shérazade apparaît d'un coup, rayonnante, parée de bijoux, drapée de soies, comme en Mésopotamie.

Son apparition cloue Tristan au lit. Aucun mot ne sort de sa bouche, la stupeur le rend muet, ce qui contraste avec l'exubérance prolixe de la princesse :

— Quelqu'un m'a envoyé un message, je ne sais pas qui, mais peu importe. Je l'ai reçu, et c'est cela qui compte. Ce message parlait d'un passage secret reliant la Tour carrée à la Tour portière. Aïcha a tout de suite trouvé l'ouverture dans une jointure, derrière le bahut de l'étage, je…

Tristan ne l'entend plus, il se demande s'il n'est pas en train de rêver… s'il n'est pas victime de l'une de ces hallucinations qui accompagnent les états de grande faiblesse… Il sait bien que non, mais cela lui fait du bien de penser qu'il rêve.

— Je vous laisse, soupire Aïcha, qui se perçoit soudain comme l'objet de trop. Prenez tout votre temps : Gondisalve ne revient pas avant le coucher du soleil.

Shérazade se précipite vers le lit, se jette dans les bras de Tristan. Ils restent longtemps serrés l'un contre l'autre, sans parler, mêlant leurs larmes, leurs lèvres…

— Tu m'as manqué ! finit-elle par susurrer.

— Toi aussi, tu m'as manqué. À la Fontaine du Cresson, sur les collines de Hattin, pendant le siège de Jérusalem… c'est à toi que je pensais. Toujours !

Elle fronce les sourcils, pose un doigt réprobateur sur ses lèvres :

— Ai-je bien entendu ? Toi, le templier sans tache et sans reproche, tu rêvais d'une donzelle au lieu de penser à prier !?

— Eh oui. Un bien mauvais templier, n'est-ce pas ?

— Oui. Mais, en fait, pourquoi « mauvais » ? Le prophète Îssâ[1] – *'alayhi salam*[2] – n'a-t-il pas dit que le premier précepte des chrétiens est d'aimer ? Tu m'aimes, donc tu es un bon chrétien, et donc un bon templier !

— Ta démonstration est un peu rapide, mais bon, elle me convient.

Ils s'embrassent à nouveau, avec fougue, se débarrassent de leurs vêtements, se préparent à l'amour… mais tous ces mouvements réveillent les plaies. Tristan est contraint de s'asseoir. Shérazade lui masse l'épaule.

— Tu es encore faible, mon chéri. Allonge-toi et laisse-moi faire.

Et c'est avec une infinie douceur qu'elle reprend possession de son corps.

Ils ont tant soif l'un de l'autre qu'ils lampent le premier hanap de bel amour sans se donner le temps de prendre le temps. Ils reprennent leur souffle et recommencent, plusieurs fois, dégustant, se délectant, donnant libre cours aux raffinements de leur imagination. Enlacée autour de son bien-aimé aussi inextricablement que la renouée autour de son rameau, Shérazade respire Tristan, le mordille, l'emporte dans son élan d'un bout à l'autre du lit.

---

1. Jésus ; pour les musulmans, Jésus n'est qu'un prophète.
2. Que le salut de Dieu soit sur lui.

Bien entendu, ils finissent par choir sur la paille qui jonche le sol, Tristan le premier, sur sa mauvaise épaule. La douleur met un terme aux galopades de volupté, mais ne rompt point le charme : ils pouffent de rire.

Ils se donnent l'un à l'autre sans voir passer les heures, jusqu'au coucher du soleil… et à l'arrivée d'Aïcha.

— Dépêchez-vous ! Gondisalve et Maria sortent du donjon, ils arrivent !

Shérazade se rhabille à la hâte, embrasse Tristan une dernière fois et disparaît dans le passage secret.

Ils se retrouvent le lendemain, et encore le surlendemain.

Aïcha surveille. Dès que Gondisalve et Maria quittent la Tour portière, elle fait signe à Shérazade, qui se précipite vers le passage secret.

Le bonheur de la princesse explose dans son rire, son besoin de chanter, son appétit de vivre… son appétit tout court : les servantes n'en reviennent pas de la quantité de mets qu'elle engloutit !

Le soir du quatrième jour, alors qu'Aïcha somnole et que Shérazade lui assène pour la cinquième fois le siège de Jérusalem vu par Tristan, on frappe à la porte. C'est Mélisende.

— Je suis ravie de te voir, tante Mélisende ! s'écrie Shérazade avec une exubérance sincère.

Mélisende hausse un sourcil. Que signifie cette amabilité soudaine ?

— Je viens de recevoir un courrier de ton père.

Shérazade fait machinalement un pas en arrière.

— Ah bon ? Qu'est-ce qu'il veut ?

— Nous sommes lundi. Une escorte part de la ville d'Acre vendredi prochain, après la prière, en direction de Shadar. Elle est composée pour moitié de la garde personnelle de ton père, pour moitié des soldats d'élite du prince de Djézireh. Ton mariage est prévu dans un mois, à Damas.

Le silence est si lourd que pendant un court instant Mélisende donne l'impression d'hésiter. Mais ce n'est qu'une impression, en fait, elle bout ! Devant la brusque pâleur des deux jeunes femmes, elle finit par exploser :

— Fais attention, Shérazade. Enferre-toi dans ton refus, et ton père cédera le sultanat de Mésopotamie à l'un de tes cousins. Toi, tu finiras tes jours enfermée à la citadelle d'Alep sous la surveillance de ton frère Al-Zaher et de cette garce de Chaïnez !

— Je n'aime pas Al-Zaher et il ne m'aime pas non plus. Quant à sa mère, elle me déteste autant qu'elle détestait la mienne. Et je le lui rends bien.

— Raison de plus pour ne pas céder aux égarements !

Shérazade se lève, s'approche de Mélisende.

— Tu peux répondre à mon père que la citadelle d'Alep et la mauvaiseté d'Al-Zaher ou de Chaïnez me font moins peur que ce mariage dont je ne veux pas !

44

La poterne

— Réveille-toi, Tristan !

Le jeune homme bondit de son lit.

— Qu'est-ce qui se passe ? Que t'arrive-t-il, mon amour, le soleil n'est pas encore levé !

Shérazade pose la lampe à huile dans une niche de la paroi et s'assoit sur le lit.

— Je n'arrive pas à dormir. Il fallait que je vienne.

Le visage de Tristan s'éclaire.

— C'est tout ? Je vais faire une prière pour que tu sois prise plus souvent d'insomnies !

— Ne ris pas, ce que j'ai à te dire est grave !

Et elle lui rapporte les propos de Mélisende, mot pour mot.

Tristan écoute, se tait, hoche la tête… C'était trop beau. Tant de bonheur ne pouvait durer. Il reçoit l'imminence de ce mariage comme un coup d'estoc au cœur de la bataille.

— Qu'est-ce qu'on fait ? soupire Shérazade. Jamais je ne pourrai vivre sans toi, c'est impossible. Je préfère mille fois mourir !

— Ah non ! Je ne veux pas que tu meures !

— Bon, d'accord, je ne meurs pas, mais alors dis-moi comment faire pour quitter ce château, car nous sommes prisonniers, pour de bon ! Toi d'une mère qui ne t'aime pas et moi d'un père qui m'aime, mais qui ne me comprend pas.

Elle se glisse sous la couverture.

— Je n'exige aucune richesse, aucun fief. C'est toi, que je veux ! Pourquoi faut-il que mon père, l'homme que j'aime le plus au monde – après toi et Adel, bien sûr –, ne concède aucun égard à notre amour ?

Tristan caresse une boucle de ses cheveux, puis lui prend la tête à deux mains. Sa voix, d'un coup, devient mystérieuse, profonde.

— Parle-moi franchement, Shérazade : te sens-tu capable de tout quitter pour moi ? Je veux dire, capable d'affronter la faim, la soif, l'inconnu… et une foule de dangers dont tu n'as pas idée et que tu n'aurais jamais rencontrés si tu avais suivi un autre chemin que le mien ?

Elle se redresse sur un coude.

— En voilà, une idée ! Bien sûr que oui ! Pourquoi une telle question ?

Il tire un billet de sous un coussin et le lui tend.

— Maria, la femme de Gondisalve, me l'a remis hier au soir.

Shérazade déplie le papyrus et se penche vers la lampe à huile.

À partir de demain, un serviteur se tiendra chaque nuit près de la poterne qui donne sur le village. Il aura à votre disposition deux chevaux robustes et sellés de frais, avec des provisions pour trois jours.

Un ami qui vous veut du bien.

Elle lui rend le papyrus.

— Qui est cet ami qui nous veut du bien ?

— Je n'en ai aucune idée. Sans doute le même qui t'a appris l'existence du passage secret.

— Et si c'était un piège ?

— Non, je ne le pense pas. Gondisalve me connaît depuis que je suis né, de plus, il est chrétien comme moi, s'il peut faire quelque chose pour nous, il le fera.

— Bon, tant mieux. Est-ce que tu connais cette poterne ?

— Oui, bien sûr, je l'ai souvent empruntée avec An-Nour, quand on était enfants. On y accède par la Tour carrée.

Les yeux de Shérazade reflètent tant de lumière que Tristan en est ébloui. Le soleil vient de se lever. Ses premiers rayons se glissent par les meurtrières.

— Dans ce cas, ce sera pour ce soir ! décide-t-elle. Nous quitterons la forteresse la nuit qui vient.

— Aussi vite ? Et Adel ?

— Aïcha et Azucéna en prendront soin en attendant que les choses s'arrangent.

***

C'est l'entame de l'aube, cet instant fugace où le jour et la nuit se confondent. Tristan et Shérazade s'arrêtent un instant sur le bord d'une rivière, abreuvent leurs chevaux et reprennent la route. Ils ont chevauché toute la nuit, sans répit.

— Je connais cette région comme ma poche, explique Tristan. Nous sommes sur un terrain de chasse, loin des habitations. Personne ne vient jamais par ici, sauf pour chasser. Or les hommes en état de chasser sont tous à la guerre. De plus, il fait nuit froide, nous ne risquons rien. Nous ferons halte dans une grotte que je connais, le temps de reposer nos montures ; nous y passerons la journée et reprendrons la chevauchée dès la nuit tombée.

La route est large. L'aube est grise, frissonnante. Shérazade tend la main à Tristan ; ils chevauchent un long moment les doigts entrelacés.

Tout s'est passé comme prévu : un serviteur attendait près de la poterne avec deux destriers équipés et chargés de victuailles. Il leur a remis les bêtes, leur a souhaité bonne route et a disparu dans la nuit. Tristan a aidé Shérazade à monter en selle et ils ont quitté Shadar sans bruit.

— Nous allons prendre la route du nord, a-t-il expliqué. Je préfère brouiller les pistes. Quand nous serons à deux lieues d'ici, nous bifurquerons vers l'ouest. Je me suis lié d'amitié avec Balian d'Ibelin, seigneur de Naplouse. Je compte le retrouver soit à Tripoli, soit à Tyr. Il nous apportera toute l'aide nécessaire. Si les événements tournent en notre défaveur, nous pourrons toujours chercher une nef qui appareille vers Marseille : le fief de Lourmy m'appartient en propre, château, terres et forêts. Nous en prendrons possession. Tu deviendras comtesse de Lourmy. Sinon… eh bien, à la grâce de Dieu !

— Et les Templiers ?

Il y a eu un silence.

— Balian m'a promis protection.

— D'accord, mais s'ils te mettent la main dessus, que va-t-il se passer ? Tu as quand même occis l'un des leurs !

— Je préfère ne pas y penser.

— Mais si, il faut y penser ! Tu n'es plus seul, nous ne pouvons pas vivre avec cette menace permanente au-dessus de nos têtes !

Il a sorti un rouleau de sous sa tunique.

— C'est le courrier de ton père à Ridefort. J'ai peut-être là de quoi acheter le silence des Templiers !

— Que dit mon père ?

— Je ne sais pas, j'ai promis de ne pas l'ouvrir.

Elle a tendu la main :

— Donne !

— Ah non ! Je n'ai pas le droit !

— Ce que tu peux être bête, parfois ! C'est moi qui vais le lire. Après tout, je ne suis liée par aucune promesse à ce chacal de Ridefort. Donne !

Il a hésité.

— Tu es bien méchante envers notre grand maître !

— Parlons-en, de ton grand maître ! Sais-tu ce qu'il est devenu ?

— Oui, il est prisonnier de ton père.

— Que nenni ! Mon père l'a relâché en échange de plus de châteaux, casals[1] et forteresses templières que tu ne peux en prendre avec une armée[2] ! Aux dernières nouvelles, il s'est tranquillement remis à guerroyer, comme si de rien n'était !

Il lui a tendu le rouleau.

L'horizon se pare de gris. L'aube est toujours froide, grelottante ; des nuages menacent. Shérazade se tourne

---

1. Un casal est une ferme fortifiée.

2. Ridefort obtint sa libération contre Gaza et les autres châteaux templiers de Philistie (Georges Bordonove, *Les Croisades*, Pygmalion, 2007, p. 317).

vers Tristan et lui parle des chansons de geste dont ils ont tant entendu le récit.

— Dans l'une d'elles, un troubadour chante le regret qu'inspire aux amants l'approche de l'aube… Parce qu'elle les sépare. C'est très exactement ce que je ressens. Je n'aime pas l'aube à cause de cela, rappelle-toi en Mésopotamie !

— L'aube ne nous séparera jamais plus !

Une pluie fine, froide, emperle les crinières. De la neige fondue.

Tristan montre une grotte à flanc de falaise dont le chemin d'accès est hérissé de roncières.

— Nous allons faire halte ici, nous y serons à l'abri. Elle est vaste : il y a assez de place pour nous et les montures.

Shérazade délace le poitrail de son cheval, ôte la selle, le frein, lui passe le chevêtre au cou et l'attache au fond de la grotte.

Tristan l'observe le cœur en joie. Chacun de ses gestes le comble de bonheur. Ils ont passé une pleine nuit ensemble, et ils passeront aussi la journée, et encore une pleine nuit ! Jamais, depuis leur enfance, ils n'ont autant partagé d'instants communs.

Il puise une mesure d'avoine dans la réserve attachée à l'arçon de sa selle et la tend à Shérazade, car son cheval a faim. Puis il décide de partir poser des pièges.

— Un peu de viande nous fera du bien à tous les deux. Veux-tu venir avec moi ?

— Non, je préfère m'occuper des chevaux.

Il revient avec du bois sec et ils font du feu. Ils s'assoient, tendent leurs mains aux flammes. Il fait très froid. La pluie, peu à peu, se transforme en neige. À la mi-matinée, elle tombe si drue qu'on ne voit plus à six pas.

— Nous avons de l'avoine pour trois bonnes journées encore, commente Shérazade en se chauffant les mains. Je dis cela car les sabots antérieurs de mon cheval sont un peu chauds. Je pense que ce n'est pas grave, puisqu'il ne boite pas, mais j'aimerais quand même qu'il se repose un peu, au moins tant qu'il neige…

— Je ne crois pas qu'il faille s'inquiéter, mais tu as raison. Tu aimes les chevaux, n'est-ce pas ?

— Oui, beaucoup. Je ne peux pas vivre sans eux. Ce doit être à cause de mes origines mongoles. J'aime les panser, les étriller, leur masser les naseaux…

Ils regardent la neige tomber.

— Jamais je n'aurais imaginé que tant de bonheur pouvait nous échoir en si peu de temps, au creux d'une grotte, dans le froid, sous les flocons…

Elle se serre contre lui.

— Je pense à Adel, à notre fils. Tiens, c'est la première fois que je dis « notre fils » !

— Il te manque…

— Oui, mais c'est pour son bien et le nôtre. Il nous faut rester séparés, au moins pour le moment.

Tristan la regarde fixement.

— Est-ce que tu as peur de l'avenir ?

Elle pouffe de rire.

— Peur de l'avenir ? Mais non alors ! Ne suis-je pas avec toi ? Rien ni personne ne me fait peur, hormis les Templiers, bien sûr. J'ose espérer que Balian d'Ibelin nous en protégera !

Ils laissent aux mots le temps de ricocher dans le froid.

— Comment va réagir ton père ?

— Mon père ? Très mal. Il va remuer ciel et terre pour me retrouver.

— Tu crois qu'il va payer des tueurs ?

— Non, il en est incapable. Il m'aime. Il sera triste et en colère contre toi, c'est certain, mais il ne signera aucun ordre à ton encontre. Il t'a donné sa mule, cela veut dire qu'il t'a donné son amitié, or mon père ne retire jamais son amitié à quelqu'un.

Il embrasse sa main et relève le col de son manteau.

— Tu veux venir ? Je pars relever les pièges.

— Bien sûr, Allons-y !

Soudain elle dresse l'oreille, pose une main en travers de sa bouche.

— Chut !

Ils se taisent. On n'entend d'abord que le silence feutré des flocons, puis des bruits arrivent par l'ouest : des ordres, des hennissements ! Tristan et Shérazade se regardent. Les yeux de la princesse brillent d'effroi. Ceux de Tristan restent calmes.

— Ne crains rien. Nous sommes tout près de la frontière d'Antioche. Tout au plus tomberons-nous sur les hommes du prince Bohémond[1] !

Les voix se rapprochent.

Tristan dégaine son épée, mais il n'a pas le temps de la brandir, à cause de son épaule qui lui fait toujours mal. De toute façon il est trop tard : des hommes

1. Bohémond, prince d'Antioche. Son fils a participé à la bataille de Hattin, mais il n'a pas été fait prisonnier : il s'est enfui en même temps que Tibérias et Balian d'Ibelin.

apparaissent sur le sentier qui mène à la grotte. Les yeux de Shérazade brillent de tristesse, mais aussi de rage : le signe qu'elle déteste le plus au monde est sur toutes les tuniques.

La croix des Templiers.

45

Dans les geôles d'Antioche

Il fait une chaleur torride.

Frère Tristan gît dans les cachots depuis bientôt deux ans. On doit, ce jour, lui ôter solennellement l'habit des Templiers avant son extradition vers la France. La lettre de Gérard de Ridefort est sans ambiguïté :

Frère Gérard de Ridefort, grand maître du Temple, à Frère Gilles de Vendôme, commandeur d'Antioche, Salut.

Vous savez que nous avons arrêté Tristan de Fos et que nous l'avons enfermé dans votre commanderie pour meurtre et trahison.

Nous avons réuni notre chapitre à Tyr.

Nous avons demandé conseil sur ce que nous avions à faire en ce cas, et l'on a décidé d'un avis commun et d'un consentement unanime d'envoyer chez vous cinq de nos frères chevaliers pour lui enlever son habit, l'emmener à Tyr et le garder dans la cellule des particuliers jusqu'à ce que le premier navire de la saison fasse la traversée.

Frère Gilles de Vendôme, qui s'est pris d'amitié pour Tristan, s'est rendu dans sa cellule et lui a lu la lettre. Il lui a promis d'intercéder au mieux auprès du grand maître, mais il ne se fait pas d'illusion.

Tristan non plus.

Il s'est préparé au pire : un procès à l'issue duquel on lui notifiera la mort par pendaison ou l'enfermement à perpétuité. Certes, les frères d'Antioche lui témoignent charité et compassion, mais que peuvent-ils contre la règle de l'Ordre ? Il est accusé d'avoir tué un frère templier aux fins de sauver un infidèle, puis d'avoir frayé avec une femme – également infidèle – et d'avoir eu avec elle des rapports coupables ! Deux crimes exécrables aux relents méphitiques, envers lesquels le chapitre sera sans pitié.

Frère Gilles va jusqu'au fenestron de la cellule, regarde les arbres par-delà la cour de la commanderie, puis se retourne.

— Frère Gérard de Ridefort a beaucoup insisté pour que je récupère une lettre que tu es censé lui remettre. J'ai, conformément à ses ordres, fouillé dans ta monture et tes habits : je n'ai rien trouvé.

Il le dévisage.

— Que contient cette lettre de si important pour que Ridefort refuse de t'extrader vers la France tant qu'il ne l'a pas récupérée ?

— Je l'ignore, frère Gilles. J'ai promis de ne pas l'ouvrir et je n'ai point failli à ma promesse.

— Qui en est l'expéditeur ?

Tristan se tait.

— Je pense que tu devrais me le dire… dans ton intérêt.

Tristan ne répond toujours pas. Une voix intérieure lui ordonne de se taire. Comment expliquer au bon commandeur Gilles de Vendôme que le courrier destiné au grand maître de l'Ordre a été expédié par Saladin lui-même et que c'est la propre fille du sultan qui en détient la garde ?

Les souvenirs tourbillonnent dans sa tête. Shérazade vient de lire la lettre : « Sais-tu que votre grand maître, à force de ne servir que son ambition, a fini par trahir le royaume de Jérusalem ? Je garde ce document pardevers moi. Un jour, il pourra nous être utile ! »

On frappe à la porte de la cellule. Un sergent informe le commandeur que le prince Bohémond vient d'arriver à la commanderie. Il demande avec insistance frère Gilles de Vendôme.

— Réfléchis à ce que je viens de te dire, mon doux frère, conclut ce dernier, c'est, à mes yeux, ta seule chance de salut !

Resté seul, Tristan laisse ses pensées voguer, comme des milliers de fois au cours de ses journées de solitude, vers Shérazade. Des images le hantent… Une grotte sous la neige.

Les frères venus l'arrêter se sont montrés courtois. Shérazade leur a dit qu'elle était la fille de Saladin et les a menacés de représailles impitoyables s'ils la touchaient ou s'ils s'en prenaient à Tristan. Le commandeur a répondu qu'il savait qui elle était et lui a présenté, au nom du grand maître Gérard de Ridefort, les hommages de l'ordre du Temple. Mais il s'est montré inflexible à propos de Tristan :

— Ce chevalier a commis un crime très grave, et il sera jugé en conséquence. Quant à vous, princesse, nous allons vous escorter jusqu'au prochain village, où un détachement kurde va prendre la relève et vous conduire à Alep. Tels sont les ordres.

— Qui vous a renseignés sur nous ? a demandé Shérazade.

— Je n'ai pas le droit de répondre. Sachez seulement, noble princesse, que nous avons été tenus informés de chacun de vos projets par pigeon voyageur.

Elle s'est approchée de Tristan, mais un chevalier s'est interposé.

— Restez où vous êtes, princesse, notre règle interdit aux frères tout commerce avec les femmes !

Elle l'a toisé puis, avec une brusquerie inattendue, l'a repoussé. Son regard était si menaçant que le chevalier a fait un pas de côté.

Elle a pris les mains de Tristan dans les siennes.

— Aucune croix au monde, fût-elle celle des Templiers, aucune épée, fût-elle celle de mon père, ne pourra jamais détruire notre amour ! lui a-t-elle murmuré en arabe.

Tristan avait la gorge serrée. Il n'arrivait pas à parler.

— Du chaos naît l'espoir, a-t-elle repris. Accroche-toi à l'idée que, là où croît le péril, là aussi naissent les chemins d'espérance. Je serai en prison comme toi, mais mon esprit sera libre, car il sera avec toi. Tout le temps ! À aucun moment, à compter de ce jour, et tant que durera ma captivité, je ne cesserai de penser à toi !

Et sans se soucier de ce que les templiers pouvaient dire ou faire, elle a posé un baiser sur les lèvres de Tristan.

Deux années ont passé. Il est sans nouvelles de Shérazade.

Ni frère Gilles ni aucun des autres frères de la commanderie n'ont voulu répondre à ses questions. Ils lui ont seulement appris que l'armée chrétienne assiège Saint-Jean-d'Acre, que la guerre fait rage et que l'Occident brûle du saint désir de libérer Jérusalem.

— Le roi d'Angleterre, Richard Cœur de Lion, est déjà en route ! a raconté frère Gilles. Et il n'est pas seul ! Le roi de France et l'empereur d'Allemagne, Frédéric Barberousse, convergent vers la Terre de Promission.

Tristan ne sait rien sur Barberousse, en revanche, il connaît Richard. Il se souvient d'un prince un peu farfelu, mais jovial, attachant, indomptable… Ils avaient longuement parlé de la Palestine, de Saladin, des forces en présence en Asie Mineure… L'impression qu'il en avait retirée était celle d'un irréductible chef de guerre, d'un adversaire enfin à la mesure de Saladin.

Il se prend à rêver : si seulement il pouvait contacter le roi d'Angleterre ! Richard comprendrait assurément pourquoi le fils de Mélisende a tué un frère templier et pourquoi, entre les choses du ciel et celles de la terre, il a fait le seul choix qui convenait : Shérazade !

46

Dans les geôles d'Alep

Allongée près de la fenêtre, le regard noyé dans une fausse brumaille de résignation, Shérazade contemple la ville d'Alep. Elle est malade : navrure et mauvaise toux. À ce jour, les médecins mandés par son père n'ont pu éteindre les braises qui rongent ses poumons. Elle peine à respirer, tousse, crache du sang. Elle a maigri, ne mange presque plus…

Dolente jusqu'à l'âme, il lui arrive d'accouder sa tristesse sur le rebord de la fenêtre et de bouter ses démons hors de la citadelle. Mais ils reviennent.

Va-t-elle un jour quitter sa prison, revoir Tristan ?

Elle est tombée malade immédiatement après son retour mouvementé sous la neige. L'escorte kurde l'a conduite, conformément aux ordres reçus, chez son frère Al-Zaher, qui n'a pas daigné la recevoir et l'a enfermée au dernier étage de la citadelle, sous la surveillance de Chaïnez, la mère de celui-ci. Shérazade a compris, à peine le seuil franchi, que la haine accumulée contre sa propre mère par cette harpie – laquelle la qualifiait autrefois d'usurpatrice mongole – allait inexorablement se retourner contre elle.

Chaïnez a interdit les visites. Seules les servantes ont eu le droit d'entrer dans la chambre. Des médecins sont venus examiner Shérazade, mais elle a remarqué avec effroi que nulle servante ne lui apportait les potions prescrites. Elle en a fait la remarque aux médecins lors d'une visite ultérieure, ce qui les a fort encolérés.

Le soir même, Chaïnez a fait installer une cuve dans la chambre et ordonné à Shérazade d'y entrer, nue. La jeune femme a ôté ses vêtements et enjambé le bord sans se méfier, croyant qu'on lui proposait un bain chaud. Comme il faisait très froid – c'était l'hiver –, elle s'est blottie au fond de la cuve dans l'attente de l'eau chaude. Chaïnez a posé ses mains sur le bord.

— Il semblerait que mes servantes omettent de t'apporter les médications prescrites par tes médecins ?

— Oui, c'est bien cela.

Les yeux de Chaïnez ont brillé d'une mauvaise lueur. Elle a fait un signe du menton à l'une des servantes, qui est arrivée avec un seau d'eau glacée et l'a versé dans la cuve.

Prise de court, Shérazade a bondi. Mais Chaïnez l'a repoussée au fond. Elle a fait verser un deuxième seau d'eau glacée, directement sur la tête et le dos de la jeune femme. Le choc a été si brutal que Shérazade a senti ses membres se paralyser, en bloc, sous le froid. Elle s'est mise à grelotter, à claquer des dents.

— Bien. J'espère que cette eau va te rafraîchir les idées. Je reprends ma question : mes servantes t'ont-elles apporté, oui ou non, les potions prescrites par les médecins ?

Shérazade a puisé dans ses réserves :

— Tu peux me tuer si tu veux, la réponse est non !

Une servante est arrivée avec un troisième seau. Prise de pitié, elle a hésité. Chaïnez lui a arraché le seau des mains et l'a vidé elle-même sur les cheveux de la malade.

— Alors ? a-t-elle hurlé.

Shérazade n'a pas répondu. Elle a tenté de se relever, mais ses jambes ne l'ont plus portée. Elle a perdu connaissance et s'est effondrée au fond de la cuve.

Elle a greloté pendant deux jours et deux nuits.

Craignant la colère de son fils, Chaïnez a fini par faire appel aux médecins, qui ont conclu à une aggravation naturelle de la maladie et pronostiqué le pire. Alerté par Al-Zaher, Saladin a profité d'une inspection à Alep pour programmer une visite à la citadelle. Apprenant cela, Chaïnez s'est empressée d'administrer un puissant soporifique à Shérazade. Lorsque Saladin est arrivé, la chambre était décorée avec un raffinement exquis, parfumée avec goût, agrémentée de fleurs, recouverte de tapis luxueux.

Et sa fille profondément endormie.

Saladin est reparti rassuré.

Les mois ont passé, mais la santé de Shérazade ne s'est pas améliorée. Saladin a fini par faire appel à Gondisalve, dont il a gardé un si bon souvenir. Si quelqu'un peut sauver sa fille, c'est bien lui ! Le médecin espagnol est arrivé à l'entrée de l'automne, avec Maria.

À la vue du vieux médecin, une étincelle apparaît dans les yeux de Shérazade. Gondisalve l'examine et comprend très vite que les poumons de sa jeune amie sont rongés par la maladie. Il décèle aussi des signes d'empoisonnement. Il transmet ses conclusions à Saladin, mais sans mentionner l'empoisonnement, car il n'en a pas la preuve.

Le sultan lui demande expressément de rester quelque temps auprès de sa fille. « Ce n'est pas le sultan qui parle, mais le père », ajoute-t-il dans sa lettre.

Maria, qui ne quitte plus Gondisalve, prépare et apporte les potions. Ce matin d'octobre, elle tend un bol fumant à Shérazade.

— Je n'ai pas faim, Maria.

— Je sais, mais il faut que tu manges. Ils ont besoin de toi !

Shérazade la fixe, surprise.

— Qui ça, « ils » ?

La voix de Maria est à peine audible :

— Adel et Tristan !

Shérazade ferme les yeux. Depuis deux ans, c'est la première fois qu'elle entend prononcer ces deux noms.

— Comment vont-ils ? demande-t-elle.

— Adel est très beau. Il ne se passe pas de jour sans qu'Aïcha et Azucéna ne lui parlent de toi.

— Et Tristan ?

Maria hausse les bras dans un geste d'impuissance.

— On ne sait rien de lui. Rien !

Puis, changeant de sujet :

— An-Nour vient d'arriver du Yémen. Il fait partie de l'état-major de ton père.

— Que faisait-il au Yémen ?

— Ton père lui a confié la surveillance des routes de La Mecque.

— Ah bon ? J'ai aussi entendu les servantes parler de batailles autour de Saint-Jean-d'Acre. Est-ce exact ?

— Oui. Nous allons certainement perdre la ville, car nos forces sont à bout de souffle. De plus, le roi d'Angleterre est annoncé d'un jour à l'autre.

Shérazade dresse l'oreille.

— Richard, l'ami de Mélisende ?

— Oui, Richard Cœur de Lion.

***

Postée au sommet de la Tour carrée, Mélisende observe les gonfanons rouge et noir. Nâsser a ordonné que les couleurs des Banu-Kilâb flottent désormais sur le donjon et toutes les tours d'enceinte. Oriflammes et étendards entourent la forteresse. Mélisende secoue la tête avec tristesse : Shadar méritait un meilleur maître !

Al-Yanis est mort depuis un an. C'est à Nâsser qu'il a légué le château, ses gens et ses terres. Mais il a posé deux conditions : un, que son fils reste fidèle à Saladin et à la Syrie ; deux, qu'il autorise Mélisende à résider dans la Tour carrée aussi longtemps qu'il lui plaira.

Elle songe qu'il n'y a pas eu deux chèvres pour régler la question à coups de cornes : personne ne s'est battu pour la succession !

De toute façon, elle n'a aucune envie de rester à Shadar. Comme An-Nour est de retour et que Saladin a offert à celui-ci un domaine à Kafr Tab, elle conviendra avec lui des décisions à prendre. Elle se remémore le commentaire de Saladin en apprenant les modalités de l'acte : « Je te remettrais volontiers Shadar si Nâsser était convaincu de traîtrise. Malheureusement pour toi, cela risque fort de ne jamais se produire, car Nâsser est un vil félon, et les félons commettent rarement des erreurs leur portant préjudice. »

Non, Nâsser ne commettra pas d'erreur.

Elle observe les soldats qui longent l'Oronte. Certains abreuvent leurs montures, d'autres se rafraîchissent les pieds. Ils sont en route pour Saint-Jean-d'Acre. Les nouvelles ne sont pas bonnes : la garnison musulmane, malgré le soutien de Saladin, est sur le point de capituler. On lui a rapporté que l'armée franque assiège la ville et que Saladin assiège les assiégeants ! Chaque camp a creusé des tranchées, une technique de défense nouvelle que les deux camps perfectionnent au fil des mois. Le siège dure depuis deux ans ! Mais la situation est sur le point de basculer : Richard d'Angleterre vient de quitter l'île de Chypre et cingle vers Acre.

L'évocation de Richard la trouble. Ses pensées vont vers Aliénor, dont elle garde au fond d'elle-même un souvenir attendri, puis vers cet enfant qui la chérissait comme une grande sœur. Comment est-il ? Elle ne parvient pas à l'imaginer adulte ! Elle se demande s'il se souvient encore d'elle. A-t-il toujours en mémoire le chevalier Arnaud de Fos, dont il admirait tant les exploits ? Arnaud… Tristan… une volée d'images. Son regard se durcit : pourquoi tant de gâchis ? Pourquoi son fils a-t-il passé outre à ses ordres ? Pourquoi a-t-il trahi ? Elle est sans nouvelles de lui depuis deux ans. Gérard de Ridefort – que le diable emporte son âme ! – est mort. Lors d'un récent assaut, pendant le siège d'Acre, Saladin l'a fait prisonnier. Contrairement aux autres fois, il l'a fait exécuter.

Il était temps ! Nul ne l'a regretté.

On parle d'un certain Robert de Sablé pour le remplacer, un templier originaire du Maine qui commande, semble-t-il, la flotte de Richard. Elle a eu des nouvelles de Shérazade par son fidèle Gondisalve. Revenu d'Alep, il ne lui a guère laissé d'espoir.

— Elle va mal. Je soupçonne Chaïnez de l'empoisonner à petit feu. Et puis il y a l'infection. La phtisie est en train de détruire ses poumons, pour de bon ! Je pense qu'elle ne passera pas l'hiver. Si seulement cette garce de Chaïnez lui accordait un peu de tendresse ! Pire qu'un garde-chiourme. Personne ne peut approcher la petite sans son autorisation !

Un pigeon vient se poser sur un merlon. Le cœur de Mélisende se met à cogner contre sa poitrine : c'est l'un des pigeons de Saladin ! Elle prend des graines dans l'une des poches de sa tunique et les pose sur un créneau. C'est ainsi qu'elle procède avec les pigeons voyageurs. Moyennant quoi elle peut, même en dehors du pigeonnier, récupérer les messages.

Elle détache le billet accroché à la patte de l'oiseau, le déroule :

Richard, le fils d'Aliénor, vient de débarquer à Acre avec vingt-cinq galères chargées d'hommes et de matériel de guerre.

J'ai besoin de toi.

Viens dès réception de ce billet.

Ton fils An-Nour est avec moi.

Ton Youcef.

***

Le jour se lève lorsque Mélisende arrive en vue du campement musulman. Le spectacle est ahurissant : l'armée franque encercle la ville d'Acre, où flottent les étendards musulmans. Et Saladin encercle les assiégeants !

Une véritable escadre mouille au large. Des barques et des canots amènent hommes et matériel. Le cœur de Mélisende s'affole : elle reconnaît, flottant au bout d'une multitude de hampes, l'étendard du roi d'Angleterre, deux lions affrontés d'or sur fond rouge.

Saladin accueille Mélisende avec une joie sincère. Il est très rare qu'il embrasse ses proches. Hormis sa mère, sa fille et, de son vivant, la sultane Asimat Khatoun, quelques vieilles tantes… Là, il entoure Mélisende et la serre chaleureusement dans ses bras, puis demande qu'on les laisse seuls. Il raconte alors à son amie de toujours que la garnison musulmane est à bout de forces, qu'il a voulu lancer une attaque pour dégager un couloir, mais que ses émirs ne l'ont pas suivi.

Mélisende le sent accablé.

— Je ne me fais plus d'illusion. La ville va capituler.

Cédant au découragement, il se met à pleurer à chaudes larmes[1]. Elle lui prend les mains et les embrasse avec tendresse :

— Dis-moi ce que je dois faire !

Il y a un silence. Saladin pleure avec tant de dignité que Mélisende ne peut retenir ses propres larmes. Il lui caresse une joue.

— Va voir ton ami Richard. Je sais qu'il est cou-

1. Les historiens arabes racontent que, au vu du désastre qui se préparait, Saladin céda au découragement. « Il était, écrivent-ils, comme une mère qui va perdre ses enfants. » Ses proches demandèrent aux médecins de lui prescrire des potions pour le calmer.

rageux, audacieux au combat, téméraire, et qu'il jouit d'une aura indéniable auprès de ses gens, mais mes espions me le décrivent aussi comme brutal et totalement dénué de scrupules. Je n'ai pas confiance. Je crains qu'une fois la ville d'Acre conquise il ne massacre la garnison. Va le voir et tente de négocier le rachat des futurs prisonniers.

— Maintenant ?

— Oui, le temps presse. Tu seras escortée par un détachement de ma garde personnelle.

Il lui sourit.

— Ton fils An-Nour vient d'arriver du Yémen. Il a demandé à t'accompagner. Je compte beaucoup sur lui pour les négociations à venir.

47

Richard Cœur de Lion

Le soleil est déjà haut lorsque la délégation musulmane arrive devant le campement chrétien. Les premiers détails qui frappent An-Nour sont les motifs sur les étendards et les boucliers : tous représentent des lions ! Il les compare aux gonfanons de Saladin : un aigle aux ailes déployées.

L'aigle contre le lion ! Le maître du ciel d'un côté, celui de la terre de l'autre. Lequel des deux va l'emporter ?

Un capitaine anglais les accueille à l'entrée du camp. Il se dirige vers An-Nour, croyant que celui-ci est à la tête de la délégation, et lui demande, en fort mauvais français, ce qu'il veut.

— Nous sommes porteurs d'un message de Saladin. Conduis-nous au roi Richard.

Le capitaine, de toute évidence, n'a rien compris. Il répond en anglais. An-Nour regarde sa mère.

— Qu'est-ce qu'il raconte ? S'ils parlent tous dans cette langue, je me demande comment nous allons faire pour négocier quoi que ce soit !

Mélisende sourit – ce qui ne lui était pas arrivé depuis des années – et, à la stupéfaction de son fils qui ignore tout du passé de sa mère, se met à parler anglais.

Le capitaine écarquille les yeux. Par quel incroyable miracle cette infidèle à moitié voilée parle-t-elle sa langue, qui plus est avec l'accent de l'île de Wight ?

— C'est moi qui dirige cette délégation, poursuit-elle en traduisant chaque fois en français. Conduis-nous à Richard.

— *I'm sorry !*

L'officier explique que le roi Richard est en réunion avec son état-major et qu'il a donné ordre formel de ne pas le déranger. Mélisende insiste. Il répond qu'il va en référer aux conseillers du roi. Tout en parlant, ils arrivent devant la tente royale et Mélisende descend de cheval. Très décidée, elle demande à son fils de la suivre.

— Qu'est-ce que vous faites, noble dame ? s'affole le capitaine.

— Oublie les conseillers. Va dire à Richard que Mélisende est là.

Des soldats et des officiers se pressent autour de la délégation, intrigués autant par la tenue des gardes – ils reconnaissent les manteaux jaunes de la garde personnelle de Saladin – que par cette femme voilée qui discourt en si bon anglais.

— Attendez ici, noble dame ! Je m'en vais, de ce pas, transmettre votre requête.

L'officier disparaît dans la tente royale et en ressort presque aussitôt.

— *Come in ! Please !*

Mélisende et son fils entrent ensemble, suivis de

l'escorte. An-Nour remarque que la tente est plus vaste et plus luxueuse que celle de Saladin. Les tapis eux-mêmes, pourtant originaires de Bagdad, sont indéniablement plus luxueux que ceux du sultan. Tout au bout de l'immense tente, un géant blond d'une trentaine d'années les avise. À côté de lui se tiennent deux chevaliers, du même âge que lui, mais plus petits de taille. Il y a aussi un templier.

À la grande stupéfaction d'An-Nour, sa mère, habituellement froide dans ses mimiques, austère, impénétrable… rayonne ! C'est la première fois qu'il lui découvre un tel éclat dans le regard. De plus, elle sourit, de toutes ses dents !

Mais il n'est pas au bout de ses surprises : elle ôte son voile, celui qui recouvre le bas de son visage, ce qu'elle n'a jamais fait depuis qu'il la connaît, devant des inconnus ! Il pouvait tout imaginer, sauf cela.

La voix du chevalier blond – qu'An-Nour identifie comme étant le fameux Richard Cœur de Lion – tonne à l'intérieur de la tente, au point de faire sursauter les chevaliers.

— Mélisende !

Ce disant il s'avance vers les nouveaux arrivants.

À la surprise générale, Mélisende se précipite dans ses bras.

An-Nour n'en croit pas ses yeux : jamais sa mère n'a consenti un geste pareil à l'un de ses enfants ! Ils s'embrassent avec fougue, rient, s'embrassent de nouveau. La joie des retrouvailles est si bruyante, si piquetée d'éclats de rire que plusieurs nobles et conseillers du roi entrent dans la tente pour voir ce qui se passe.

An-Nour doit se rendre à l'évidence : il ne connaît pas sa mère ! Ou alors, il existe deux Mélisende : l'une chrétienne, et l'autre musulmane ; l'une qui rit aux éclats, l'autre qui reste figée, rigide. En tout cas, lui An-Nour n'existe pas : seul existe Richard. Au bout d'un long moment, alors que le roi et sa mère n'en finissent plus de pousser des exclamations, de rire, de se taper sur le dos, d'évoquer le passé, un officier s'approche du roi et annonce que le bataillon normand est en train d'opérer une percée près de la porte de Tyr.

— Bien. Poursuivez l'assaut.

Dès que l'officier est parti, Mélisende fait signe à son fils d'approcher.

— Richard, je te présente mon fils An-Nour. Il arrive du Yémen et siège dans l'état-major de Saladin.

Richard l'embrasse avec force tapes sur le dos.

— C'est toi, l'autre fils de ce tyran ? Comme je te plains ! Sais-tu qu'elle m'a enfermé, moi, son futur roi, dans le donjon de l'île de Wight ?

— Je l'ignorais, Majesté, mais cela ne m'étonne point. J'ai dû, avec mon frère et ma sœur, subir ce monstre un nombre incalculable d'années au château de Shadar !

Tous s'esclaffent, y compris Mélisende.

Richard soulève une tenture et entraîne son amie vers une tente latérale où il a pris coutume de se reposer entre deux échauffourées. Il referme derrière lui. Ils veulent rester seuls, se dit An-Nour.

La personnalité de ce roi l'intrigue. Tout paraît excessif chez lui, y compris son aura ! An-Nour n'oublie pas qu'ils sont venus négocier la libération des prisonniers à venir. Or, s'il trouve Richard Cœur de Lion incontestablement gaillard, il le voit aussi impulsif et imprévisible. Tout le problème est là : comment négocier la libération d'une garnison entière, c'est-à-dire de milliers de prisonniers, avec un vainqueur imprévisible ? Malgré la joie et l'enthousiasme de sa mère, quelque chose le dérange chez Richard et il ne sait quoi.

Il en est là de son embarras lorsque les deux chevaliers et le templier s'approchent courtoisement de lui et s'enquièrent de son séjour au Yémen, posent des questions. La vie dans ce pays lointain, si différent du leur, les fascine. Il raconte ses incursions dans le désert, les caravanes, la route de la soie, la Chine dont tout le monde parle, les pèlerins qui traversent le Yémen pour se rendre à La Mecque… Les deux chevaliers sont pendus à ses lèvres. Ils se voient déjà pourfendant des bandits en chevauchant de puissants chameaux. Le templier, lui, l'observe. Profitant d'un court silence, il change de sujet :

— Je m'appelle Robert de Sablé, j'ai commandé la flotte de notre roi depuis son départ de Dartmouth. Excuse ma curiosité, mais elle est motivée par mon désir de vérité. Je souhaite savoir ce qui s'est réellement passé aux Cornes de Hattin : as-tu participé à cette sinistre bataille ?

— Oui, messire. Une grande victoire pour nous, musulmans, une bien triste défaite pour les chrétiens !

Le templier hoche la tête.

— Hélas ! Dieu nous a fort justement châtiés de nos dissensions ! Ma question sera précise : peux-tu m'expliquer, toi qui connais bien Saladin, pourquoi il a fait exécuter, à l'issue de la bataille, tous les templiers retenus prisonniers ?

— Pas tous, messire. Il a gracié Gérard de Ridefort.

Robert de Sablé sursaute comme s'il avait reçu une gifle.

— En effet. Mais bon, il est mort en martyr. Nous pouvons donc l'exonérer des ridicules suspicions dont l'ignorance et la malveillance l'accablent ! À part lui, conviens-en avec moi, Saladin n'a épargné aucun de mes frères !

— Mais si, mais si, seigneur Robert : l'un de vos jeunes chevaliers a pu quitter le champ de bataille sain et sauf.

Robert de Sablé se fige.

— Il s'agit là d'un traître, d'un criminel, d'un assassin que notre chapitre a dûment châtié !

— Pourquoi un traître ? Pourquoi un assassin ? Ce chevalier s'est comporté noblement !

— Noblement, dites-vous ? Que savez-vous de lui ? Ce vil félon a occis l'un de nos frères à seule fin d'avoir la vie sauve, puis a déserté le champ de bataille. Des crimes sans nom. Un noble chevalier, dites-vous ? Scélératesse, meurtre et trahison, voilà les seuls mots qui me viennent à l'esprit lorsqu'on parle de Tristan de Fos !

— Vous avez tort, messire, répond calmement An-Nour. Tristan n'a ni trahi ni déserté. Seul le grand maître des Templiers a trahi.

Un silence soudain, lourd de menaces, s'abat sur le groupe. On sent le templier prêt à dégainer son épée. Et le jeune Sarrasin aussi.

— Comment le savez-vous ? réplique le templier d'un ton sec.

— J'y étais.

Les deux autres chevaliers jubilent. La responsabilité de Gérard de Ridefort est si bien établie dans la défaite de Hattin que le fait d'entendre un officier sarrasin remettre en place un templier les comble d'aise. Ils accueillent ses propos avec la bienveillance amusée de ceux que la vengeance titille.

— Que s'est-il passé ? demande l'un d'eux. Dis-nous ce que tu as vu.

An-Nour prend une profonde inspiration. Ses yeux brillent. Ni les deux chevaliers du roi ni le templier ne se doutent de ce qui se trame dans sa tête. Le rideau qui le sépare de la tente où se trouve le roi ne fera guère obstacle à ses mots. Il veut qu'ils portent jusqu'à sa mère. Il est temps qu'elle sache et comprenne qui est Tristan !

— Ce jour-là, commence-t-il d'une voix forte et claire, je commandais l'escadron des Banu-Kilâb, des guerriers connus dans tout l'Orient pour leur bravoure. La bataille faisait rage. Soudain, nous avons aperçu une unité de templiers qui fondait sur l'aile droite de notre bataillon. L'assaut fut d'une grande violence, malgré le fait que la bataille durait depuis plusieurs heures et que les combattants étaient à bout de forces. Les templiers chargèrent selon cette technique que nous redoutons tous : en passant de la disposition en colonne à la disposition en ligne pour poindre, et en se regroupant en fer de lance, comme les grues lorsqu'elles migrent. Et c'est Tristan qui faisait la pointe. Le front brisa nos lignes. Il s'ensuivit une mêlée épouvantable. Dans le tumulte de la bataille, je me suis retrouvé au sol, blessé. J'avais, dans ma chute, perdu arme et bouclier. J'étais donc désarmé. Face à moi se dressait un templier qui m'était supérieur en force. Je tentai de me relever, mais je le vis soudain lever son épée et s'apprêter à frapper. Je confiai mon âme à Dieu, car j'étais désarmé et je ne pouvais rien contre ce chevalier qui transgressait les lois de la guerre en tuant un ennemi désarmé.

An-Nour regarde autour de lui. Tous les yeux sont pointés sur lui.

— C'est alors que surgit Tristan, poursuit-il. Je le vis assurer sa lance et foncer sur le templier.

— Pourquoi sur le templier et non pas sur toi ? s'étonne l'un des chevaliers.

— Parce que je suis son frère, tout simplement. Nous sommes tous les deux fils de Mélisende. Toute notre vie, Tristan et moi avons été proches et soudés comme les doigts d'une main. Il a fait pour moi ce que j'aurais fait pour lui en pareille occasion. J'aurais occis sans une once d'hésitation l'un de mes frères musulmans, si ce dernier l'avait menacé de son arme.

Le silence est lourd dans la tente royale. Les chevaliers regardent vers l'alcôve, séparée de la pièce où ils se trouvent par une mince tenture en toile de Mossoul.

— Que s'est-il passé ensuite ? demande le templier.

— Tristan est descendu de cheval et m'a pris dans ses bras. J'avais perdu beaucoup de sang et je ne tenais plus debout. Il m'a gardé, serré contre lui, jusqu'à ce qu'un officier kurde le secoue par l'épaule. Cet officier, que je connais bien, tenait le cheval de mon frère par les brides : « Monte en selle ! a-t-il ordonné, tu vas suivre le comte de Tripoli. » Mon frère a refusé. Il a dit qu'un templier ne quitte jamais le champ de bataille. « Monte ! » a ordonné mon ami kurde. Tristan a mis un pied à l'étrier, m'a regardé : je lui ai fait signe d'obtempérer. L'officier kurde a fouetté la croupe du destrier, qui est parti au galop.

An-Nour a un soupir las.

— Tels sont les faits. Je n'ai jamais revu Tristan.

Une main pousse la toile de Mossoul, au fond de la tente. Apparaît le roi Richard, suivi de Mélisende.

Il s'approche du templier. Sa voix a cette intonation que ses officiers connaissent bien, héritée d'Aliénor ; quand elle donne des ordres, elle ne souffre ni atermoiement ni objection.

— Où est Tristan ?

— À Tripoli, Majesté, dans un cachot depuis quatre ans. Il y finira ses jours, comme l'a décidé notre chapitre.

— L'élection du nouveau grand maître doit se dérouler incessamment. Si tu es élu, je ne doute pas un instant que tu conduiras le Temple avec autant de science que tu as conduit ma flotte.

Il regarde An-Nour :

— Mon ami Robert de Sablé saura tirer les conclusions qui s'imposent de ton récit !

An-Nour croise le regard de sa mère : c'est bien la première fois qu'il y découvre une telle brillance ! Il observe ses joues : elles sont humides. Aurait-elle pleuré ?

48

Acre tombe le 11 juillet 1191.

Un désastre pour les musulmans.

Dès le lendemain, Saladin envoie des messagers aux vainqueurs afin de discuter des conditions de libération des prisonniers. An-Nour, qui fait partie de la délégation, comprend d'emblée que Richard ne veut pas s'encombrer des deux mille soldats prisonniers et qu'il ne souhaite pas davantage les libérer.

De retour au camp, il dit à Saladin :

— Le roi Richard tient là une occasion inespérée de te montrer sa force. Je crains le pire pour nos frères prisonniers.

À sa grande surprise, sa mère confirme ses dires :

— Richard est d'une bravoure incomparable sur les champs de bataille et d'une indéfectible amitié, mais il est impétueux, toujours pressé. Si un obstacle contrecarre ses projets, il l'abat, le néantise. Tout porte à croire qu'il exécutera les prisonniers. Tous, sans exception.

Les faits lui donnent raison. Le matin du 13 juillet, Richard Cœur de Lion fait rassembler les deux mille sept cents soldats de la garnison d'Acre sur une colline et les passe tous au fil de l'épée. Jusqu'au dernier. An-Nour gardera longtemps devant les yeux le spectacle de tous ces gens sauvagement massacrés, leurs cris bourdonnant à ses oreilles.

Deux jours plus tard, Richard quitte Acre à la tête de ses troupes et prend la route de Jérusalem, la plus rapide, celle qui longe la côte. Saladin le suit en empruntant une route parallèle, à l'intérieur des terres. Hormis quelques escarmouches et de légers combats de détachement à détachement, les deux armées ne s'affrontent que par courriers interposés. Richard dépêche des templiers, Saladin son frère Al-Adel. Ce dernier fait tant de va-et-vient entre Francs et musulmans qu'il finit par se lier d'amitié avec le roi Richard.

An-Nour sourit à l'évocation de leur complicité bruyante : on ne parle que de cela dans les bivouacs ! Il se demande jusqu'où ira cette curieuse intelligence entre les deux compères. Une connivence qui semble faire fi des traditions de lutte et d'hostilité entre chrétiens et musulmans.

Pour l'heure, le fils de Mélisende est sur la route d'Alep.

Saladin l'a chargé d'une mission secrète auprès des notables des grandes villes syriennes et lui a demandé de commencer par Alep. L'enjeu est capital. Saladin sait qu'il ne peut reprendre le contrôle du littoral. L'armée franque est puissante et Richard Cœur de Lion n'est pas Guy de Lusignan ! Toute son ambition, désormais, est de contenir, de barrer coûte que coûte la route de Jérusalem. C'est pour cela qu'il envoie des émissaires dans tous les fiefs musulmans : il a besoin d'hommes, de chevaux, de provisions…

An-Nour contemple la masse imposante de la citadelle. Shérazade est là-haut, au-dessus de l'étage où ce tyran acrimonieux de Chaïnez a installé la « salle du trône ». Shérazade lui fait une peine immense. Comment va-t-elle ? Il est porteur d'un courrier de son père. Saladin lui a dit qu'elle va très mal, qu'elle ne passera pas l'hiver. Il n'a pas fait de commentaire, mais An-Nour a senti que son cœur de père souffrait.

— J'ai donné ordre à Chaïnez de l'entourer d'affection, lui a-t-il dit, et je sais qu'elle le fait, comme s'il s'agissait de sa propre fille.

An-Nour a hoché la tête. De toute évidence, Saladin ignore les sévices dont cette vieille horreur accable sa fille ! Les récits du médecin Gondisalve ne laissent planer aucun doute sur la cruauté de l'ancienne favorite.

Son escorte approche des murs d'Alep. Soudain déboule à fond d'étrier un cavalier kurde. Derrière lui, dans un nuage de poussière, une caravane. Le cavalier arrête son cheval devant An-Nour.

— Ta sœur Aïcha est sur la route d'Alep et souhaite que tu l'attendes, afin qu'elle entre dans la ville avec toi.

— Aïcha à Alep ?

An-Nour n'en croit pas ses oreilles. Comment a-t-elle su qu'il serait en mission à Alep ? Il se souvient alors que Mélisende a été chargée par Saladin de réorganiser ses services d'information et ses batteries de pigeons voyageurs. Aux dernières nouvelles, elle se trouverait à Damas.

Aïcha arrive accompagnée d'une imposante escorte. Parmi les bêtes qui la composent, An-Nour remarque deux chameaux Al-Waddah, ce qui le surprend, car les Al-Waddah sont surtout utilisés pour la course. Plus surprenant encore, Aïcha voyage en palanquin, alors que c'est une excellente cavalière. Il tire le rideau et ne peut s'empêcher de se gausser de son choix.

— Quelle idée, ma sœur, que de voyager en palanquin !

— Désolée, mon frère, mais une mauvaise chute m'a brisé le pied droit et cassé la jambe gauche. Je ne peux ni marcher ni monter à cheval !

— Et tu en profites pour monter de Damas à Alep ?

— Tu n'es qu'un ingrat. Je surmonte ma souffrance pour venir te voir, et toi tu te moques de moi !

Elle baisse la voix.

— Je viens voir Shérazade. Elle va mal, très mal. Je veux l'embrasser une dernière fois. Ma mère m'a dit que tu venais à Alep. Comme ce monstre de Chaïnez ne manquerait pas de me faire obstacle si j'arrivais seule, j'ai profité de ta venue. Toi présent, elle ne pourra pas me refuser de la voir. Depuis qu'Al-Zaher est en campagne avec son père, cette peste se prend pour la sultane d'Alep !

La délégation conduite par An-Nour est reçue en grande pompe. Le soir même, Chaïnez organise un banquet en l'honneur des valeureux combattants qui ont opposé une si noble résistance aux Francs. Elle y convie les notables d'Alep. Aïcha, de son côté, est l'invitée d'honneur dans la réception organisée conjointement pour les femmes.

La fête bat son plein.

Il y a des musiciens, des danseurs. Les serviteurs apportent, dans un va-et-vient ininterrompu, une débauche de plats raffinés. Les échansons servent sans compter des vins de Damas, rapportés justement par Aïcha. Tous les invités célèbrent le goût exquis de Chaïnez, sa générosité. Le vin aidant, on n'entend bientôt plus, dans la citadelle, que rires et chansons.

Tard dans la nuit, Aïcha demande à Chaïnez l'autorisation de se retirer.

— Va mon enfant, tu dois être fatiguée du voyage.

— Si tu me le permets, j'aimerais, avant d'aller dormir, monter dire bonne nuit à Shérazade. Je l'ai trouvée, hélas, bien mal en point.

— Bien sûr ! Mais ne reste pas trop longtemps, elle a besoin de repos.

Chaïnez fait appeler les porteurs, qui arrivent avec la chaise spécialement conçue par Aïcha. Elle comporte un habitacle spacieux muni de rideaux. Aïcha dit bonne nuit et quitte la salle du banquet portée par ses serviteurs.

La chaise revient peu après, traverse à nouveau la salle du banquet et se dirige vers les appartements d'Aïcha. La fête continue, elle dure jusqu'au matin.

Aux premières lueurs de l'aube, des cavaliers quittent la ville avec des chevaux frais. Ils escortent deux chameaux Al-Waddah qui transportent chacun une femme emmitouflée dans une couverture en laine, à cause du froid. La troupe prend la direction d'Acre.

Au milieu de la matinée, un cri jaillit du troisième étage de la citadelle : « Shérazade a disparu ! »

La petite troupe fait halte près d'un cours d'eau. Le soleil est déjà couché, la nuit tombe vite en cette saison. Aïcha décide de bivouaquer là, sur les bords de la rivière. Elle saute de son chameau et s'approche de celui de Shérazade.

— Ça va ? Tu n'es pas trop fatiguée ?

Les yeux de la princesse brillent, mais non de fièvre : de bonheur !

— Aucune fatigue ne saurait m'atteindre, Aïcha. De savoir que je vais revoir Tristan, je me sens guérir, la maladie lâche prise ! Et toi, comment va ta jambe ?

Elles pouffent de rire. Chacune se remémore l'épique traversée de la salle du banquet, au milieu du brouhaha, des rires, des chants, des airs de luth… La joie d'Aïcha est à son comble. Elle a ce rire gloussant qui tressaute dans la gorge.

— Chaïnez ne s'est pas doutée une seconde que tu étais dans ma chaise à porteurs !

Un soldat aide Shérazade à descendre de son chameau. Il la soulève comme on soulèverait une plume et la pose sur l'herbe. Aïcha considère son amie avec un serrement de cœur. Pâle, amaigrie, Shérazade est l'ombre d'elle-même. Seuls ses yeux flamboient encore, comme autrefois.

— Est-ce que tu peux marcher ?

— Oui, à condition de ne pas aller trop vite.

Elle regarde à droite et à gauche.

— Où est Tristan ?

— Pas ici, à Kafr Tab, le domaine que ton père a offert à An-Nour. Patience, c'est à une demi-journée de cheval. Nous y serons demain, avant midi.

Shérazade retourne vers son chameau et fait signe au soldat de l'aider à remonter.

— Qu'est-ce qui te prend ? s'étonne Aïcha.

— On reprend la route !

— Pour aller où ?

— Mais… retrouver Tristan !

Aïcha lève les yeux au ciel.

— Par Sidi saint Georges, la proximité de Chaïnez a contaminé ton cerveau ! Mon escorte et moi sommes trop fatiguées pour reprendre la route, et les chameaux aussi. Tu iras donc toute seule, et à pied !

La « sultane » est hors d'elle : la chambre de Shérazade est bel et bien vide ! Les sentinelles sont formelles : l'épouse de Selim Ibn Selim, cousin de Saladin, a bien quitté la citadelle au lever du jour en compagnie d'une autre femme. Qui ? Impossible de savoir : elle était voilée et emmitouflée de laine à cause du froid.

Chaïnez court dans tous les sens, elle est folle de rage. À midi, elle convoque An-Nour, qui fait semblant de tomber des nues.

— Si je comprends bien, s'esclaffe-t-il, Aïcha aurait simulé une jambe cassée pour pouvoir se déplacer à l'intérieur de la citadelle en chaise à porteurs ! Ma sœur m'étonnera toujours !

— Cela te fait rire ? Tu riras moins lorsque je les aurai rattrapées !

— Tu veux rattraper des chameaux Al-Waddah ?

— Mes cavaliers turcs sont plus rapides que ces bestiaux arabes !

Le regard d'An-Nour se fait brûlant comme braise. Il va droit dans les prunelles de la « sultane » :

— Tu vas poursuivre qui, une moribonde ?

— Cette femme a sciemment contrevenu à mes ordres ! J'ai tout pouvoir ici, même celui de poursuivre une soi-disant moribonde !

— Non, Chaïnez, tu n'as pas tout pouvoir, même si

ton fils est tout-puissant à Alep, même si tu es maître céans en son absence. Seul le Très-Haut a tout pouvoir, lui seul décide du sort qu'il destine aux moribonds !

Il la salue en s'inclinant et s'en va. Arrivé à la porte il se retourne :

— J'ai posté un détachement de Banu-Kilâb sur la route d'Acre. Ces rudes guerriers sont le bras armé du Très-Haut.

49

Mélisende examine attentivement les archives secrètes du palais. Saladin lui a confié la réorganisation de son service de renseignements et lui a donné tout pouvoir. Il accorde une importance capitale à ce service qu'il compare, par son poids stratégique, à un corps d'armée. C'est grâce aux informations recueillies par son réseau d'espions qu'il a pu anticiper pratiquement toutes les offensives ennemies.

Mélisende parcourt des yeux les milliers de billets. Ils sont groupés par lieu d'expédition. Le précédent responsable a privilégié ce type de classement, estimant qu'il permettait de relier les informations à leur source. Elle sourit en remarquant une série de paquets soigneusement ficelés et portant l'identification : « Shadar ». Soudain, un dossier plus mince que les autres, ficelé avec des lanières en cuir, attire son attention. Elle l'examine, cherche sa provenance et sursaute. Deux mots soigneusement calligraphiés permettent d'identifier à la fois l'expéditeur et le lieu d'expédition :

TRISTAN – CHÂTEAU DE KÉRAK

Elle détache fébrilement les lanières, compte les billets : il y en a dix ! Elle reconnaît l'écriture et son cœur se met à battre plus que de raison : elle a sous les yeux la preuve écrite, irréfutable, des errements déplorables de son fils !

Malgré le dégoût que lui inspire la vue de ces documents, elle réagit en mère : il lui faut les brûler, point n'en doit rester de trace ! An-Nour lui a bien dit que Tristan n'avait pas trahi, mais l'amour fraternel est aveugle. An-Nour serait capable de tout pour protéger son frère ou sa sœur. Elle retient surtout les mots de Saladin : « J'ai moi-même fait s'envoler le pigeon que Tristan tenait à la main. Crois-moi, Mélisende, l'oiseau est parti tout droit vers ce perfide de Brins d'Arnat ! Or, tu connais les pigeons mieux que moi : celui que tu as élevé pour aller à Shadar va à Shadar, celui qui doit aller à Kérak va à Kérak, jamais ailleurs. Le pigeon de ton fils avait pour mission d'aller chez l'ennemi, chez cette charogne de Brins d'Arnat ! »

Elle déplie le premier billet.

Le message est codé, évidemment. Une variante assez astucieuse du codage byzantin. Elle sourit : c'est elle-même qui a appris à Tristan, quand il était enfant, les techniques utilisées par les espions de Byzance. Elle a une moue admirative : Tristan les a compliquées à souhait, et avec talent !

Elle décrypte le premier billet, puis le deuxième, le troisième… Des bouffées de chaleur lui montent aux joues au fur et à mesure des lectures. Le décodage terminé, elle va vers la fenêtre : elle a besoin d'air frais. Ses yeux sont humides. Brusquement, elle éclate en sanglots. Elle réalise d'un coup à quel point son intransigeance, sa rigidité, sous couvert de fidélité inconditionnelle à l'islam et à Youcef, ont aveuglé son esprit.

Non seulement Tristan n'a pas trahi, mais il est resté fidèle à Saladin jusqu'à l'absurde. Ces billets lui rappellent, à s'y méprendre, les lettres enflammées que lui envoyait Isham depuis Alexandrie. Elle en déploie un :

Ma Shérazade,

Mon soleil,

Nâsser, le fils d'Al-Yanis, m'a confié la responsabilité d'une équipe de sapeurs. Le secteur est très dangereux. Hier, un éboulement a provoqué la mort de plusieurs des nôtres. Malgré le danger, j'y vais le cœur en joie, car c'est pour toi. Je veux que ma galerie soit la première à faire tomber les murailles de Kérak, je veux que ton père le sache, qu'il entende parler de mes exploits. C'est à ce prix que ma mère pourra demander ta main à mon retour de campagne.

Je t'aime mon amour. Tu es mon soleil, mon oasis. Nuit et jour je me nourris de toi.

Réponds-moi toujours avec ce code. Je l'ai compliqué de telle sorte que ma mère n'ait aucune chance de le décrypter.

Mélisende sourit. *Tu as tort, mon fils. Ton code est difficile à décrypter, mais pas pour moi. Rassure-toi, nul ne saura jamais que j'ai percé ton secret !*

Tout devient clair : Nâsser a substitué un pigeon et placé ses sbires à l'affût. Tristan est tombé dans le piège ! Bien entendu, le code étant trop compliqué, nul n'a été capable de décrypter les messages, d'où la certitude que Tristan était un espion. Et sa résistance à la torture n'a fait qu'aggraver les soupçons.

Elle secoue la tête avec rage : Shérazade, pendant ce temps, était à Shadar ! Il lui aurait suffi d'un mot et le problème aurait été résolu. Quel gâchis !

Brusquement, ses traits se durcissent. L'évidence lui saute aux yeux : si Youcef avait découvert que sa fille entretenait une relation avec Tristan, sa réaction aurait été terrible. Elle connaît Youcef : il peut être d'une extrême cruauté lorsqu'on s'écarte du droit chemin. Elle se souvient d'un soldat qui, pris de panique pendant la bataille, s'était réfugié hors de la mêlée : il l'avait fait couper en deux ! Qu'aurait-il fait dans leur cas ? Elle n'ose imaginer le sort infligé à Tristan... ni celui réservé à Shérazade ! Youcef aurait également considéré qu'elle, Mélisende, avait trahi sa confiance ! Soudain, l'héroïsme de son fils face à la torture éclate dans toute sa lumière : Tristan savait que de son silence dépendait non seulement l'avenir de Shérazade, mais encore celui de sa mère !

Des larmes roulent sur ses joues.

Peu à peu, le fiel sourd de tous ses pores, des bouffées de haine, féroces, implacables, qui bouillonnent contre celui par qui le mal est arrivé...

— La noirceur de ma vengeance sera à la mesure de ta perfidie !

***

L'escorte templière quitte le domaine de Kafr Tab après laudes[1]. Frère Abélard de Troyes s'approche de Tristan et le serre dans ses bras. Le vieux templier,

---

1. Prière monastique qui suit matines. Elle correspond au lever du soleil.

qui est venu en Terre sainte participer à l'élection de Robert de Sablé, est ému. Il a tenu à commander lui-même l'escorte qui devait emmener Tristan depuis la commanderie de Saint-Jean-d'Acre jusqu'au domaine de Kafr Tab, propriété d'An-Nour. Une opération menée en grand secret : les espions qui foisonnent en territoire chrétien ne devaient, sous aucun prétexte, avoir soupçon du projet !

— Les voies du Seigneur ne sont pas celles des hommes, murmure le vieux templier à l'oreille de Tristan. Ton chemin passait certes par le Temple de Salomon, mais il n'était pas écrit que tu y fasses halte plus longtemps. Écoute désormais les voix de ton cœur, elles te guideront vers la Voie, la vraie, celle que le Seigneur a, de tout temps, choisie pour toi.

Un nuage de poussière arrive par l'est. Ils devinent une troupe, au milieu de laquelle chevauchent deux chameaux. Le templier pose une main sur l'épaule de Tristan.

— Il y a dans le sud de la France, près du fief de Lourmy hérité de ton père, un lieu de pèlerinage que j'affectionne. C'est là que Marie-Madeleine a vécu les dernières années de sa vie. C'est un lieu saint, fécond en miracles de toute sorte, que l'on nomme la Sainte-Baume. Beaucoup de nos frères y ont recouvré santé.

Il trace une croix sur son front.

— Que le Dieu tout-puissant reste avec toi, mon doux ami, et guide tes pas.

— Merci, frère Abélard. Que Dieu soit avec toi aussi.

Les templiers s'éloignent.

Shérazade approche.

Lorsque la petite troupe s'arrête devant le casal, rien d'autre n'existe pour Tristan que l'Al-Waddah de Shérazade. Lequel met genou en terre, majestueusement. Shérazade n'attend pas qu'un soldat vienne l'aider à descendre. Elle enjambe la selle et se laisse choir dans les bras de Tristan, qui la pose au sol avec une délicatesse infinie.

— Est-ce que tu as faim ? demande-t-il d'une voix étranglée.

Dans son trouble, il a livré la première phrase qui lui est venue à l'esprit. Shérazade pouffe de rire. Elle s'attendait à tout sauf à cela : qu'après quatre ans de séparation, Tristan commence par s'inquiéter de son appétit ! Elle plonge son regard dans le sien, rit de toutes ses dents et se penche malicieusement à son oreille :

— Si j'ai faim ? Ouiii ! De toi !

Au même instant, dans son château de Shadar, Nâsser Ibn Salamah caresse sa barbiche. Il parcourt du regard l'impressionnante enceinte de la forteresse. Lascive comme un serpent, elle s'étend sur près d'une lieue. Plus bas, le village, les terres, la forêt… Depuis la mort d'Al-Yanis, tout cela est à lui. Plus personne ne saurait, désormais, lui en ravir la propriété !

La seule qui pourrait encore lui disputer son autorité est Mélisende, mais elle est loin, et son protecteur, Saladin, est malade. Les médecins ne lui donnent guère plus de six mois à vivre. Saladin disparu, Mélisende n'aura plus une once de pouvoir. Malheureusement, cette catin a obtenu de Saladin la réquisition de la Tour carrée. Depuis que le sultan lui a confié la réorganisation de son réseau de renseignements, c'est là qu'elle a fait installer son unité de surveillance pour le nord de la Syrie !

Que le diable emporte Saladin et cette bâtarde grimacière et sournoise !

Il remplit ses poumons d'air frais et s'apprête à descendre, lorsque Djourdic, le responsable de l'unité, lui apporte un pli.

— Nous l'avons reçu à l'instant.

Nâsser le déroule et fixe, perplexe, son contenu : un texte codé ! Il l'examine de plus près et pâlit : le code est celui utilisé par Tristan lors du siège de Kérak. Il lui avait fallu des mois pour le décrypter, mais il avait fini par trouver la clef. Des lettres d'amour ! Ce benêt écrivait des lettres d'amour à Shérazade !

Il s'éloigne vers un angle de la tour et commence à décoder le message. Au fur et à mesure qu'il progresse, ses mains se mettent à trembler. Il est pris de panique avant même la fin du texte. Il déchire le papyrus et jette les morceaux par-dessus la Tour carrée.

50

Damas, février 1193

Saladin choisit deux courriers en provenance de Jérusalem et les tend à Mélisende, qui les lit à haute voix et les commente. Il en est ainsi depuis quelques semaines : il ne lit qu'une partie de son courrier, il confie le reste à ses secrétaires. Sa santé, qui n'a jamais été excellente, décline à grands pas. Une sorte de vieillissement précoce, qui s'est aggravé depuis ce début d'année 1193. Il ne quitte plus Damas.

Mélisende le rejoint tous les matins et lui sélectionne le courrier. Leur amitié, faisant fi des turbulences qui ont secoué leurs vies, s'est parée de tendresse. Ils ressassent leurs souvenirs : Isham, leurs interminables discussions à la Tour carrée, les Templiers, l'Occident, Aliénor…

— As-tu des nouvelles de ton ami Richard ? demande Saladin.

— Oui. Il est en Allemagne. À son retour de chez nous, il est tombé dans un traquenard dressé par les Autrichiens. Ils l'ont remis à l'empereur d'Allemagne, qui le retient prisonnier.

— Comment le sais-tu ?

— Par ton frère Al-Adel. Il est furieux contre les Allemands.

Ils évoquent, une fois de plus, la surprenante amitié qui a lié Al-Adel et Richard Cœur de Lion. Une amitié sincère, colorée, à la mesure de leur tempérament impétueux et chevaleresque. C'est grâce aux liens tissés entre le frère de Saladin et le roi d'Angleterre qu'une trêve de cinq ans a pu être signée avant le départ des croisés.

Mélisende prend un pli cacheté et l'ouvre, puis lève les yeux vers Saladin.

— Richard est venu chez nous avec la certitude qu'il allait rencontrer des démons. Or qu'a-t-il découvert ? Des hommes ! Qui plus est, des hommes d'une grande noblesse. Cela l'a laissé perplexe. Il pensait que l'Occident détenait l'apanage de la chevalerie, force lui a été de constater que ses adversaires musulmans avaient un sens de l'honneur aussi aiguisé que le sien. Crois-moi, c'est à regret qu'il a quitté la Palestine. Je le sais : c'est lui-même qui me l'a dit. S'il n'avait craint la mauvaiseté de son frère Jean sans Terre, il serait encore là.

Elle range un rouleau de documents et soupire.

— Son plus grand regret est de ne pas t'avoir rencontré.

— Je sais, il voulait que je l'invite, mais je ne pouvais pas : si j'avais partagé mon repas avec lui, j'en aurais fait un ami. Or je refuse de me battre contre les amis !

Elle se penche à son oreille.

— Tu as quand même failli devenir son beau-frère !

Ils pouffent de rire. Elle se souvient de la tête de

Saladin lorsque le sage Behaeddin, porte-parole de Richard et d'Al-Adel, est venu leur soumettre l'incroyable projet ourdi par les deux compères. Selon cet accord, Al-Adel devait épouser Jeanne, sœur du roi d'Angleterre, et s'installer, femme et enfants à venir, dans la Ville sainte. Un Ayyoubide et une Plantagenêt sur le trône de Jérusalem ! De quoi résoudre en un jour, par voie d'amour et de nobles épousailles, un siècle de conflits armés !

Comme chaque fois qu'ils évoquent cet épisode, Saladin et Mélisende rient aux larmes. Richard et Al-Adel, pris par leur projet grandiose, avaient négligé un tout petit détail : prévenir l'intéressée ! Lorsque Jeanne apprit ce qui se tramait dans son dos, elle entra dans une colère indescriptible, digne des Plantagenêts : « Ils se prennent pour qui, ces deux ballots ? hurlait-elle à l'adresse de son entourage. Ils croient pouvoir décider du sort d'une reine comme s'ils jouaient aux échecs[1] ? Jamais je n'épouserai Al-Adel ! »

Ils ont toujours en mémoire la mine déconfite de ce dernier en apprenant la réponse de Jeanne.

Mélisende range les courriers lorsqu'un messager apporte à Saladin une série de plis, soigneusement ficelés avec un cordon jaune et posés sur un plateau d'argent.

— Djourdic, le responsable de l'unité de Shadar, a intercepté plusieurs courriers suspects destinés à l'émir Nâsser Ibn Salamah, explique le messager. J'ai ordre de vous les remettre au plus tôt.

1. Le jeu d'échecs, introduit en Europe par les Arabes d'Al-Andalous, était l'une des distractions favorites de la noblesse médiévale.

Saladin tend le paquet à Mélisende.

— Vois de quoi il s'agit.

Les lèvres de Mélisende dessinent un sourire. Elle dénoue le cordon, déplie le premier papyrus et lève les yeux vers Saladin.

— C'est un message codé.

— Tu peux le décoder ?

Elle hoche la tête, ses yeux brasillent. L'heure de la vengeance approche.

— Oui, bien sûr, la technique utilisée est enfantine : l'auteur croit rendre son message indéchiffrable en compliquant grossièrement les codes byzantins.

Elle parcourt le texte et fronce ostensiblement un sourcil.

— Tu veux vraiment savoir ce qu'il dit ?

— Cela va de soi. C'est à ce point malveillant ?

— Pire : perfide et venimeux.

Elle prend son temps, se relit, puis, à haute voix :

À Nâsser Ibn Salamah, Ibn Al-Yanis, émir de Shadar, salut !

Je te remercie de nous tenir informés au jour le jour de la santé de Saladin – que le diable emporte son âme ! Tu seras récompensé comme il se doit. Aucun d'entre nous n'a oublié ton aide si précieuse pendant le siège de Kérak.

Ton idée d'utiliser la crédulité de ce niais de Tristan pour faire passer des messages à Brins d'Arnat était très judicieuse. Personne n'a deviné, même pas Saladin, que tu avais substitué les pigeons destinés à Shadar !

Mélisende, la mère de ce renégat, nous a causé beaucoup de tort. Fort heureusement, Dieu Notre-

Seigneur, qui sait faire le tri entre ses bons et ses mauvais serviteurs, nous débarrassera bientôt de son ignoble protecteur. Ce jour-là, cette bâtarde ne vaudra guère plus qu'une vieille mouche.

Merci de nous l'avoir si efficacement éloignée de Shadar.

Comme promis, nous saurons récompenser tes précieux services.

Suivent d'autres billets dans lesquels le correspondant anonyme demande des précisions sur la position des armées musulmanes autour de Saint-Jean-d'Acre.

Il y a un court silence. Le visage de Saladin reste impénétrable. Au bout d'un moment, il fixe son amie. Mélisende découvre du soulagement dans ses yeux.

— Comment va Tristan ? demande-t-il.

— Bien. J'ai tenu à ce qu'il prenne possession de mon fief de Lourmy.

— C'est une sage décision.

Ils se taisent. Leurs pensées empruntent des sentiers différents, mais convergent vers un chemin unique.

— Il y a non loin de Lourmy, poursuit Mélisende, à une demi-journée de cheval, un lieu de pèlerinage très connu en Occident. Il s'agit d'une grotte nommée la Sainte-Baume. C'est dans cette grotte qu'aurait vécu et que serait morte Marie-Madeleine, la femme que le prophète Issa – *'alayhi salam*[1] – aimait.

Elle enroule le billet en provenance de Shadar et le range dans un casier. Elle plonge ensuite son regard dans celui de son vieil ami.

— Aux dires des pèlerins, l'eau qui sourd de cette

1. Que le salut de Dieu soit sur lui.

grotte a des pouvoirs miraculeux. De nombreux phtisiques auraient retrouvé vigueur et rose aux joues après l'avoir goûtée.

Saladin hoche la tête puis se lève. Il prend appui sur Mélisende, car il lui est de plus en plus difficile de quitter son siège. Il ouvre un coffre et sort une boîte en bois d'olivier entourée d'un ruban jaune.

— Est-ce qu'il y a des moines, dans cette grotte ?

— Richard m'a parlé d'un saint ermite qui habite au sommet du massif. Il lui a rendu visite avant de s'embarquer pour la Terre sainte. Pourquoi ?

— Parce que je ne fais guère plus confiance qu'aux moines et aux templiers, dès lors qu'il faut acheminer un message chez les chrétiens. Vois si tu peux faire parvenir cet objet à bon port.

Mélisende prend la boîte.

— Qu'est-ce ce que c'est ?

— Tu peux l'ouvrir.

Elle défait le nœud et soulève le couvercle. Elle reste un long moment à considérer le contenu. Il y a de la stupéfaction dans ses yeux, mais aussi un éclair de tendresse. Elle referme, refait soigneusement le nœud.

— Il arrivera à bon port. Et, selon tes vœux, par la voie du saint ermite.

Saladin est brusquement pris de frissons, comme cela lui arrive souventefois, à cause de son paludisme, souvenir de ses campagnes en Égypte. Mélisende lui recouvre les épaules d'un manteau en poil de chameau.

— Voilà au moins quelque chose de commun entre Francs et musulmans : ces maudites fièvres ! soupire-t-elle.

— Eh oui !

Il s'approche de la fenêtre et contemple les jardins de Damas, admire les champs de fèves à perte de vue.

— J'aurai passé ma vie à lancer le djihad contre des gens qui passent la leur à défendre la croix.

Il se tourne vers Mélisende, plonge son regard dans le sien.

— N'y aurait-il pas un terrible malentendu ? Et si Allah était aussi leur Dieu ?

Il boit une gorgée d'eau, car les poussées de fièvre lui donnent toujours grand soif.

— Oui, un terrible malentendu ! Mais bon, passons à autre chose : Al-Yanis, dans son testament, stipule que Shadar revient à son fils Nâsser, à la condition expresse qu'il ne trahisse point Saladin et la Syrie. Or, il a trahi. Tu vas donc reprendre pour toi et tes descendants ce fief qui te revient de droit. Je vais donner des ordres en conséquence.

ÉPILOGUE

Massif de la Sainte-Baume, avril 1193

La grotte de Marie-Madeleine – que les Provençaux appellent la Sainte-Baume – est, avec Saint-Jacques-de-Compostelle, un des hauts lieux de pèlerinage en cette fin de XIIe siècle. Marie de Magdala, la femme pécheresse que Notre-Seigneur aima, y aurait passé les dernières années de sa vie. Vrai ? Faux ? Qu'importe, rien ne s'y oppose. En tout cas, la ferveur est réelle. « Si Marie n'y a pas vécu, elle y est ! » proclame le saint ermite qui habite le massif.

Les pèlerins y affluent de toute l'Europe.

C'est à la Sainte-Baume que se rendent Tristan et Shérazade en ce matin d'avril 1193. Pour la circonstance, la jeune Syrienne a décidé de s'habiller à l'orientale.

— En hommage à Marie-Madeleine, a-t-elle précisé. Après tout, elle est de chez nous, de Tibériade !

Tristan a objecté que la sainte était juive, alors que les vêtements que Shérazade a apportés de Damas sont kurdes. Shérazade a coupé court :

— Vous les Templiers, vous ne comprenez rien aux femmes !

Elle s'est parée d'une coiffe violette avec voiles en mousseline, d'un corsage fendu, légèrement échancré, d'une jupe longue aux couleurs de Damas, ocre en son milieu, lilas sur les côtés, d'une ceinture assortie avec broderie en perles de verre.

— Comment me trouves-tu ? a-t-elle demandé dans une virevolte savante qui a mis en mouvement sa chevelure noire.

— Divine ! Sauf que nous n'allons pas à un mariage, ma douce, mais à la montagne, en pèlerinage !

Elle a haussé les épaules.

— Décidément, vous les Templiers, vous ne comprenez rien aux femmes !

Il a souri. Dans le fond, il était fasciné par le spectacle de cette princesse kurde dont la parure apportait, en ces terres de Provence, des reflets d'Orient.

La garrigue est en fleurs. Une féerie de senteurs, de couleurs, de chants d'oiseaux. Le printemps ! Mais le ciel menace. Shérazade montre un épais nuage noir, du côté d'Aix-en-Provence.

— Je ne connais pas cette contrée, mais en Syrie, ces nuages-là annoncent l'orage.

— Oui, la foudre ne va pas tarder à tonner.

Ils approchent d'un grand chêne millénaire. Les gens du pays disent qu'il est chargé de vertus. Ils le nomment Héraclès.

Cela fait un mois qu'ils ont débarqué à Marseille. Quatre semaines d'agitation, de tractations, de déconvenues… Ce premier contact avec l'Occident, dans une région pourtant charmante et hospitalière, s'est avéré semé d'embûches.

Tristan a commencé par mettre Shérazade en sécurité.

Frère Abélard de Troyes a pris soin de les diriger vers dame Ermengarde, de noble lignage, veuve d'un croisé mort à Hattin, dont la maison est sise à deux pas du couvent des Carmes, dans le nord de Marseille.

Le lendemain de son arrivée, il s'est rendu à la commanderie templière d'Aix-en-Provence afin d'y faire valoir ses droits au fief de Lourmy. Conformément aux documents que lui a fait remettre sa mère, ce sont les Templiers qui administrent les revenus et la mouvance du fief.

Le commandeur a pris acte de la volonté de dame Mélisende, mais a fermement dissuadé Tristan d'en faire valoir le seing.

— Ta mère n'est pas en odeur de sainteté, de par chez nous. Le château, avec ses gens et ses terres, appartient désormais à un vassal du comte de Toulouse ; je te déconseille fortement de réclamer quoi que ce soit.

Tristan a bondi.

— Je tiens ce legs de mon père et de ma mère, les décisions consignées dans ces actes le prouvent. Pourquoi, dites-moi, ne puis-je faire valoir mes droits ?

— Parce que ces terres ont été annexées par le comte Raymond de Toulouse.

Le commandeur a baissé la voix :

— Une hérésie nouvelle, qu'on appelle le catharisme, est sur le point d'embraser ce pays. Pour les uns, cette doctrine est un don du ciel, pour les autres un fléau diabolique. Aux dires des moines cisterciens, chargés par le pape d'en extirper les racines, les cathares représentent pour l'Occident un pire danger que les Sarrasins.

— Quel rapport avec mon château ?

— Il y en a un, et de taille ! L'ampleur que prend cette doctrine en Occitanie est telle que, tôt ou tard, le pape et le roi se verront contraints de lever une armée pour la combattre. Or, les comtes de Toulouse protègent les cathares. Raymond a besoin d'alliés. Il a cédé ton fief, qu'il a jugé trop longtemps vacant, à l'un de ses alliés.

Tristan a rangé les documents dans son havresac.

— Que dois-je faire ?

— Si tu tiens à rester en vie : rien !

Il tient à rester en vie.

Et il n'a aucune envie, par des démarches intempestives, de mettre Shérazade en péril ! Il la rejoint chez dame Ermengarde. En apprenant l'issue de l'entretien, Shérazade lui saute au cou.

— C'est un signe du ciel, mon amour. Oublie Lourmy ! Le Très-Haut, dans sa grande sagesse, ne veut pas que nous restions en ce pays.

— Tu as sans doute raison. Nous ne sommes pas faits pour l'Occident. Dès que tu seras guérie, nous retournerons chez nous, en Syrie.

Elle se pend à son cou et l'embrasse.

— Oh oui, retournons en Syrie ! Mais d'abord emmène-moi à la Sainte-Baume. Dame Ermengarde soutient que de nombreux malades allés y quérir force et santé en sont revenus guéris.

— Ce qui est vrai.

— Je lui ai expliqué que Marie-Madeleine est une sainte de chez nous, qu'elle est née du côté de Tibériade et que le prophète Issa – *'alayhi salam* – l'a aimée.

Tristan fronce les sourcils.

— Dame Ermengarde n'a rien dit, lorsque tu as parlé de Jésus comme d'un simple prophète ?

— Eh bien non, puisqu'elle est cathare !

— Ah !

— Les cathares ne voient pas le prophète Issa de la même façon que les autres chrétiens, mais bon... Sais-tu ce que je vais demander à dame Madeleine ?

— Rien, car Marie-Madeleine n'écoute pas les infidèles.

Il lui pince le menton.

— Tu es musulmane, mon doux trésor, donc notre sainte ne t'écoutera pas !

Elle le dévisage, les mains sur les hanches.

— Mais qu'est-ce que tu en sais ? Sache que nous les femmes, avant d'être chrétiennes, musulmanes ou juives, nous sommes des femmes. Donc, si je vais quérir dame Madeleine, elle m'écoutera. De toute façon, peut-être que je vais devenir cathare.

— ... !?

— Ne me regarde pas comme cela ! Dame Ermengarde m'a raconté qu'après la mort, l'âme de ceux qui n'ont pas reçu le *consolament*[1] voient leur âme errer neuf fois, d'être en être, tantôt chez un homme, tantôt chez une femme, tantôt chez un animal ; c'est pour cela qu'il est interdit aux cathares de tuer. Donc, comme je n'ai aucune envie d'errer jusqu'à la fin des temps dans la peau d'un serpent, j'ai décidé de devenir cathare.

Tristan est tout déconcerté.

---

1. Baptême cathare.

— Un serpent !? Si je comprends bien, tu vas renier l'islam et devenir cathare, uniquement parce que…

— Ah non ! Je reste musulmane ! Mais, pour éviter d'être transformée en chat ou en serpent, peut-être que je demanderai le *consolament* en plus, c'est plus sûr.

Il lève les yeux au ciel.

— Bon, soit, tu vas devenir une cathare musulmane. En attendant, que vas-tu demander à Marie-Madeleine ?

— Cela ne te regarde pas.

— … !?

Elle monte sur la pointe des pieds et l'embrasse.

— C'est la deuxième fois que je te brouille la cervelle ! Mais si, bien sûr que cela te regarde ! Je vais lui demander de protéger notre amour. Je ne veux plus que les templiers ou les sbires de mon père nous séparent.

Il l'embrasse à son tour.

— Voilà enfin des propos raisonnables !

Puis, en lui caressant les cheveux :

— Tu n'as rien à craindre : personne ne pourra plus nous arracher l'un à l'autre. Personne !

Elle va pour répondre, mais elle est prise d'une quinte de toux particulièrement violente, interminable. Tristan en est si ému que des larmes coulent sur ses joues. Dès que la toux s'apaise, elle les essuie elle-même d'un pan de sa manche.

— Emmène-moi à la grotte ! supplie-t-elle, épuisée.

Ils approchent du chêne Héraclès.

Avant de descendre de cheval, Tristan montre le massif sur leur droite.

— Tu vois le sommet, là-haut ? C'est le Saint-Pilon. On y vénère une colonne au-dessus de laquelle Marie-

Madeleine avait coutume d'entrer en extase. On m'a dit que sur le versant sud habite un saint ermite dont la renommée a traversé la mer. On raconte qu'il guérit par imposition des mains. Nous lui demanderons de prier pour ta guérison.

— Tu crois que j'aurai assez de force pour monter là-haut ?

— Bien sûr ! J'ai pris à dessein des montures robustes, rompues aux sentiers de montagne.

Il l'aide à descendre de cheval, puis étale sur le sol, à l'ombre d'Héraclès, une carpette de campagne, une couverture dont on peut se couvrir en chevauchant. Ils sont seuls. Il fait encore beau, malgré les nuages ; des pinsons et des mésanges chantent à tue-tête d'arbre en arbre.

Pendant qu'il attache les chevaux, elle s'allonge sur la carpette.

— Sais-tu ce que m'a dit dame Ermengarde ?

Il se retourne :

— Ah non ! Ne me dis pas que tu vas te réincarner en poisson ! Je ne sais pas nager !

— Tu es un âne ! Elle m'a dit que, d'après les gens d'ici, le chêne Héraclès a des pouvoirs magiques.

— De mieux en mieux ! Et tu crois ces sornettes ?

— Bien sûr ! Ce chêne a plus de mille ans. Il ne peut pas avoir traversé tant de siècles sans que sa sève regorge de pouvoirs surnaturels.

Tristan ouvre de grands yeux ahuris.

— Ma chérie, si j'avais soutenu pareille absurdité là-bas, en Syrie, tu m'aurais traité, à juste titre, de demeuré. Or, là, c'est toi qui soutiens des sottises ! Par saint Georges, l'Occident t'aurait-il contaminée ?

Elle s'enferme dans un silence boudeur.

Il s'allonge près d'elle et lui prend la main.

— Soit, ma mie, tu as raison : ce chêne a plus de mille ans et recèle des pouvoirs magiques ! Ce point étant acquis, que faut-il faire, dis-moi, pour puiser dans sa quintessence ? En somme, pour te rendre heureuse ?

Les yeux de Shérazade brillent soudain d'un éclat inattendu :

— L'amour !

— Pardon ?

— Mais oui, si nous voulons puiser dans les pouvoirs magiques du chêne Héraclès, il nous faut faire l'amour là, contre le tronc.

Il n'en revient pas :

— Là, devant tout le monde ?

Elle se lève, inspecte les environs.

— Pourquoi devant tout le monde ? Il n'y a personne, nous sommes seuls !

Elle s'adosse contre le tronc du chêne et délace son corsage.

— Ou alors, peut-être que je ne te plais plus ?

— Quoi !?

Un carreau d'arbalète ne l'aurait pas davantage ébranlé.

Il la considère en train de se dévêtir et se trouve pris d'hébétude. Jamais elle ne lui est apparue aussi belle !

Elle ôte sa coiffe brodée d'or, ses voiles en mousseline, son corsage délicieusement échancré… Tombe enfin sa longue jupe aux couleurs de Damas, ocre en son milieu, lilas sur les côtés.

— Tu es belle, Shérazade, fait-il en la prenant dans ses bras. Il n'y a pas au monde femme plus belle que toi.

Longtemps après, trempés de sueur, haletants, ils s'allongent sur l'herbe. Il lui caresse une joue.

— Je t'aime tant, ma Shérazade, que pour étancher ma soif de toi, toute la sève de ce chêne ne suffirait pas !

Ils s'embrassent avec fougue et s'apprêtent à recommencer, lorsque leur parvient un bruit de cavalcade. Ils se rhabillent à la hâte. Dès qu'ils sont prêts, ils vont vers les chevaux. Shérazade arrange ses voiles en mousseline et se tourne vers le martèlement de sabots. Elle pousse un cri de terreur :

— Les templiers !

Ils sont une vingtaine d'hommes, chevauchant par deux, en colonne. Des chevaliers, reconnaissables à leurs manteaux blancs frappés de la croix pattée, et des sergents avec leurs manteaux noirs à croix rouge. Shérazade est terrorisée. Tristan lui entoure les épaules avec douceur.

— Tu n'as rien à craindre, mon oasis. Ce sont des frères en partance pour la Terre sainte. Ils viennent en pèlerinage à la Sainte-Baume avant de s'embarquer, c'est tout.

Cela ne la rassure point. Elle tremble de tous ses membres. D'autant que les templiers, au lieu de passer leur chemin, filent droit sur eux. La colonne s'arrête au pied du chêne. Sur ordre du commandeur, chevaliers et sergents mettent pied à terre, laissent leurs montures brouter l'herbe fraîche et se groupent près du tronc. Le commandeur s'approche alors de Shérazade et s'incline respectueusement.

— Excusez si mes frères ne vous ont pas saluée, noble dame, mais notre règle leur interdit de s'adresser aux femmes sans autorisation.

Déconcertée, Shérazade ne sait que répondre, mais elle reprend vite ses esprits. Elle incline la tête à son tour.

— J'ai entendu parler de votre règle, messire, et je les excuse.

— Je vous remercie, noble dame. Nous partons à Saint-Jean-d'Acre et…

Il réalise soudain qu'elle est habillée à l'orientale.

— Vous venez de Terre sainte ? fait-il en arabe.

Même si l'accent est déplorable, Shérazade rayonne en l'entendant parler sa langue.

— *Naâm*[1] ! Je suis née à Damas.

Le commandeur fronce les sourcils, puis regarde Tristan. Il a l'air troublé. Shérazade est prise de panique à nouveau : ce templier les a reconnus, c'est sûr ! Il faut faire diversion, vite ! Elle montre le tronc.

— Vous avez fort bien agi, messire, en ordonnant à vos hommes de chevaucher jusqu'à ce chêne. Aux dires des gens d'ici, il baille à ceux qui le touchent force et robustesse. C'est pour cela que les anciens l'ont nommé Héraclès. On dit qu'il suffit d'y coller ses mains pour puiser de sa puissance.

Les jeunes templiers, qui ont écouté courtoisement, réagissent aussitôt et, dans un gai désordre, posent leurs mains bien à plat contre le tronc. Le commandeur les regarde, amusé, puis se tourne vers Shérazade.

— Nous sommes des moines. À ce titre, les dieux de l'Antiquité n'ont guère prise sur nous. Mais nous sommes aussi des soldats, et comme tous les soldats, nous sommes superstitieux. À propos de ce chêne, j'ai ouï dire que Richard Cœur de Lion est venu, lui

1. Oui.

aussi, y puiser des forces avant son départ en Terre sainte[1]. Est-ce exact ?

Shérazade avise l'éclat du regard chez Tristan et ne répond pas.

Le commandeur hoche la tête, se drape dans son manteau à cause de l'air frais en ces hauteurs et « crie » à ses hommes l'ordre de départ. Avec une célérité, mais aussi une douceur des gestes qui surprend Shérazade, chacun remonte en selle et reprend sa place dans la colonne.

Ils repartent en bon ordre. Leur cheval trotte l'amble bellement, car c'est ainsi que les templiers se déplacent lorsqu'ils partent en chevauchée.

Tristan et Shérazade les suivent du regard un long moment. Puis, quand la colonne n'est plus en vue, ils montent en selle et reprennent la route.

Au fur et à mesure qu'ils approchent du chemin des Rois, le sentier qui conduit à la grotte, les pèlerins se font nombreux. Les uns sont à pied, les autres à cheval. Chacun laisse sa monture au pied de la falaise, dans un enclos tenu par des moines.

— Je ne pourrai jamais monter à pied jusque là-haut ! gémit Shérazade.

Un pèlerin, en charge d'un groupe d'une vingtaine d'hommes et de femmes, l'a entendue. Il lève la tête vers Tristan.

— Son cheval m'a l'air robuste, mais il ne vaut pas une bonne mule. Nous en avons une qui est vaillante, nous pouvons vous la prêter. C'est à dos de mule que les nobles et les prélats grimpent à la grotte !

---

1. Richard Cœur de Lion quitta le port de Marseille au mois d'août 1189. Son escadre prit la direction de Messine, en Sicile. De là il rejoignit l'île de Chypre, puis la Terre sainte.

Comme pour lui faire écho, arrivent dans un grand charroi de mules et de palefrois un évêque et sa suite, faite de gardes et de clercs.

— Place à monseigneur l'archevêque ! crie l'un des gardes tout en poussant les pèlerins, qui se rangent comme ils peuvent sur les côtés.

La mule est douce et docile, elle grimpe au pas. Mais la montée est rude, éprouvante, les sabots glissent. Même si Shérazade est une bonne cavalière, elle est rapidement épuisée. À mi-parcours, elle est obligée de faire une halte. Les pèlerins se surpassent pour lui venir en aide. Ils lui donnent à boire, lui offrent du pain, quelqu'un lui propose une tranche de saucisson.

— Je vous remercie, bonnes gens, mais je suis musulmane, je ne mange pas de porc.

Les pèlerins, qui ont vaguement entendu parler de l'interdit musulman du porc, se regardent, perplexes. Ils ne savent que faire. Quelqu'un finit par trouver un œuf dur et le lui apporte.

La nouvelle qu'une musulmane fait aussi le pèlerinage de la Sainte-Baume se répand comme feu de broussaille. Des échos arrivent jusqu'à l'archevêque, dont les traits, à cette annonce, se crispent de mauvaiseté.

Après avoir mangé son œuf dur, Shérazade remonte en selle. Le groupe arrive devant une bifurcation. À droite, une interminable volée de marches : elle conduit à la grotte. À gauche, un sentier sous une hêtraie : elle conduit au Saint-Pilon.

Les pèlerins empruntent la volée de marches.

Tristan et Shérazade s'engagent sous la hêtraie.

Un vent glacé leur fouette le visage lorsqu'ils

atteignent le pas de la Cabre, ce col taillé dans le roc qui mène au Saint-Pilon. Shérazade est mal en point, elle grelotte, claque des dents. Tristan ôte son manteau et lui en recouvre les épaules. Il ne peut retenir un serrement de cœur : elle est à bout de forces, cette montée l'a épuisée. Si seulement le saint ermite pouvait la guérir !

De la fumée s'élève en contrebas, sous un auvent rocheux.

— C'est notre ermite ! s'écrie Shérazade, dont les yeux brillent de fièvre. Allons-y, Tristan, je suis trop mal !

Barbu, chevelu, taillé en force, les bras aussi épais que les branches d'un chêne, fortement musclé et charpenté, le saint homme pourrait passer pour un vieux chevalier encore à même de brandir l'épée. Mais il ne rêve plus de champs de bataille : il a confié son cœur et sa pensée à Dieu, qu'il sert avec humilité, dans le dénuement de ceux qui ont tout quitté pour le suivre.

C'est un ermite.

L'étincelle de bonté qui brille dans son regard en témoigne. Il a allumé un feu sous l'auvent rocheux et surveille un chaudron en terre cuite posé sur un trépied de fortune ; de temps à autre, il touille à l'aide d'un bâton.

Shérazade se penche sur l'eau fumante.

— Des asperges sauvages, noble dame, explique-t-il. Rien de tel que ces racines bénies du ciel pour nous redonner force et entrain. Je peux vous en proposer si vous avez faim.

Et voyant qu'elle grelotte :

— Asseyez-vous près du feu. Je m'en vais forcir

la flamme, ce n'est pas le bois qui manque sur ces montagnes !

Il fait une flambée de branches fines, ajoute du chêne sec.

— Tout ira bien, mon amour, murmure Tristan en arabe.

Puis, à l'adresse du saint homme :

— Elle est malade, doux frère.

— Je le sais. On m'a prévenu de votre arrivée. Ton nom est Tristan, n'est-ce pas ? Celui de ton épouse, je ne l'ai point retenu.

— Shérazade.

— Voilà, Shérazade ! Ma mémoire me fait parfois défaut. C'est bien le nom que les templiers m'ont donné. Ils m'ont instamment recommandé d'invoquer le ciel pour elle, ce que je fais avec toute la force de ma foi, mais je ne suis qu'un humble serviteur de Dieu et je n'ai point le don de miracle.

Il la couvre d'un regard où perce une grande bonté.

— Que le Dieu unique, que vous appelez Allah dans ton pays, et que nous honorons ici sous un autre nom, te donne la santé si telle est Sa volonté.

— Comment as-tu deviné qui nous étions ? s'étonne Tristan. Le Seigneur t'aurait-il conféré, sinon le don de miracle, celui de lire dans les cœurs ?

— Oh ! Que nenni. Point de surnaturel dans tout ceci. Les templiers m'ont dit de guetter un couple parlant la langue sarrasinoise, c'est tout.

Le vent redouble d'intensité. Il est devenu coupant, glacial. Les nuages noirs qui menacent depuis le matin tournoient au-dessus du massif comme un cheval au galop. Ils obscurcissent le ciel. L'ermite rajoute du bois sec sous le trépied puis lève les yeux vers Shérazade.

— Si tu as froid, je peux te préparer une infusion de sauge avec du miel, c'est souverain contre le refroidissement.

— Merci, mais ce n'est pas la peine.

Il rajoute encore du bois et se lève.

— Ah ! J'allais oublier : j'ai quelque chose pour toi.

— Pour moi ?

— Tu es bien la femme de Tristan de Fos, n'est-ce pas ?

— Euh… oui.

— Eh bien, j'ai mission de te remettre un objet.

Elle échange avec Tristan un regard perplexe.

L'ermite rentre dans la grotte et revient avec une besace.

— Voilà. Des templiers m'ont remis ce havresac. Ils m'ont dit être les intermédiaires entre un personnage très important et l'épouse de Tristan de Fos. Le mot « important » est revenu souventefois dans leurs dires, trop souvent. Je n'ai pas compris pourquoi ils accordaient valeur et conséquence à ce détail, car seuls les humbles comptent devant le Très-Haut !

Shérazade ne l'écoute pas. Elle dénoue fébrilement la lanière en cuir.

— Qu'est-ce que c'est ? demande Tristan.

Elle n'entend pas, elle n'a d'attention que pour le fond du sac.

— Qu'est-ce que c'est ? répète Tristan.

Il se penche : il ne voit qu'un coffret en bois d'olivier d'environ dix pouces[1] de côté, curieusement entouré d'un ruban jaune.

1. Le pouce était la douzième partie du pied, environ 2,5 centimètres.

Shérazade rayonne.

— Quand j'étais petite, chaque fois que mon père revenait d'une expédition en Égypte, il nous rapportait des cadeaux, à mes frères et à moi. J'étais la seule fille. Les présents qu'il me destinait étaient tous entourés d'un ruban jaune qui, pour bien marquer la différence avec mes frères, était disposé de cette curieuse façon, c'est-à-dire recouvrant astucieusement les quatre coins.

Elle sort le coffret et le porte à ses lèvres.

— C'est un cadeau de mon père !

— Non, mon doux printemps. C'est impossible !

— Si, je connais mon père : lui seul peut faire les nœuds de cette façon !

Elle défait l'attache et ouvre fébrilement le couvercle.

Le saint ermite les observe avec un sourire amusé. Shérazade plonge sa main dans la boîte et en sort un second coffret, soigneusement emboîté dans le premier, large de six travers de doigts.

Tristan n'en croit pas ses yeux.

— Le collier de la colombe ! s'exclame-t-il. Mais… c'est impossible !

— Pourquoi ? Bien sûr, que c'est possible ! Cela veut dire, tout simplement, que mon père a fait récupérer le coffret à la citadelle d'Alep, puisque je l'avais avec moi lorsque les templiers nous ont arrêtés. Ensuite, il a tenu à me le faire parvenir personnellement. C'est cela qui me touche, qui me remue le plus.

Elle passe ses doigts sur les fermoirs d'argent, puis lève les yeux vers l'ermite.

— Dites-moi, saint homme, les anciens affirment qu'il ne faut pas ouvrir ce coffret. Moi, je pense que si. Je fais appel à votre sagesse : que dois-je faire, l'ouvrir ou bien respecter à jamais son secret ?

— Tout dépend de ce qu'il renferme.

— L'âme d'une esclave.

— Ah !

L'ermite regarde les sommets. Le nuage noir est toujours au-dessus d'eux, froid, menaçant, porteur d'orage.

— Je ne vois aucune trouée dans les ombres du ciel. Si l'âme de cette esclave souhaite retrouver la lumière, elle saura bien te le faire savoir d'une manière ou d'une autre.

Shérazade lève la tête à la recherche d'un signe, mais elle n'en voit point. Soudain, le nuage noir se déchire. Un rayon de soleil fraie chemin à travers la brèche. La montagne s'illumine.

Tristan regarde l'ermite, abasourdi.

— Vous êtes dans un lieu saint, explique ce dernier, sanctifié par la présence de Marie-Madeleine, la plus grande sainte de la chrétienté. Faites comme moi : ayez sur dame Nature un regard différent de celui des gens du siècle !

Shérazade plisse ses paupières, considère le nuage dans le ciel, le Saint-Pilon ruisselant de soleil, le couvercle… Nul détour dans son geste, nulle hésitation : elle pousse le fermoir ! Sans trop d'illusion cependant, car elle le sait soudé à la boucle. À sa grande surprise, l'opale incrustée dans le fermail glisse sous l'attache et le chaînage en argent se disloque.

— Ne fais pas ça, malheureuse ! s'affole Tristan, en arabe.

— Pourquoi ne puis-je l'ouvrir ? L'ermite a dit qu'il

faut savoir lire dans le ciel. Or le ciel dit que je dois libérer l'âme de Hébara.

Elle se tourne vers le saint homme, qui lui sourit. Il rayonne de cette lumineuse sérénité dont elle ne se lasse pas.

— Écoute ton cœur, Shérazade, répond-il. Il te montrera la voie.

— Mon cœur dit que je dois ouvrir.

— Dans ce cas, ouvre !

Tristan a les yeux rivés sur le fond du coffret : un collier de perles noires d'une ahurissante beauté y gît enroulé comme un serpent. Il lève lentement la tête et considère le cou de Shérazade, frêle comme du cristal, où s'emmêlent ses boucles noires, doux copeaux où le soleil, d'un coup, réveille des reflets roux.

Un silence épais recouvre l'entrée de la grotte, mystérieusement interrompu par un roulement d'ailes alors qu'aucun oiseau n'a pris son envol.

— Qu'est-ce que c'est ? demande Tristan, inquiet.

Il a beau ne pas croire aux esprits, à la sorcellerie, aux forces maléfiques, il éprouve un vague sentiment de male-peur.

— Mais, l'âme de Hébara, bien sûr ! répond tranquillement Shérazade. N'est-ce pas, saint homme ?

Le saint ermite – qui fait appeler toute la lumière qu'il faut dans ses prunelles – se contente de sourire. Lui aussi pense que ce battement d'ailes est le fruit d'une sainte âme qui s'envole. Mais il préfère garder cette impression dans le secret de son cœur.

Shérazade s'accroche à son bras.

— S'il vous plaît, doux frère, vos mains sont pures : redonnez vie à ce collier !

L'ermite prend le coffret et considère longuement

son contenu. Il laisse à ses pensées le soin de rameuter mots et gestes.

Au bout d'un moment, il tend le coffret à Tristan.

— Ce collier est amour, mon fils. L'amour seul peut lui redonner vie.

Tristan hésite, comme si le contact de ces perles venues du lointain pays des Mongols devait lui brûler les doigts. Son hésitation prend fin avec le double battement de cils qu'il décèle dans les yeux de Shérazade. Jamais il n'aurait cru que ce frémissement pouvait livrer tant de mots ! Il prend le collier et, avec des gestes d'une infinie douceur, l'accroche au cou de sa bien-aimée.

À peine a-t-il fait claquer le fermoir que la brèche dans le ciel se referme. Une obscurité soudaine envahit la ligne des crêtes. Le ciel se déchaîne. Un éclair zèbre les nuages, la foudre s'abat sur le Saint-Pilon avec un fracas de fin du monde.

— Venez, on va mettre la mule à l'abri dans la grotte, fait tranquillement l'ermite. Je vais aussi rentrer les asperges.

L'orage est d'une violence inouïe. La foudre frappe à plusieurs reprises les arbres et les sommets. L'ermite attache la mule et se tourne vers Shérazade.

— Ici, tu ne risques rien.

Elle lève la tête, stupéfaite : il vient de s'exprimer en arabe !

— Comment se fait-il que vous parliez notre langue ?

— Oh ! C'est une vieille histoire.

Il pousse le chaudron d'asperges, qui gêne le passage.

— Une vieille histoire qui n'intéresse personne.

— Mais si, mais si ! Bien sûr, qu'elle nous intéresse !

— En quoi la vie d'un vieil ermite peut-elle concerner une si jolie Syrienne et un si noble chevalier ?

— Les voies du Seigneur sont insondables, doux frère. Rien n'arrive par hasard. Il était écrit depuis le début des temps que Tristan et moi devions te rencontrer en cet endroit.

Le vieil ermite la fixe de ses grands yeux pleins de bonté.

— Peut-être as-tu raison… Alors, voici mon histoire. J'ai participé autrefois à la croisade menée par la reine Aliénor et le roi Louis. Je parle de faits qui remontent à quarante ans, c'est-à-dire bien avant ta naissance. Un jour, le détachement que je commandais est tombé dans une embuscade du côté de Tibériade. Nous étions vaillants et téméraires, mais l'ennemi aussi l'était, et il arrivait supérieur en nombre. Mon dernier souvenir est celui d'un mur de lances et de boucliers. Les voies du Seigneur ont fait que je me suis réveillé chez des Bédouins, des gens bons et généreux qui m'ont pris sous leur protection et ont soigné mes blessures. J'avais, m'a-t-on raconté, une horrible plaie à la tête.

— À quelle tribu appartenaient-ils ? demande Tristan.

— Aux Banu-Oubayy. Ils m'ont gardé chez eux une année entière.

Tristan fronce les sourcils. Le souvenir de ces Bédouins « pas comme les autres » est encore frais. Il interroge Shérazade du regard, mais la jeune Syrienne ne lui prête pas attention. Elle fixe l'ermite.

— Dites-moi, comment se fait-il que des Bédouins

aussi pauvres vous aient pris en charge malgré leur misère ?

— J'ai su plus tard, beaucoup plus tard, qu'un émir avait noué des contacts secrets avec eux. Je ne peux pas en dire plus, car ma mémoire refuse de remonter au-delà de ces événements.

Shérazade ferme les yeux. Cette histoire la trouble et l'embrouille, mais elle ne sait pourquoi. Elle regarde Tristan, qui écoute avec beaucoup d'attention et qui ne paraît ni gêné ni troublé.

— Et après, une fois guéri, qu'avez-vous fait ? demande-t-elle.

— Nous allions de point d'eau en point d'eau à la recherche des provisions que mes amis enterraient en différents endroits du désert. C'est une technique de survie que leur tribu pratique depuis la nuit des temps. Un jour, la recherche de l'une de ces caches nous a conduits jusqu'au mont Sinaï, où s'élève le monastère Sainte-Catherine. C'est là que l'un des moines, un homme de grande foi, m'a parlé de l'appel de Dieu – *Nida Rabi*, comme vous dites si bien en arabe –, et il a dit les mots qui convenaient. La grâce du Seigneur a fait le reste.

Il se tourne vers les éclairs qui zèbrent le ciel. L'orage tonne.

— J'ai vécu trente ans dans le plus vieux monastère de la chrétienté[1]. Après la chute de Jérusalem, mes supérieurs m'ont confié une mission en Occident. Ma mission accomplie, la question s'est posée pour moi de retourner dans le Sinaï. J'étais vieux. Ma vie

1. Situé au pied du mont Sinaï, le monastère Sainte-Catherine fut construit sur ordre de l'empereur Justinien entre 527 et 565.

ayant basculé dans la région de Tibériade où Marie-Madeleine est née, j'ai décidé de la terminer là où son âme est montée au ciel.

Il les regarde tour à tour, les couvre de son regard très doux.

— Voilà pourquoi je parle arabe et pourquoi je suis ici !

Shérazade le fixe. « Le secret de Mélisende est dans le Sinaï ! » lui avait dit un jour son père. Elle se tourne vers Tristan, mais celui-ci, captivé par le récit, en est déjà à s'enquérir, avec force questions, de la vie monastique à Sainte-Catherine. La bouterolle de son épée heurte le chaudron d'asperges, mais ni lui ni l'ermite n'en ont cure. Ils sont pris par le mystère de ce monastère fortifié, vieux de six cents ans, qui échappe au temps.

Shérazade les observe attentivement. Leur ressemblance est frappante. Ou peut-être se fait-elle des idées ? « Le secret de Mélisende est dans le Sinaï », ressasse dans sa tête la voix de son père. « Il est des secrets qui ne sont pas faits pour être percés, répond une autre voix. À quoi bon troubler les certitudes de ce saint ermite… et de Tristan ? »

Pendant une infime fraction de temps, Shérazade s'isole en elle-même : « Et si le secret de Mélisende était fait pour rester dans le Sinaï ? »

L'orage s'est calmé. Soudain, une colombe d'une exceptionnelle blancheur volette de pierre en pierre sur le chemin qui monte au pas de la Cabre. L'ermite l'observe en plissant les yeux. Au bout d'un moment, il se tourne vers Shérazade :

— Cet oiseau vole de pierre en pierre dans la direction du col. Il m'est avis qu'il veut te dire quelque chose. Détache ta mule et reprends le chemin de la grotte.

La grotte de Marie-Madeleine est vaste : elle peut contenir une centaine de pèlerins. Un autel se dresse contre le mur du fond, à quelques pas d'une source profonde de deux pieds, pavée de quelques pierres et dont l'eau fraîche et cristalline coule, depuis la nuit des temps, dans un murmure de paix et de sérénité.

Lorsque Tristan et Shérazade arrivent, l'archevêque est sur le point de terminer l'office. La jeune Syrienne est épuisée, car pour accéder à la grotte, il lui a fallu abandonner sa monture et emprunter une interminable volée de marches. Tristan l'a aidée, il l'a soutenue marche après marche, mais cela n'a pas suffi : elle arrive hâve de fatigue, les yeux grandis et fiévreux. À peine le seuil franchi, elle se laisse choir sur un banc que les moines ont disposé à gauche de l'entrée, contre le mur. Resté debout, Tristan cherche du regard les pèlerins qui lui ont prêté la mule. Il les aperçoit au fond, groupés autour de leur chef. Devant eux prient, en profond recueillement, les templiers croisés sous le chêne Héraclès. Un peu plus loin, entouré de ses chevaliers, se tient un personnage richement vêtu, sans doute un comte ou un prince. S'il prie dignement, paupières closes, le front en méditation, ses chevaliers piaffent comme des poulains devant les longueurs de l'office.

Les clercs et les gardes du prélat occupent le premier rang.

La cérémonie terminée, les chevaliers du prince débrident gestes et paroles, devisent tumultueusement, plaisantent, rient dans un grand brouhaha, ce qui provoque l'ire de l'archevêque. Il leur jette un mauvais regard et leur enjoint de se taire. Mais ils n'en ont cure et continuent de s'agiter. Pendant ce temps, l'un des clercs apporte une croix. Le prélat l'empoigne de sa dextre. De sa senestre, il pointe un doigt vers le groupe de bruyants chevaliers et les somme de se taire. Sur admonition du prince, ils finissent par obtempérer.

— Le royaume des cieux est en liesse ! commence l'archevêque d'un ton grandiloquent. La chrétienté exulte ! Ouvrez vos cœurs, car une grande nouvelle nous arrive depuis la Terre de Promission !

Les templiers lèvent la tête, surpris, tandis que les chevaliers, mis en appétit, cessent de piaffer. Chacun tend l'oreille.

Tristan et Shérazade se regardent, pris d'effarement : le pape serait-il sur le point de lancer une nouvelle croisade ? L'archevêque parcourt l'assemblée du regard.

— Vous vous demandez, n'est-ce pas, quelle est cette grande nouvelle qui nous vient de Terre sainte.

Un grand silence lui répond.

— Elle nous est arrivée ce matin par l'un des bateaux en provenance de Saint-Jean-d'Acre. La justice divine a frappé de son glaive juste et impitoyable, le ciel en courroux vient d'embraser la nouvelle Sodome !

Il interrompt sa tirade et jauge l'effet de ses paroles. Tous les regards sont braqués sur lui. Considérant que l'assemblée est prête à accueillir la nouvelle, il brandit la croix au-dessus de sa tête.

— Saladin, l'Antéchrist, la face humaine de Satan, celui par qui le malheur est arrivé, celui qui a osé profaner les lieux saints de la chrétienté… Saladin, l'incarnation du mal, est mort !

Il se répand, sous les voûtes de la grotte, un murmure de stupeur. Puis, tel l'épanchement des vagues qui se brisent sur la grève, le murmure s'amplifie, se faufile à travers les chuchotis de la source, devient grondement sourd. Tout le monde parle, devise, commente avec passion, car tous, nobles ou manants, clercs ou chevaliers, tout le monde, en Occident, a entendu parler de Saladin. Les clercs l'exècrent, mais beaucoup de chevaliers l'admirent ; il en est pour affirmer que Richard Cœur de Lion le respectait !

Tristan se fige, ses oreilles bourdonnent. Shérazade se met debout et lève un regard désemparé. Il sent qu'elle va s'effondrer. Il la serre contre lui, que peut-il faire d'autre pour retenir le torrent d'affres et de déchirements qui la menace ? Sous ses doigts, le cœur de sa bien-aimée bat à grands coups : il a l'émoi des passereaux cernés par des rapaces. Mais, au lieu de faillir, elle puise dans ses réserves, s'accroche à sa tunique... Tristan lui enserre la taille de toute la force de sa douceur.

La voix de l'archevêque tonne à nouveau :

— Nous allons remercier le Seigneur de nous avoir débarrassés de ce monstre diabolique, d'avoir purifié le Jourdain et nettoyé le ciel de Jérusalem. Mettons-nous tous à genoux, vous répéterez après moi la prière d'action de grâces.

Il y a un vaste mouvement de foule : archevêque, templiers, chevaliers, pèlerins, tout le monde se met à genoux.

Tristan et Shérazade restent debout.

Lorsque le silence se fait, l'archevêque joint ses mains dans un geste large, empreint de componction, et entame la prière. C'est alors qu'il remarque ces deux pèlerins restés debout.

— À genoux ! ordonne-t-il d'une voix forte et sèche, amplifiée par l'écho et le silence.

Shérazade éclate en sanglots. Toutes les têtes se tournent de son côté.

À la stupéfaction générale, le jeune chevalier qui l'accompagne et qui lui enserre la taille, au lieu d'obtempérer, porte sa main libre à la poignée de son arme et dégaine. Le bruit de l'acier qui glisse hors du fourreau arrache un frisson à l'assistance. Les pèlerins qui ont prêté la mule le fixent, ahuris. Ils ne comprennent pas son geste : on ne brandit pas l'épée dans un lieu saint !

Un grand silence se fait.

Lentement, solennellement, sans desserrer la taille de Shérazade, Tristan dresse la pointe de son arme vers le ciel de voûte, le plat de la lame collé à son menton, à la manière des soldats qui rendent hommage à l'un des leurs.

La voix de l'archevêque frémit, hoquette, se charge de menaces :

— Tu profanes la sainte grotte où Marie-Madeleine est morte ! Ton blasphème rend hommage à l'Antéchrist !

— Non, messire, rétorque une voix puissante depuis l'entrée de la grotte. Ce jeune chevalier rend hommage à un sultan dont la noblesse est reconnue de tous. C'est en hommage à un noble et juste chef de guerre, que ce jeune homme lève son épée.

L'archevêque a le menton qui tremble, ses joues tressautent, rouges de fureur. Il pointe un doigt menaçant.

— Qui es-tu, malheureux parjure que le diable a déguisé en serviteur de Dieu ?

— Un humble moine, messire. Un ermite qui expie ses péchés sur les pentes du massif où Marie-Madeleine a pleuré les siens et prié pour son salut.

— À genoux ! hurle le prélat. Brise tes genoux avant que les sbires de Satan ne te précipitent dans les gouffres de l'enfer !

— Non, messire, pas avant d'avoir rendu hommage moi aussi au plus noble de nos ennemis, celui qui a osé porter le deuil du roi Baudouin, notre saint roi lépreux.

Puis, indifférent aux menaces de l'archevêque, l'ermite – dont les larges épaules et la stature impressionnent l'assistance – rentre ses mains dans les manches de sa coule et rejoint Tristan.

Soudain, il y a grand bruit de gens qui se lèvent.

D'abord le commandeur des templiers, qui dégaine son épée. Les autres templiers l'imitent. Tous collent le plat de lame à leur menton. Le prince se dresse ensuite avec ses chevaliers et tous, comme un seul homme, rendent hommage.

Les pèlerins enfin, hommes et femmes, se lèvent.

Seuls restent à genoux l'archevêque et sa suite.

L'ermite entonne le *Pater*, que l'assistance reprend en chœur.

Une colombe d'une blancheur immaculée pénètre dans la grotte et se pose près de l'autel, puis s'élance dans un roulement d'ailes, tournoie au-dessus de l'assistance et se love dans une niche de la paroi, derrière Shérazade.

C'est à ce moment-là que la jeune princesse voit se dresser devant elle, dans une débauche de lumière, un arbre immense à la ramure sans fin, aux racines enfouies jusqu'au cœur de la terre.

L'arbre de vie.

Elle se sent lasse d'un coup, à bout de forces, vide. Son corps refuse de lutter. Elle manque d'air, commence à étouffer comme au plus fort de sa phtisie. Machinalement, elle porte les mains à son cou, palpe le collier de perles, s'y accroche. Le collier de la colombe s'enroule alors autour de ses doigts comme un serpent autour de sa proie.

Le miracle se produit à l'insu de tous.

Shérazade reprend vie.

Elle se serre contre Tristan, l'étreint, se fond dans son aura… L'arbre s'anime, sa ramure l'entoure de ses branches chargées de fruits.

Et des images lui parviennent par-delà le temps.

Jaillissant de la grotte dans une spirale de lumière, apparaît Marie-Madeleine, puis son père. La sainte lui tend la main, son père lui sourit.

Shérazade les regarde tour à tour, surprise.

— Comment se fait-il que je vous voie côte à côte ?

— Les lois de l'au-delà ne sont pas celles d'ici-bas, répond son père.

Elle fronce les sourcils.

— Suis-je déjà dans l'au-delà ?

— Non, pas encore.

— Tant mieux, car je ne veux pas quitter Tristan.

Son père ne répond pas. Marie-Madeleine se tait. Un même souffle de silence les entoure tous deux. Shérazade les observe, ils sont à la fois extraordinairement près et infiniment loin, inaccessibles.

— J'aime Tristan, insiste-t-elle.

— Je le sais, répond son père.

— Mais notre amour est maudit, il a fait de nous des hors-la-loi.

Il y a un nouveau silence, comme si les forces de l'au-delà n'osaient lui faire écho.

Shérazade se tourne vers Marie-Madeleine.

— Les chrétiens ne veulent pas de moi parce que je suis musulmane.

Puis, à l'adresse de son père :

— Et toi, tu ne veux pas de Tristan parce qu'il est chrétien. Que faire ? Notre amour est sans issue.

— Détrompe-toi, corrige Marie-Madeleine, l'issue existe, elle est dans ton cœur. Je le sais pour l'avoir moi-même empruntée autrefois.

Les voiles des deux femmes ondoient sous une brise légère, des spires de soleil les drapent d'un même éclat.

— Et toi, père, toi qui as passé ta vie à brandir le glaive, à prêcher le djihad loin des voies du cœur, quel chemin nous conseilles-tu d'emprunter ?

C'est encore Marie-Madeleine qui répond :

— Le djihad est un terrible malentendu, une invention des hommes pour les hommes. Dieu n'a pas besoin de fer, de feu et de sang pour asseoir sa gloire. Quel intérêt aurait-il à voir ses enfants s'entretuer en son nom ? Allah ou Yahvé – qu'importe le nom qu'on lui prête – est le Dieu unique, notre Dieu à tous.

— Qu'en penses-tu, père ?

Les spires de lumière, d'un coup, s'enroulent autour de l'arbre de vie et s'éloignent dans un souffle, happées par l'infini.

Marie-Madeleine disparaît.

Shérazade cherche son père des yeux, mais elle ne voit que le saint ermite. Qui lui sourit.

Elle se tourne vers l'assistance.

Les fidèles prient. Templiers, chevaliers, Tristan… rendent hommage à Saladin. Un murmure clôt le Notre-Père. Elle se joint alors, d'une voix émue, à la déclaration de foi commune au Coran, à l'Évangile et à la Torah :

Amen.

SOURCES

Anne BERNET, « Une règle au-dessus de tout soupçon ? », *Historia*, n° 690, juin 2004 ; p. 44.

Georges BORDONOVE, *La Vie quotidienne des Templiers*, Hachette, 1975.

Georges BORDONOVE, *Les Croisades et le royaume de Jérusalem*, Pigmalion, 2007 ; en particulier bataille de Hattin, pp. 310-311, et citations ponctuelles de personnages historiques.

Anne BRAGANCE, *Le Voyageur de noces*, France Loisirs, 1992.

Damien CARRAZ, « Accusés de compromission avec l'Islam », *Historia*, n° 690, juin 2004 ; p. 54.

Geneviève CHAUVEL, *Saladin, rassembleur de l'Islam*, Pigmalion, 2006 ; en particulier passage sur les Assassins, p. 175, bataille de Hattin, p. 258, parabole du « bouton de rose », p. 84, et certaines répliques de Saladin, que j'ai préféré rendre selon les propres termes de l'auteur. La documentation de Geneviève CHAUVEL est si riche que les paroles de Saladin paraissent chaque fois parfaitement plausibles.

John CLEMENTS, « La technique moderne des arts martiaux médiévaux », *Histoire médiévale*, n° 1 hors-série avril/mai 2000 ; p. 42.

Alain DEMURGER, *Les Templiers, une chevalerie chrétienne au Moyen Âge*, Seuil, 2005.

Alain DEMURGER, « La multinationale qui dérange le roi », *Historia*, n° 690, juin 2004 ; p. 52.

Barbara FRALE, *Les Templiers*, préface d'Umberto Ecco, Belin, 2008.

Yvan GOBRY et Georges BORDONOVE, « La chute du Temple », *Historia*, n° 690, juin 2004 ; p. 62.

Amin MAALOUF, *Les Croisades vues par les Arabes*, Jean-Claude Lattès, 1983 ; en particulier données sur Saladin et sur Brins d'Arnat.

André MIQUEL, *Oussâma, un prince syrien face aux croisés*, Fayard, 1986 ; en particulier le passage sur les Banu-Oubayy.

Régine PERNOUD, *Aliénor d'Aquitaine*, Albin Michel, 1965 ; en particulier épisode d'Antioche.

Alice ROLLAND, « Les commanderies à visiter », *Historia*, n° 690, juin 2004 ; p. 68.

REMERCIEMENTS

À :

Anne Bragance, qui m'a suivi pas à pas dans l'écriture de ce roman. Ses conseils avisés et ses critiques m'ont été d'un secours inestimable.

Jean-Laurent Poitevin, qui m'a toujours fait confiance.

Isabelle Humbert, dont j'admire la compétence et la rigueur.

Chrystèle Ferté, qui a conçu avec un si grand talent la couverture de ce livre.

Sophie Harinck, correctrice. Merci Sophie d'avoir passé mon manuscrit au crible avec un tel professionnalisme !

Hamid Riou, pour son aide si précieuse dans la recherche de la juste traduction arabe.

Toute l'équipe du centre médical Michel-Borio de Port-de-Bouc.

Denise, toujours présente, qui m'a soutenu contre vents et marées.

Anaïs, dont le regard, sur la couverture, donne vie à Shérazade.

Qu'il me soit permis enfin de rendre hommage aux travaux de Georges Bordonove, Alain Demurger, Barbara Frale, Amin Maalouf, André Miquel, Régine Pernoud…

Sans eux, cette fiction historique n'aurait pu voir le jour.

Une mention spéciale pour Geneviève Chauvel, dont l'ouvrage sur Saladin m'a permis d'entrer dans la fascinante intimité de ce personnage de légende.

Composition et mise en pages
Nord Compo à Villeneuve-d'Ascq

Imprimé en France par CPI
en novembre 2016
N° d'impression : 3019836

POCKET - 12, avenue d'Italie - 75627 Paris Cedex 13

Dépôt légal : décembre 2016
S26425/01